谢俊贵 主编

社会创新研究

第 1 辑

Research on Social Innovation

社会科学文献出版社
SOCIAL SCIENCES ACADEMIC PRESS (CHINA)

主办单位

广州市人文社科重点研究基地
广州大学公共管理学院社会学系
广州大学社会创新研究中心
广州市广大社会工作服务中心
广州大学“广东省社会工作专业人才培育基地”

《社会创新研究》学术顾问委员会

《社会创新研究》编辑委员会

目录

·卷首纪事·

从社会工作评论到社会创新研究

谢俊贵

《广州社会工作评论》编辑部获悉社会科学文献出版社关于修改刊名的建议，同事们思前想后了一些时日，征求了有关专家学者的意见。其间，有建议改成“社会工作评论”者，也有建议改成“社会工作研究”者，还有建议改成其他刊名者。坦率地说，最为省事的是改成“社会工作评论”，这不仅符合社会科学文献出版社建议中所提到的希望不用某个市名作为刊名一部分，而且不需伤筋动骨地做大的调整。可是，《社会工作评论》这一集刊名称，复旦大学已经使用，不好重复。比较省事的是改成“社会工作研究”，然这一名称虽去掉了城市名称，但与本学科现在的教学科研、人才培养和学科发展只有部分吻合，况且这一名称也可说已为社会工作研究的权威机构所使用。最后的想法是索性抛出《社会创新研究》之刊名，以较好地拓展集刊的研究范围。

《广州社会工作评论》最早被定位为在广州编辑的社会工作评论，2016年创刊，现已出版3辑。其间，发表了国内外同仁尤其是学界大家的精品力作，刊载了社会工作理论与实务的研究成果，扶持了年轻学者积极开展对社会工作理论与实务的探索，传播了广州乃至广东社会工作发展的创新经验和前沿信息，同时将全国各地社会工作发展的创新经验和前沿信息传递到广州及广东，扮演了一个博采众长以服务于我国社会工作创新发展的学术交流、智库咨询的角色，因而获得了国内外专家学者的支持和赐稿，受到了社会工作领域各位同仁的关注和重视，得到了党政部门的指导和好评。在即将改变集刊名称的时候，笔者感觉有必要对将刊名改为《社会创新研究》说出一定的缘由，以对本刊作者和读者有一个基本的交代，同时也对今后怎样办好《社会创新研究》这一集刊提出某些必要的思考。

改成《社会创新研究》，第一个缘由是社会创新已成为社会学研究的一个重要领域，需特别重视。社会创新概念最早由美国经济学家德鲁克提出，兼具经济学与社会学双重意蕴，最先在经济学领域盛行。后来随着人们对社会创新的深入研究，社会创新日益偏重于社会学，成为一个含义丰富的社会学概念。在当今时代，社会创新是社会存续发展的内在要求，是解决社会问题、维护社会秩序的重要理路，是促进社会发展、建设美好社会的重要途径，是构建共建共治共享社区乃至人类命运共同体的重要机制。然而，我国社会学领域对社会创新的研究目前尚处推进阶段，很值得我们高度重视。专门编辑《社会创新研究》集刊，就是要从社会学角度，深入研究社会创新的理论、方法和实务，使社会创新研究真正成为中国社会学的一个重要领域，以不断推进新时代中国特色社会主义社会学的创新发展。

改成《社会创新研究》，第二个缘由是社会创新研究已成为党政部门关注的重点，应切实加强。习近平总书记在十九大报告中指出："实践没有止境，理论创新也没有止境。世界每时每刻都在发生变化，中国也每时每刻都在发生变化，我们必须在理论上跟上时代，不断认识规律，不断推进理论创新、实践创新、制度创新、文化创新以及其他各方面创新。"社会创新是新时代创新发展的重要内容，是落实社会"共建共治共享"的关键所在。为此，各级党政部门以及与社会相关的职能部门都特别关注社会创新这一新时代重大课题。借由《社会创新研究》集刊，不仅可以深入探讨我国新时代社会创新的理论问题，而且可以广泛探讨新时代社会创新的诸多实践问题，包括社会体系创新、社会政策创新、社会治理创新、社会服务创新、社会工作创新等，为党政部门提供智库咨询和决策参考。

改成《社会创新研究》，第三个缘由是集刊主办单位广州大学社会学系学科与平台建设任务扩充，与之相应，集刊亦需调整范围。2016 年《广州社会工作评论》创刊的时候，广州大学只有社会工作本科专业和社会工作硕士专业学位点，平台建设也重于社会工作平台，集中研究社会工作并与国内社会工作界开展学术交流理所应当。但在 2017 年，广州大学社会学系不仅增设了社会学本科专业，而且获得了社会学一级学科硕士学位授权资格，学科与平台建设的任务大大扩充。为了适应这一变化，编辑一种融社会学与社会工作研究于一体的集刊的需要应运而生。借助《社会创新研究》，不仅可以将理论社会学、应用社会学、社会管理与社会政策、社会工作较好地连接起来，而且能较好地体现广州大学社会学系偏重于应用社会学与社会工作的办学特色和科研优势，有利于在适度的范围内服务于广州大学社会学一级学科和社会工作专业平台建设。

改成《社会创新研究》，第四个缘由是国内社会工作方面的期刊和集刊已经不少，但办刊不易。目前已知刊名中含有“社会工作”一词的刊物有：民政部的《中国社会工作》，江西省的《社会工作》，北京大学的《中国社会工作研究》，清华大学的《清华社会工作评论》，复旦大学的《社会工作评论》，上海大学的《都市社会工作研究》，华东理工大学的《儿童青少年与家庭社会工作评论》，广东工业大学的《社会工作与管理》，广州大学的《广州社会工作评论》，等等。但社会工作刊物尤其是集刊大都存在一些现实的问题，主要是征稿不易，精品难求，被引更难。在此情况下，采取一种积极的方式融理论社会学、应用社会学、社会管理与政策、社会工作等于一体，以《社会创新研究》刊名延续《广州社会工作评论》集刊的编辑工作，不仅有利于创办一种新刊，而且有利于提高集刊的编辑质量。

这次集刊改名是在《广州社会工作评论》（第4辑）初稿完成后获悉有关动议的，便存在一个从老刊名到新刊名的过渡问题。好在原来的《广州社会工作评论》本身所确定的范围就是广义的社会工作或“大社会工作”，而不是单纯地发表狭义的社会工作方面的文章，同时我们较早时便有意识地将社会创新主要范围的内容具体渗透到有关栏目中，这成为我们将本刊改名为《社会创新研究》的基础。于是，我们便采取了迟改不如早改的策略，将已完成初稿编辑的《广州社会工作评论》（第4辑）直接改成《社会创新研究》（第1辑）。当然，这只是一种过渡的办法，其中肯定存在某些与新刊名吻合度欠佳的内容，这一点就诚望本刊作者和读者多多谅解了。以后的《社会创新研究》集刊应该如何办，倒成为更应认真思考并且有必要向社会学界和社会工作领域的同仁、集刊的作者和读者说明的问题了。

一是关于《社会创新研究》的办刊宗旨。《广州社会工作评论》集刊改名为《社会创新研究》后，其基本办刊宗旨不变。具体地说，《社会创新研究》依然秉持“倡导公益精神、创造健康社会”的社会理念，追求社会学与社会工作的本土化、个性化、国际化的办刊方针，崇尚前沿研究、原创研究、科学研究、深化研究的学术精神。本集刊被定位为在扎实的社会学理论与方法基础上成长的一个应用社会学学术集刊，目标是将《社会创新研究》办成一个理论上有创建、方法上有创新、领域上有拓展、应用上有良策的融学术研究和智库研究于一体，集学术交流和决策咨询于一身的社会学与社会工作专业刊物。为了较好地延续《广州社会工作评论》的办刊特色，本刊仍将我国日益发展的社会服务创新和社会工作创新摆在重要位置，以较好地突出社会服务和社会工作创新在社会创新中的特有作用。

二是关于《社会创新研究》的内容范围。尽管“社会创新”这一概念出自经济学家的论著，但经过多年的发展，已经演变成一个鲜明的社会学概念。在当今中国，社会学者赋予社会创新的含义比起其当初的含义更加丰富，且更加社会学化。据此情况，《社会创新研究》集刊的内容范围便涉及社会理论创新、社会体系创新、社会政策创新、社会治理创新、社会服务创新、社会工作创新等多个方面，并可以直接渗入理论社会学、应用社会学、人口学、人类学、民俗学、社会管理与政策、社会工作等多个研究领域。当然，《社会创新研究》也绝不会是社会学研究的替代词，基于当前我国所关注的重要领域和广州大学社会学系可交流的学术论题，我们更希望学界同仁重点关注理论社会学、应用社会学、社会管理与政策、社会工作与社会服务四个分支学科领域所涉及的社会创新内容。

三是关于《社会创新研究》的栏目设置。《广州社会工作评论》变更为《社会创新研究》刊名后，栏目设置将不做大的改变。基本的栏目主要有：卷首纪事、特稿专刊、基础研究、实践创新、人才培养、他山之石、案例分析、学术交流、短信专递等。其中，“卷首纪事”纪录我国社会创新领域和本刊发展过程中发生的一些重要事情；“特稿专刊”刊载本刊有关社会创新研究的特约稿件；“基础研究”重在发表体现社会创新的社会学理论、历史和方法研究成果；“实践创新”重在发表结合现实需要的关于社会体系创新、社会政策创新、社会治理创新、社会服务创新、社会工作创新的研究论文；“人才培养”主要发表社会学与社会工作教育领域内人才培养创新的研究文章；“他山之石”主要发表国外社会创新的经验评介；“学术交流”主要刊载有关社会创新方面的国内重要学术活动的综述。

四是关于《社会创新研究》的编辑风格。《广州社会工作评论》变更为《社会创新研究》刊名后，仍由社会科学文献出版社负责出版，每年至少出版1辑，编辑风格保持不变，依然坚持诚信达意、朴素大方的学术集刊编辑风格。比如，我们诚望赐稿坚持正确的政治站位，符合社会学学科学术共同体的学术规范，尊重他人的知识产权。文题做到言简意赅，一般不超过20个汉字。来稿须注明稿件责任人及其相关信息，包括姓名、单位、职称、省市、邮编。稿件内容应包括文题、摘要、关键词、正文、注释、参考文献等。正文中的文献综述最好不超过全文篇幅的1/4。凡引用他人成说和数据，务必详细注明文献出处。注释和参考文献则按照社会科学文献出版社出版集刊的统一格式著录。文中的图表希望尽量做到简单明了，最好不要采用过度复杂的图表或版面超宽超长的图表。

更改期刊名称不仅是出版机构规范集刊出版的需要，更是广州大学社会学系学科发展与学术交流的需要。更改集刊名称看似简单，实则并非轻而易举之事。在集刊更名的首期里，或许作者和读者都会存在某些别扭之感，但这只是暂时的。我们将和社会学界和社会工作领域的同仁，尤其是本刊作者和读者一起，想出最好的主意，拿出最好的办法，尽快实现集刊更名引致的工作转型，力争到集刊第5辑出版的时候，能够较好地展现新刊风姿。当然，我们必须认真对待集刊更名带来的挑战，切实把握好集刊更名带来的机遇，尽快激发集刊更名蕴藏的活力，按照习近平总书记提出的创新要求，广泛深入地开展社会领域的理论创新、实践创新、制度创新、文化创新以及其他各方面的创新研究，为推进新时代中国特色社会主义的社会创新，构建共建共治共享的现代社会体系，贡献我们的绵薄之力。

·基础研究·

广州市家庭综合服务中心回顾与反思

朱静君*

摘　要　广州市在推进社会工作服务中采取了“综合＋专项”的模式，“家庭综合服务中心”就是政府购买服务的综合板块。家庭综合服务中心以三年为一个周期，自2012年起至2017年已推进两个周期，每个周期根据实际情况进行了服务设计。2018年是家庭综合服务中心第三周期的起点（周期改为五年），在总结前两个周期服务框架、成效与不足的基础上，有较大的突破。笔者长期从事家庭综合服务中心评估，本文根据所掌握基础资料，梳理广州市家庭综合服务中心服务的基本脉络并做出反思。

关键词　家庭综合服务　党建引领　社区服务

一　家庭综合服务中心发展回顾

广州市家庭综合服务中心（以下简称“家综”）起步于2011年初，在广州市选取了20个试点街道，探索以社区为基础、以家庭需求为导向的综合服务。2012年初，广州市政府提出“每个街道（镇）至少建立一个家庭综合服务中心”[①]的实际推进，开始了家综第一周期的服务。

（一）家综第一周期（2012～2014）的成效与不足

2012年是广州市政府购买服务迅速推进的一年，家综第一周期启动。社会组织如雨后春笋般涌现，承接政府购买服务；社会工作专业人才在项目吸引下汇集。但是，专业服务应该怎么做，社会组织没有经验，年轻社工的一

---

* 朱静君，副教授，广东工业大学社会工作系首任系主任，现为广州市社会工作协会常务副会长，广州市家庭综合服务中心项目评估首席评委和总督导。

① 《2011年广州市政府工作报告》。

腔热情需要指引，基层政府没有社会工作服务的理念。为了规范家综服务，广州市组织了专家论证，确定了家综服务的基本框架“3 + X”，规定了“3”为社区长者、家庭、青少年服务板块，“X”为街镇根据实际需要自行设立服务板块推进社区服务，并制定了“3”领域的服务标准和家综经费使用相关规定，为家综服务做出了具有指导性意义的指引。

回顾第一周期家综服务，具有如下突破。首先是奠定了广州市社区综合服务的基础，精准化了基本服务对象（长者、家庭、青少年），培育了一大批社会组织，成长了一批社会工作专业人才，制定了政府购买服务的基本政策，为政府购买服务打下了良好的根基。其次是向社会和公众宣传了社会工作专业服务，特别是个案、小组、社区的三大方法，也让更多媒体了解到社会工作服务中保护案主隐私的重要性。最后是每年超过百万的服务人次感受到了社会工作服务的独特性，组建了超过2000支志愿者服务团队，提高了整个社会关注弱势群体的热情。

这一周期的不足主要有以下几点。一是社工不了解服务实践需求评估的重要性，多采取高校思维问卷调查的评估方法，单向性制约了对服务对象多元化需求的体察，影响了服务设计的深度。二是指标化影响了服务质量的探索，由于是政府购买服务的起步阶段，招投标在有效遏制了“价低者得”的错误之后，衍生出服务工时“虚高者得”的问题，评标专家对社会工作服务方案把握不足，导致项目出现“冲指标”的状况。三是执行规范五花八门，影响了服务成效。以评估为例，覆盖广州市11个区的155个家综有7个评估机构，没有统一的评估标准，“各敲各的锣，各唱各的调”，影响了服务质量和服务成效。四是经过了三年服务，由于家综关注点仍在弱势群体，因此服务的知晓度受到较多质疑。五是家综将“3 + X”理解为平铺服务，其碎片化特点影响了服务成效。

（二）家综第二周期（2015～2017）的成效与不足

2015年，家综进入第二周期，吸取了第一周期服务推进的经验教训，开始了新一轮的研究探索。

其一根据实际状况完善了广州市家综评估的统一标准，终结了各个评估机构自行其是的做法，广州市社会工作协会组织专家团队论证研讨制定了家综统一的评估标准，强化了评估对服务的指引。

其二通过评估指引家综对社区需求和问题的关注，提出“社区专案 + 3 +

X”的服务框架，指引家综更清晰、准确地理解“以社区为基础，家庭需求为导向”的专业服务的内核；同时倡导需求评估的多维度、多层面，摆脱用高校思维问卷调查的单向性，社区居民、购买方、合作方、社会组织、社区环境等都进入了项目调研的范围，促进了需求评估的科学性和客观性。

其三强化了社区专案和服务成效的推进，针对第一周期关注的指标完成度、服务对象满意度转为专业服务给服务对象带来什么改变，为社区带来什么改进，让服务脱虚入实，使服务的深度和广度得到进一步拓展。这在一定程度上克服了服务碎片化的倾向，使总体服务受到关注。

其四呈现了多层面宣传社会工作服务的新局面，在政府强有力的指引下，社工宣讲员、电视、纸媒等通过服务宣传社会工作，统一评估推出广州市服务实践中的十佳社工、十佳家综、十佳专项、十佳案例，活跃在新入职社工的培训和各种宣传活动中，使社工服务的质和量都有较大提高。

这一周期的不足主要表现在人员流失率和服务的深度与广度上，也表现为督导使用的规范性、成效性和对服务支持的不足。

二　家综第三周期的新要求与新内容

2018年，广州市家综进入第三周期，有了新的突破。广州市政府出台了《广州市社工服务站（家综）管理办法》，新一期家综更名为“广州市社工服务站”，服务期从三年扩展为五年，服务经费从200万元/年提升至240万元/年，提出新的服务框架“113X”。第一个“1”为社区核心项目“党建引领”；第二个“1”为社区重点项目（对社区居民最迫切、最直接、最需要的社区问题的介入）；“3”仍然是长者、家庭、青少年服务，但要强调突出重点；“X”是社区特色服务。笔者通过调研和大量的交流，提出以下几点思考。

（一）新要求：党建引领社会工作服务怎么做

党建引领社会工作服务，在各地政府购买服务中都有这个要求。关于到底怎么做，政府很重视，纷纷将党建作为项目最重要的内容；机构很迷茫，怎样用党建引领服务，怎样结合才能有看得见、摸得着的成效，会不会形式多于内容；社工很彷徨，是不是在原有的服务指标之上又增加了新的各种活动服务指标进行考核，这个问题不弄清楚，社工就会出现疑惑。

党建即党的建设的简称，新时期党的建设即马克思主义建党理论与党的建设实践的统一，即马克思主义中党的建设的学说在中国社会发展中的实际应用。

党的建设一般包括三个方面的含义：一是研究党的建设的理论科学；二是在马克思主义党的学说指导下党的建设的实践活动；三是作为理论原则与实际行动两者中介的约法规章。

引领，指的是党的建设走在社会发展最前面，引导社会工作服务与党的核心即全心全意为人民服务相结合，关注社会发展和民生福利。

如何在社会工作服务中始终坚持党建引领，将服务弱势群体以促进社会和谐和社会进步与党的建设结合起来，需要社会工作服务项目在顶层设计中结合社会共治做出有效探索。

1. 党建引领功能之一：宏观层面发挥创新社会共治模式的引领作用

社会治理创新是中国新时期的重要任务，早在党的十八届三中全会上，党中央就提出了“创新社会治理体制”的理念，这是社会治理理念的重大转变。“治理”与“管理”仅一字之差，但其中却蕴含着重要的理念转变。社会治理更为强调加强党的领导，发挥政府主导作用，鼓励和支持社会各方面主体的多元参与，即坚持系统化和社会多元主体的共同治理。因此，在社会治理层面，党建引领就是要加快构建以党委领导、政府主导、社会参与为基础的社会治理机制。

党建引领就是要明确中国共产党在社会治理结构中的领导地位，政府主导指的是政府在社会治理过程中承担着凝聚、协调、调动和组织的作用。其他治理主体要在政府的凝聚与协调下进行社会治理实践，担当补充与弥补的角色；社会参与是指要充分调动党委、政府以外的其他社会主体参与社会治理的积极性，要激发社会组织活力，加快实施政社分开，推进社会组织明确权责、依法自治。

通过推进基层党建工作创新，把加强基层党的建设、巩固党的执政基础作为贯穿社会治理和基层建设的一条红线。回顾广东省社会治理创新实践，不仅有理论创新，而且在实践中“党群服务中心”遍地开花，为党建引领社会服务奠定了基础。

笔者走访过各地不少的“党群服务中心”，大多有宽敞的场地和为老年人、青少年、社会组织等开设的公共空间，但是如何发挥党建引领的作用，大部分中心仍然欠缺精细化的设计和引领模式。

党建引领社会服务的项目可以从以下几个方面进行设计。

（1）党建引领社区共治的“问政于民、问计于民、问需于民”体制建立党建引领在社区共治中最核心的就是强化基层政府、专业社工、社会组织、社区居民等社区公共事务的多元主体参与，形成社区共治的意识和责任，营造基层民主协商和居民参与自治的良好氛围。

通过“党组织+公益”的方式，将党建与社会工作服务结合起来，参与兜底性群体的调研，直接、面对面地听取群众的意见、建议并形成决策依据，改进工作以完善党和政府的政策、制度。社区共治创新项目是党组织与社工机构项目点合作共同介入收集、反映民意的集体行动，拓宽了政党和政府收集民意的渠道。通过对民情民意的收集，形成动态民情信息库，通过对群众所反映的问题的跟踪、反馈，为政府决策的调整提供借鉴，打通政策制定自下而上的通道，加大社会工作在兜底服务中收集舆情的力度。

党建引领要落实到位，社工机构要与共建的党组织签署协议，坚持契约精神，确定党组织参与社区调研和研讨的时间、模式（参与社工、机构共同下社区、入户探访；组织参与各类座谈会），使问政、问计、问需于民落到实处。

(2) 党建引领社区共治实现多方参与的协商合作、共同推进的机制

城市社区的差异性使社区居民有不同的公共需求和利益诉求，社区居民对公共服务的提供就是满足自身个性化的需求；只有与社区居民的需求相匹配的公共服务才是高质量的、精准的。比如在广州市推进的长者饭堂，十一个区有不同的特点，社区居民的需求也是存在较多差异的。当公共服务和产品由两个以上部门提供，且公共服务由多部门提供又是常态时，若缺乏必要的协调、合作、共享理念和行动，公共服务和公共物品的供给就会存在各种问题，甚至会好心办坏事。

随着现代社会管理体制创新的潮流，由政府和社会组织提供的公共服务逐步下沉，基层治理组织被激活，更多公共服务的触角深入社区和居民。社工机构、非政府组织积极地参与到基层区域性公共事务的管理和服务中，公共服务网络的下移以及公共部门职能的下沉使得城市精细化管理成为可能。

社会组织推进社区共治有较大的难度，有了党建引领的指引和支持，可以让多元主体各方协商平台更好地发挥建言献策、探索和破解难题的作用，用党组织的号召力、凝聚力，更好地推进共建共享。

(3) 党建引领社区共治实现资源整合和精准化服务

通过党建引领扩充社会工作服务项目的社会资源，发挥党组织在社会层面的组织、领导、示范作用，带动社会资源、市场资源的整合，最大限度地扩大公共服务的总量，依据社区居民的不同需求提供不同类型、不同层次的

公共服务，提高公共服务的精准度。根据党员的特长和能力，带领义工组织参与公共服务和兜底性弱势群体服务。

通过党建引领作用的发挥，可以更好地实现社会共治过程中的组织共建、资源共享、机制衔接、功能优化，为社会治理和基层建设提供指导和支持，为服务社区居民的精细化、有效化奠定坚实基础。

2. 党建引领功能之二：中观层面——贯彻群众路线推进社区重点问题解决

社区服务的中观层面就是采取社区社会工作的方法，对困扰社区群体的重点核心问题采取地区发展模式或者社区照顾模式解决。社区的重点、核心、公共问题需要用社区社会工作的思路介入，从三个具体目标入手探索党建引领的路径。

（1）号召参与，提升参与能力

在社区工作中，如何发动社区居民参与公共事务、建言献策是难点。一般情况下，社区居民对于与自身利益相关的事情参与多，参与过程中也往往从自身利益出发，难以发挥协商、共赢的成效。如何提升社区居民对社区公共事务的参与能力和水平，采取协商、讨论、共同行动的方式去促进问题的解决呢？

需要党建引领发挥更多的组织、号召和示范作用，进行难题攻克。由于社区问题的解决肯定会出现受益方和受损方，因此需要党建引领社区宣传、教育，引导社区居民按最小伤害原则和补偿原则去处理问题，有党建引领，推进社区自治过程才会更加有方向和有成效。

回顾广州市家庭综合服务中心在社区专案的介入和发展，社区党员带领志愿者的社区参与发挥了很好的作用，明确了党建引领之后，党组织和党员引领作用的主动性、自觉性将进一步增强，将出现更好的局面。

（2）链接社区资源，解决社区问题

困扰社区群体的突出问题之所以成为问题，有客观和主观的因素，也有历史和制度政策的原因，需要在提升居民意识的基础上培育、挖掘、链接更多的资源来解决问题。比如旧楼宇安装电梯、困境长者居家安全改造、小区汽车乱停乱放等诸多问题，需要协商机制，更需要扩充资源，这样才能促进问题解决。

在社会建设中，党建就是最大的资源汇聚点，具有最大的社会影响力。在 97 年的风雨历程中，党在国家制度层面、社区居民的心目中都有崇高威信和号召力，党建引领社会服务，可以汇聚更多的社会资源，以解决困扰社区和百姓生活的难题。

党建引领能够使社会服务更加关注社会弱势群体中存在的公共问题。只有党建引领进入政策程序形成特定的政策，最终使这一问题通过政策途径得到解决和处理，才能更好地呈现公共问题解决的可持续性和发展性。

在公共政策形成过程中，公众参与是确保政策符合民意及合法化的根本途径，政策的真正目的是为最广大人民的利益服务。公共政策的不断完善通过实践和“从群众中来，到群众中去”的反复沟通、修正的过程，将群众的意见、要求、利益反映到各项决策中，群众路线就是解决社区重点、核心问题的关键所在。党建引领能够促进更多社区问题的解决。

(3) 改善社区关系，搭建社区支持网络

社会支持理论认为，人们拥有的社会支持网络越强大，就越能更好地应对各种来自环境的挑战；现实中人们拥有个人资源和社会资源，个人资源包括个人的自我功能和应对能力，社会资源包括个人社会网络中的广度和网络中的人所能提供的社会支持功能的程度。

以社会支持理论取向的社会工作，强调通过干预个人的社会网络来改变其在个人生活中的作用，特别是对那些社会网络资源不足或者利用社会网络的能力不足的弱势群体（如高龄独居孤寡困难长者、困难家庭、残障人士等），社会工作者致力于给他们以必要的帮助，帮助他们扩充社会网络资源，提高他们利用社会网络的能力。

通过党建引领社会服务，形成特定组织架构和工作流程的沟通、协调机制，能够进一步扩大弱势群体的社会支持网络，党建引领社会服务将正式资源和非正式资源联动起来，为弱势群体提供更多的支持，促进更多的改善。

通过党建引领社会服务，促进社区共治协调机制的构建，消除城市基层组织的协调合作行动的困境，推进多元主体合作机制在社区服务中的作用发挥，多方协调沟通机制通过对社区结构与服务流程的再造，将权力下放到直接面对实际问题和提供服务的社会组织合作机制中。党建引领下的政府、社会和社区居民的价值和能力的组合，尤其是多方的合作与参与，使公共服务更加精准和有效。

党建引领社会服务有难度，需要更多的行动探索。只有立足实践，才能更好地推进社会服务的精准化和有效性。

（二）新内容：社工介入社区重点服务项目怎么做

社区重点服务项目是广州市家庭综合服务中心第三周期服务的重要内容，

也是社区社会工作服务的表现形式，从理论、概念、模式、路径等方面对其进行梳理特别有必要。

社会工作服务的三大直接方法是个案工作、小组工作和社区工作，社区工作在最初阶段经常被理解成社区活动。在策划和执行社区活动中，社会工作专业价值体现不足，与其他部门和组织开展的活动并没有多大区别，并被认为是最容易、最浅层、最不需要专业性的服务形式。

大多数社会工作服务项目让服务经验较浅的社工开展社区活动，服务目标是“宣传社会工作项目”“活跃社区氛围”等，实际上这是一种误解。在社工服务中，社区社会工作是专业性、综合性、挑战性最高的领域，个案服务、小组服务的服务对象都是人，包括个人、家庭、小群体，而社区社会工作的对象是社区，或者说要将群体性、集体性、公共性的问题和需要放在社区环境中去分析、探索。找到介入的路径解决社区问题或者满足社区需求，就产生了社区社会工作。

在广州市家庭综合服务中心第二周期服务中，为了强化和提升社会工作服务对社区社会工作的认知和实践，增加了社区专案的服务内容，强化了整体服务，目标是引导家综服务富有综合化、立体化的认知和实践，完整地、更好地体现社会工作服务的专业价值。从家综服务第二周期的情况来看，确实有作用。家综服务从第一周期的“3 + X”逐步过渡到“社区专案 + 3 + X”，从服务模式和方法上强化了对社区社会工作的重视，家综服务在第二周期取得了长足的进步，为第三周期关注和强化“社区重点项目”服务的设计和执行奠定了基础。

从社会服务的角度看，社区重点项目就是运用社区社会工作理论（社工服务中最重要的是地区发展模式和社区照顾模式），针对辖区居民群众最迫切、最需要、最直接的问题和需要开展的社会工作专业服务。

1. 社区重点项目的概念

社区重点项目服务首先要注意定位。辖区居民群众最迫切、最需要、最直接的问题要从社区公共问题宏观层面去理解。辖区居民群众存在迫切性、群体性、历史性和公共性的问题，由于各方面的原因长期得不到解决，就导致社会管理难度高、民怨大，社会工作服务要通过合作、调动等各种方式进行分析研究和介入。辖区居民群众有最迫切、最需要、最直接的公共性需求，由于辖区的主客观条件、政策或制度的制约、管理的惯性等长期得不到满足，通过社会工作服务进行分析、研究和探索，配合各方资源使居民得以满足，这就构成了社区重点项目。

社区重点项目其次要注意理论运用。社会工作服务是在一定的理论指引下进行的实践服务，从社区重点问题的定位来看，需要在社区社会工作理论指导下进行。社区重点项目的调研要突出社区特性与特点和群体的需要与问题，如社区环境与历史沿革、人口构成与动态发展、社区权力结构、社会组织、社区管理惯件等，这些因素在困扰社区居民形成最迫切、最需要、最直接的问题方面有什么优势和劣势，以及社区居民群体的问题和需要长期得不到解决和满足的原因，从而设计介入社区重点问题的路径。

概括地说，社区重点问题不是个体问题，也不是单纯的群体问题，是将辖区居民群众最迫切、最需要、最直接的问题和需求放在社区环境（硬件、软件、政策、文化、氛围、习惯……）中去考量，探索这种问题和需求长久得不到解决和满足的原因。从社区社会工作的专业角度，运用社区社会工作的理论指导服务的开展，运用地区发展模式或者社区照顾模式去推进问题解决和需求满足，就构成了社区重点项目的工作方案。

2. 社区重点项目的调研和任务模式

社区重点项目的确定与社区调研直接相关。如果说广州家综第二周期服务强化了社区专案服务，使社会工作服务的三大方法在逻辑上更加完整，那么在第三周期的“社区重点项目”中，重要的变化就是在党建引领下的“社区共治”的体现。在家综第二周期的服务中，社区专案的确定已经有了家综与购买方、合作方深度互动的促进，但是社区专案的介入仍然以家综为主；第三周期的社区重点项目则更加突出多方主体参与社区共治的意义。

首先，社区重点项目的调研需要党组织、基层政府、社区、居民与社工共同进行。广州大部分家综虽然已经有连续6年以上的社区服务经验，但是对辖区居民群众最迫切、最需要、最直接的长期得不到满足和解决的需求与问题的认知仍然不够深入切实。社区调研的维度和深度要完善，需要街镇、社区和居民对社区问题和需求的理解更为透彻和准确，合作界定需求和问题是共治的基础。家综要通过合作的方式实现焦点访谈、各类型的座谈会、现场走访探索等，最终形成调研报告，为对社区重点问题和需求介入的服务目标奠定基础。

其次，社区重点项目的任务必须用“社区共治”的模式才能完成。辖区居民群众最迫切、最需要、最直接的问题和需求长期得不到满足和解决有主观和客观的原因，也有政策管理体制等问题，还有社区居民的参与和能动性的问题，单纯靠家综独立作战是无法达成目标的，需要采取“社区共治”的模式。既然是共治，就需要在分清职责的基础上强化合作，面对社区重点问题和需要，基层政府和社区做什么，社会组织做什么，社区居民如何组织和参与，社工如何搭建平台共商和促进。在实际操作中，任何一方的不作为或者推诿，都会导致目标无法达成。

社区重点项目服务中最核心的问题就是避免家综单打独斗，努力推进“社区共治”中的党建引领和多方合作共治，这样社区重点项目才有可能达成目标。

3. 社区重点项目的服务方法和过程

社区重点项目的服务方法就是社区社会工作的方法，具体目标仍然是三个层面。

首先是号召社区居民参与和提升居民参与能力。辖区居民群众因最迫切、最需要、最直接的问题和需求长期得不到解决和满足，积累了比较多的情绪和误解。在服务推进的过程中也会碰到各种问题、困难和阻力，需要在服务的过程中进行舆情收集、民怨纾解、政策解读与说明，最关键的是引导社区居民理性诉求和学会协商，实现正向参与。

如果没有采取“社区共治”的方法，调动各方共同解决辖区居民群众最迫切、最需要、最直接的社区问题，单纯依靠社工推进问题解决，不仅时间长，而且效果不明显，社区居民参与度、信任度降低，就会破坏协作关系，因此需要特别注意各方合作的“度”的掌握。依靠家综解决社区重点问题，政策不到位、资源不足，问题悬而未决，社区居民的满意度就不高，家综第二周期的社区专案有些成效大，有些成效不大，与是否可以联动多方沟通开展服务有直接关系。在社区重点服务项目中，家综最大的作用就是推进各方协商平台的建立、共商机制的推进，以及舆情收集、民怨纾解和促进问题的有效解决。

其次是链接社会资源，解决社区问题，满足社区需要。社区重点问题和需要的解决与满足是需要资源的，政府有正式资源并按照政策法规投放，但是单一性的政策资源往往满足不了弱势群体的需要，也无法解决问题，需要调动各方资源实现社会服务社会办，还要在资源的调动方面关注到可持续性，因此难度很大。

从广州家综这几年的实践探索看，上述问题已有所突破，比如有的家综采取了“社区基金会”的做法，有的家综则与企业建立了长期合作的关系，在资源调动整合方面有许多尝试，但是资源培育的长期性、有效性仍然存在不少困难和问题。在“社区共治”的模式下，通过党建引领和政府合作对各方资源的培育调动发挥作用，期待能有更加宽阔的前景。

最后是改善社区关系，搭建社区支持网络。对于弱势群体，社会支持网络的弱化与断裂是问题出现的重要原因。广州市社会服务特别是为老服务的探索很有效，比如长者饭堂，其并非简单地提供一个午餐，而是通过长者饭堂的公共空间，促进长者之间、长者与社工和其他社会成员之间的互动、交流与了解，协助弱势长者更好地融入社区和社会，受到更多的关注和关爱。用服务搭建社区支持网络，彰显了社区公共空间的重要性。邻里互动、志愿服务都是改善社区关系和搭建社区支持网络的有效方法。广州市长者饭堂和日间照料中心就是采取政府购买服务的合作模式，仍然可以做更多的探索。

4. 社区重点项目服务成效与专业价值

社区重点项目的服务成效如何进行检测，这也是服务设计需要关注的问题。需要注意以下几个方面：项目是否符合本土（街镇和居民状况）特点，项目是否发挥本土优势（居民参与、资源调动、合作共治），项目是否激发本土潜能（社区、资源、群体），项目是否具有可持续性。

社区重点项目首先要关注服务成效的概括和总结。概括与总结是为了更好地前行。作为政府购买服务，需要对购买方和社会公众做出交代。建议社工机构从如下几个角度进行概括：第一是数字分析法，基于社区重点项目介入事实和数据，注意前后测，开展服务为社区居民最迫切、最需要、最直接的问题解决做了什么，带来了什么改变，要直观地呈现；第二是路径创新法，项目在党建引领下的基层政府、社会组织、社工机构、社区居民的多维度、多层面联动与合作下是如何促进问题和需求的解决与满足的，形成了哪些协商模式和机制，对于社区重点问题和需求的解决和满足有哪些启发；第三是问题解决法，采取不同层面的利益相关者说（社区管理者、社区居民、合作方等）呈现服务成效。从综合的角度进行梳理总结，才能突出社区重点项目的价值。

社区重点项目其次要关注专业价值的呈现。社区共治模式与社工的专业性如何结合，党建引领和各方联动是否影响到社会工作专业价值的发挥，这是社区重点项目需要关注的核心问题。建议社工机构从理论视角、合作联动的介入方法、解决问题的实际路径三方面入手做出有效探索。

比如，社区共治中的服务目标各方关注点能否一致，如果不一致要如何协同服务引导各方关注点进行聚焦，项目目标与各方期望的关注点怎样达成一致性。从服务策略来看，通过深度互动、合作、探索，提高各方对利益相关切入点的认可度，这样在服务中才有合作的空间。促进问题解决和需求满足的策略执行主要聚焦于资源联动（调动、培育、可持续）和协商平台建立等。

社区重点项目服务只有有了可行性的方案设计与克服瓶颈的策略，才能在社区共治的基础上形成事半功倍的良好局面，才能更好地体现社会工作的专业价值。

三　家庭综合服务中心第三周期的传承与突破

（一）传承社区服务：社工的社区基础服务怎么做

广州市家庭综合服务中心在起步阶段就将社会工作在社区的基础服务定位为“3”，即长者、家庭、青少年三个领域的服务。在长者、家庭、青少年三个领域的服务中，又划分了重点服务对象与一般服务对象两个层面。从政府购买服务的含义看，社工不可能对所有的社会成员提供均等化的服务，只能是突出重点，统筹兼顾。

突出重点，可以理解成民政部门对重点服务对象的兜底性服务，但是需要与政府对弱势群体实施的社会救助相区别。随着社会工作的发展，国际社会已经将有需要的社会成员拓展成了社会工作的服务对象，但是与兜底性的社会工作服务有区别。本文主要探索社工的社区基础服务开展过程需要关注的分层、分类、分级的介入和服务成效。

《广州市人民政府办公厅关于印发广州市社工服务站（家庭综合服务中心）管理办法的通知》中对社工的社区基础服务做出了清晰的划分。

补救性服务：针对陷入严重困境的老年人、残疾人、青少年、城市流动人口、农村留守人员、特殊困难人群、受灾群众等重点服务对象，以帮助服务对象改善境况或缓解危机为目标，提供心理辅导、矫治帮教、犯罪预防、就业援助、社会救助、危机干预、权益维护等补救性服务。

支持性服务：针对陷入轻微困境的个体、家庭、群体等服务对象，以增强其应对所处困境的能力为目标，提供社会援助、情绪支持、资源链接、认知拓展、能力提升、压力释放等援助性和支持性服务。

预防性服务：针对一般个体、家庭和群体等服务对象，以预防服务对象面临的各种潜在风险和困难为目标，为服务对象提供社会支援、社会参与、社会融入、兴趣发展、文娱康乐、教育培训、人际拓展等事前预防性服务。

发展性服务：针对社区发展中存在的公共服务需求和问题，积极协助政府部门开展国家法律政策宣传、公益倡导、公民教育等，提升社区居民的法治意识、公民意识、参与公共事务的能力等。倡导社区环境保护等公益服务，培育义工、慈善、互助等社区骨干和公益服务组织，提高社区管理服务参与度，促进社区公共服务治理；整合社区资源，构建社区支持网络，促进社区和谐健康发展，满足社区居民的多元化发展需求。

社工的社区服务可以从严重困境、轻微困境、一般困难和公共需求四个层面来理解。社区针对弱势群体的基础服务，主要体现在前三个层面。

1. 社区基础服务：社会工作视野下的需求评估分析

需求调研是社会工作专业服务的前提，需求调研的清晰准确为服务设计的精准度提供了依据。社区基础服务的主要对象是处于严重困境、轻微困境、一般困难和有需要的长者、家庭、青少年，划分层次进行需求调研是基础和前提。在需求评估中，社工必须注意，对于严重困境服务对象的调研要“底数清”“全覆盖”，对于一般服务对象则可以采取抽样、社区探访、焦点小组、服务座谈会等多种形式筛选进行。

（1）社区基础服务需求评估分析中的服务对象

社区中处于严重困境的长者、家庭和青少年是政府和社会的救助对象，中国社会救助在社区中的表现形式有最低生活保障救助、特困救助、教育救助、医疗救助、住房救助、就业救助和临时救助等，能够为严重困境群体提供最基本的生活救助。社工介入社区的基础服务与政府对严重困境群体的救助在服务对象方面是重合的，但是服务内容是有区别的，社工从社会工作全人观的视角做需求评估，从而在服务设计和服务推进中更好地突出专业服务的价值，拓展和延伸政府的传统服务。在需求评估中，社工必须对严重困境的长者、家庭、青少年服务对象在“底数清”的基础上采取逐一家访的方式实现“全覆盖”，了解其实际困难与问题，开展专业服务，因此也被定义为补救性服务。

对于社区处于轻微困难和一般困难的服务对象，则按照需要和资源配对的情况开展服务。“有需要”是服务对象的自我判断，也是社工户外拓展的任务。由于政府购买服务不可能为全体社会成员提供均等化的服务，这类服务又以增强能力、培养兴趣、社会融入等为主要内容，因此也被定义为支持性和预防性服务。

社工的社区基础服务需求评估分析需要对这两类服务对象分层，采取入户探访、调查问卷、焦点小组、座谈会、前期服务经验梳理等多种方式，多维度、多层面对社区基础服务对象在社区的基本状况，如生理、心理、社会三个层面的情况，优势视角的分析、服务对象与其所处的社区环境、家庭关系和人际互动，服务对象身边的直接资源和间接资源的调动等，进行实事求是的调研分析，为基础服务指引方向。

（2）社区基础服务需求评估中的购买方和合作方

由于社区基础服务的重点服务对象为严重困境群体，社工必须了解这类型服务对象有哪些社会福利政策资源，需要哪些资源进行协助，同时要与政府的传统服务（关注物质生活层面）相区别，因此社区基础服务的需求调研评估分析要考虑购买方（街镇）和合作方（社区、社会组织等）对服务开展的要求和建议，这样才能在合作和互补的基础上把服务做好。

由于社区的差异，社区服务在对硬件、软件，社区管理惯性、社区权力、社会资源的利用上不可能雷同，因此需要社工更加了解和熟悉社区状况，建立各方的互信关系，这样才能开展有针对性的服务。需求调研重视与购买方和合作方建立良好的关系，也是专业服务的基础。

（3）社区基础服务需求评估中的服务提供方

这是需求评估中比较容易被疏忽的问题，即对服务团队的能力度和督导培训专业度的评估分析。服务团队的能力度包括了团队的专业性、服务经验积累和凝聚力、稳定性，有好的团队才会有好的服务，社工主动积极，也必须有专业成长的空间。社区基础服务挑战很高，特别是针对严重困境群体的服务，服务团队以女性为主（这也是社会工作服务的共性），都处于生育高峰期，社工还要兼顾工作与生活，压力也很大，这就需要项目有专业性强、责任心重，能够引导社工的专业进步，保障服务质量的督导团队。

督导的规范性（工作协议、准时守约、定人定时、服务内容精准）、专业性（为社工建档，针对每位社工的状况制订具有针对性的督导计划，敦促社工保质保量开展服务）、成效性（督导考核的维度一是督导社工的专业成长情况，二是社工在督导指引下开展服务的质量）都是社区基础服务中需要进行评估分析的方面。

2. 社区基础服务：社会工作视野下服务分类与问题需求聚焦

在精准度高的需求调研评估的基础上开展社会工作专业服务，需要进行服务分类与问题需求的聚焦。

（1）专业视角下严重困境群体的服务设计与问题聚焦

社区基础服务面对严重困境长者群体，根据老年社会工作理论和实务进行分析，这个群体从生理、心理、社会层面的老化程度来看与其他长者没有什么区别，最重要的是日益严重的疾病治疗、生活照顾方面的需求和问题、资源和社会支持网络的断裂和弱化。因此，专业服务需要调动各方资源帮助服务对象改善境况和缓解危机，辅以心理辅导，通过对社区正式资源（平安钟、长者饭堂、日间照料、家庭医疗等）和非正式资源（志愿者、邻里互助、家人照顾等）的链接，搭建社会支持网络，从生理、心理、社会三个层面为服务对象提供专业服务。

社区基础服务面对的严重困境家庭，以低保、慢性病、残障、单亲、失业等家庭为主，经济困境会引发许多家庭问题，如家庭生计、夫妻关系、亲子关系、隔代或者亲属关系、邻里关系等，都可能存在问题和困难，医疗、教育、住房各方面的资源不足，影响了家庭功能的发挥，需要从家庭经济状况、家庭关系状况、家庭功能状况、家庭未来发展等方面开展家庭治疗和家庭支持，社工需要运用家庭生态系统理论和家庭生命周期理论，关注家庭关系、家庭功能的重建和增强，协助严重困境家庭走出困境。

社区基础服务面对的严重困境青少年群体，情况比较复杂。有经济困境、学业和就业困境、残障、心理障碍、行为越轨等诸多问题困扰，需要分门别类开展专业服务。通过经济支持、社会适应协助、职业生涯规划引导、认知与心理辅导、促进能力发展、承担社会责任等，针对困境青少年的不同问题和需要，开展有针对性和有成效的专业服务。

对于社区基础服务中的严重困境服务对象群体，一方面要注意“底数清”和“全覆盖”，另一方面要运用社会工作全人观和人与环境的互动关系，调动资源，制订有针对性的服务计划，从而有效地开展服务。

（2）专业视角下轻微困境和一般困难服务对象的服务设计

社区基础服务中的轻微困境和一般困难的服务对象也需要兼顾，这与国际社会工作发展的趋势，即“服务对象从困境弱势群体拓展到有需求的社会公众，专业功能从解决社会问题拓展到促进社会发展”是一致的。

在长者领域，轻微困境和一般困难的长者通过社工服务促进他们健康老龄化、积极老龄化，通过培养兴趣、能力提升、社会参与促进他们的社会融合，激发他们的潜能，从服务的接受者慢慢变成社工的帮手，有能长者服务弱能长者，参与志愿服务，扩大个人的兴趣、爱与同情的圈子，使弱能长者更好地成功老化。

在家庭领域对轻微困境和一般困难的家庭，主要从支持性和预防性的角度提供夫妻关系、亲子关系和家庭处于不同生命周期状况的服务。关注家庭能力建设和功能增强，亲子工作坊和亲子家庭义工都是比较有效的形式。

在青少年领域针对轻微困境和一般困难的服务对象，主要是预防青少年越轨，采取正面联系、临界预防、社区矫治和社会观护的方式开展不同层面和状况的专业服务。

社区基础服务的方案设计中需要关注服务分层和分类的方法运用。严重困境、轻微困境和一般困难的服务对象的分层清晰，聚焦的问题和需求就有精准度。第一层服务对象注重“底数清”和“全覆盖”，社会工作对全人观和人与环境关系的重视，能够产生与政府传统服务不一样的成效；第二、第三层服务对象注重能力成长和提供支持性、预防性的服务，将服务对象转化为服务的提供者，就能大大增强社工的服务能力，两者相辅相成。

广州家综第二周期服务采取了项目化的方式对社区基础服务进行设计，避免了早期服务碎片化的倾向，做出了有益的探索。但是，服务的深度和有效性还需要更多的探究。

3. 社区基础服务：社会工作服务成效与专业价值

（1）社区基础服务的成效：服务对象的改善程度

社区基础服务中的服务成效，与以下几个因素有直接关系：需求评估的分层分类和针对性，服务方案的社会工作视角，服务策略对在地情况、购买方、机构、社工、督导的把握，运营管理的服务检视和瓶颈应对，服务团队的服务能力与成长进步，紧急状况处理机制，服务方法和服务模式。

对严重困境的服务对象，最有效的服务就是帮助他们改善境况或缓解危机，同时促进他们成长，使其更好地适应社会环境，恢复和增强他们的社会功能。

对于严重困境群体，服务目标的达成不能只看社工在正式资源之外链接了哪些非正式资源，还要从社会工作全人观的角度看待服务对象的改变和资源的运用所发挥的作用。在评估中，曾经有社工说，服务的过程评委无法看到，怎样评估服务对象的改善程度，就需要对评估的过程做出改变，增加对社工服务之后的服务对象随机抽查的访谈和社区访谈，聆听家人和邻里的反馈等，只要愿意去考察服务对象的改变，了解和把握真实情况的难度就不高。

对轻微困境和一般困难的服务对象，最有效的方法是增强他们的社会适应和能力，提升他们应对和预防危机困境的能力，同时将部分服务对象转变为服务提供者。

（2）社区基础服务的成效：服务对象所处的环境的改善程度

社会工作服务对于有困难、问题和需求的服务对象不做个人归因，服务对象的问题与困难存在人与环境互动的障碍，阻碍了服务对象运用各方有利条件改善自身状况；服务对象的问题和困难也需要在人与环境互动中去解决。因此，“人在情境中”成为社工分析服务对象的问题和需要的基础。社区基础服务成效同样体现在环境的改善上。

首先是社工服务需要在“社会共治”的理念下改善服务对象的生活环境，改善社区硬件软件和管理惯性，促进社会政策对严重困境群体的倾斜，提升困境群体的社会福利。其次是开展社区教育，培育社区居民接纳、尊重严重困境服务对象的意识和习惯。发挥社区居民的共同参与作用，以形成尊重、关注弱势群体的社会氛围。最后是挖掘社会组织和社区志愿力量，共同参与针对弱势群体的关爱、互助服务。

（二）突破传统社区服务：社工的社区特色项目服务怎么做

广州市社工服务站（家庭综合服务中心）第三周期的服务模式为“113X”，“X”被定义为社区服务的X个特色项目——探索和拓展多领域、多平台的社会工作服务。可以使广州市品牌项目家综在百花齐放的水平上再上一个台阶，而不是千篇一律。

但是，在第三周期的服务中，何谓社区特色项目服务，怎样开展社区特色项目服务，需要做更多的探索。

广州市家综在起步阶段就将服务模式定位于“3+X”，“X”在当时被理解为每个街镇可以按照自己的特殊情况和需求，与家综互动确定开展特色服务，但是在服务设计上完全套用了“3”（长者、家庭、青少年服务）的模式，比如残障服务、外来人口服务、义工服务等，与“3”形成并列关系，服务对象也千篇一律，按照长者、家庭、青少年领域进行分层分类，在个人、家庭、小群体、社区等层面开展服务，变成每个家综5个领域、6个领域的服务，而没有体现“特色”的含义。

第三周期广州家综的新模式将“3”定位于社区基础服务（针对基础人群的专业服务），“X”作为特色项目服务，与“3”的要求不一样，前者关注基础和扎根，针对民政重点对象的“底数清”和“全覆盖”，后者则要体现出资源调动、街镇需求的特色，因此需要做进一步的探索。

1. 社区特色项目与本土化的关系

社区特色项目必须体现本土化，立足本土社区存在的实际问题和困难去介入干预，协助某个群体缓解和解决问题才能构成社区特色项目。如果社区没有需求，就不必开展服务。开展社区特色服务，就必须体现出社区的特色和特点。这个架构将凸显广州市家综的特色和长处。

(1) 社区特色项目必须具有本土化的特点

以广州市为例，广州城区对住房救助对象多年来实施了公租房、经济适用房的集中安置制度并卓有成效，几十万户困难家庭缓解和改善了住房困境，提升了弱势群体的住房福利并改善了条件。比如，金沙洲、同德围、龙归镇和为数不少的新安置社区，采取摇号等形式公开公平公正向弱势群体提供安居房、经济适用房等。

对弱势群体的住房救助政策的实施，使困难家庭的居住硬环境改善了，但问题也来了，几千户同质性极高的家庭居住在一片区域内，问题和困难、需求很一致，经济、医疗、就业、教育等各方面的资源不可能因为安置区而集中投放，这样就带来了新的问题和困难。当基层政府和社区关注社区管理时，社区服务面临需求高但资源不足的挑战，软服务做不到位就可能引发新的社会问题和冲突，那么介入安置房集中社区开展社工专业服务是否可以作为社区特色项目呢？答案是肯定的，社工介入集中安置住房救助服务，更需要做好舆情收集、民怨纾解和政策解读工作，链接更多的社会资源帮扶弱势群体，协助平台建立解决家庭纠纷、邻里矛盾、百姓诉求的机制，这就是社区特色项目的表现形式。

老城区长者群体人数众多，基础服务已经开展，那么根据长者特殊问题和需求能否开展社区特色项目服务呢？以广州市某家综为例，他们根据社区长者集中、资源比较丰富等特点，开展了“没有围墙的养老院”的“六安”模式，产生了良好的社会影响，使居家社区养老的内涵和外延得到了居民的认可。另一家综动员社会资源，运用建立“社区基金会”的方式筹措善款，按照规范将社区基金会放在广州市慈善会的框架内，有效进行社会监督，在运用社区基金会促进残疾人就业的训练、培育的做法可圈可点，不仅协助了辖区内有就业意向和能力的残疾人就业，甚至为相邻辖区的残疾人就业提供了支持。有些家综探索了在老城区“老养残（老年人照顾残疾子女）”的状况下如何协助服务对象帮扶模式等。只要针对辖区特殊群体的状况开展有针对性、有成效的服务，拓展链接非正式资源以提升社区某群体的社会福利，就可以形成社区特色项目的服务。

（2）社区特色项目的介入必须表现服务特色

在社区基础服务之外的社区特色项目是社区人口结构、地理位置、各种环境的综合表现，比如残疾人康复项目，可以根据社区需求选择残疾人进行教育康复，根据社区有教育需求的残疾人的数量，社工链接资源和开展多方合作，对残疾儿童青少年进行教育，促进其能力发展。也可以选择社区有就业意向和能力的残疾人进行职业康复，通过资源链接，多方合作采取分散和集中就业的方式，促进残疾人的职业康复。还可以选择残疾人的社区康复，对残疾人群体从生活技能、职业技能、家庭帮扶等各个方面提供支持与协助。在残疾人众多的社区，做什么服务要进行调研分析，多方资源调动、合作推进服务，进而形成特色。可以选择长者中某个群体（比如老漂族、弱势群体、空巢独居长者）社区支持网络搭建的方式提供社区照顾；采取社区基金会筹措资源的方式为某个弱势群体提供解决问题、促进成长的服务；或者外来人口子女入学、积分入户、社区融入等的服务。这些服务与基础服务的最大不同就是突出重点，资源链接、拓展服务、体现成效，形成该街镇独一份的特色，而不是大而全的深耕服务模式。

可以这样概括，社区特色项目不必采取基础服务的系统、完整的模式，只要根据社区本土状况的某个问题开展服务，协助社区解决问题，借助资源链接形成特色，直接回应社区的需求，就是特色项目。本土化的调研、分析，本土化的资源调动和社区参与，促进社区居民和社区的成长与发展的服务，本土化的资源培育与调动，就是特色项目服务。本土化打造服务特色，就是最好的诠释。

2. 社区特色项目与辖区人口构成和社区状况的关系

（1）社区特色项目的调研和工作方案设计，与辖区的人口结构和社区状况存在必然联系

以广州某家综为例，他们根据辖区九个居委会、九个村委会的结构，开展社区亲子与农村80岁以上独居空巢长者的牵手结对服务。社工经过服务积累和调研，发现四个村居的农村高龄独居空巢长者保留了自留地种植蔬菜，但是由于年龄大，无法劳作，而社区楼盘的家庭开展亲子关系介入又需要载体。经过大量的调研筛选，社工决定采取资源对接、推进城乡互动互助的方

式，双向促进。

家综社工通过开展大量的推进工作，一年内促成了50对社区亲子家庭与四个村居50位高龄独居空巢长者的“结对”。用土地农耕的形式促进亲子沟通，让家庭和孩子在农耕中有更多的交流，也让城市家庭与农村长者有很多的互动，农耕收成既满足长者生活必需，又满足亲子家庭种植需要，农产品余者用于互助；长者与亲子交流传递农耕知识，亲子家庭关注长者生活、心理情绪和社会支持各方面的需求，用家庭多余物品或者新购置物品帮扶长者，社区关系的变化、资源的流动则形成了城乡互动互助的新型的“开心农场”模式。

在新型开心农场初步成功之后，该家综决定进一步探索九个社区九个村居的牵手计划，让城乡交流资源共享产生更大的成效。只有从社区的人口构成和社区状况层面展开社区特色项目服务，才能有真正意义上的成效。

（2）社区特色项目要考虑资源和服务成果的可持续性，促进社区发展

以广州某家综为例，辖区内有残疾人600多人，残疾程度较轻且有自理能力但就业困难的残疾人约150人，这部分残疾人就业困难有两方面的原因：一是客观现实的制约，标签化和无组织使这部分残疾人无法就业；二是个人能力不匹配，虽然这部分残疾人残疾程度较轻，但是文化程度、动手能力不强，找到适合的就业岗位有难度。辖区虽然有较多的残疾人帮扶资源，但提供残疾人就业的培育机构较少，就业技能训练缺乏制约了残疾人的社会康复。

家综筹划了“小苹果”项目。第一是结合这部分残疾人的需求和社区资源，建立平台、协助辅导，激发残疾人潜能，培养残疾人的就业创业技能。项目目标充分考虑残疾人状况，“我们只做材料包!”（操作简单——画框、裁剪、绕线、打包），提升残疾人就业信心和乐趣（容易成功，较快熟练，协作完成）。第二是调动社区资源，实现“公益+商业资源”。上游有爱心企业“广州巨采纺织品有限公司”、纺织协会捐赠边角布料，媒体和各大商城免费宣传推广等，众多公益机构支持；中游有机构社工团队及督导团队的专业辅导和就业指引，各公益部门、合作单位等场地及人力支持；下游有社会组织、社会福利相关机构支持等，使“小苹果”项目有了神奇的色彩。虽然目前项目还在推进中，但是作为社区特色服务已经初现端倪。

3. 社区特色项目服务设计需要注意的要点

社区特色项目之所以是特色，是因为其不必按照社区基础服务的模式全

方位保证特殊群体的个人、家庭、群体、社区层面服务的完整性，而要注意聚焦某个群体的特殊需要，结合本土特点和本土资源，促进社区承担责任，开展有社区特色的专业服务。工作方案设计需要关注以下几点。

（1）需求评估的真实可靠与全面

社区特色项目不能为追求指标而设立，需要社工站与购买方、社区、某群体通过互动确定，需要关注特色服务的受益群体、购买方和社区对特色项目的认可与支持、正式资源与非正式资源的链接、社工团队与督导的能力等，也就是说，开展特色服务的主客观条件都需要考虑到。

（2）聚焦特色项目的问题与需求

如前所述，不要考虑大而全，而要考虑精准化的聚焦需求和问题，要解决什么问题，惠及多少受众，在社区层面能够产生什么影响，会带来哪些变化。如果说社区重点项目介入是广州市社工站的必选项，那么社区特色项目就是精准度很高的自选项，要把特色成效放在首位去考虑。

（3）特色项目的服务设计遵循任务中心模式的操作方法

社区特色项目可以说是走精品服务路线，不能把社区调研走访、志愿者队伍培育的时间拉得太长，无论是问题与需求分析，还是资源链接和推进社区参与解决问题，都要用任务中心模式的短平快方式才能奏效。

（4）社区特色项目要突出资源链接介入问题和需要的重要性

社工站已经有两个周期服务的积累，促进社区问题和需求的解决要形成特色，资源培育、链接是重要内容，如前分析，家综的两个周期已经有不少机构采取各种方式搭建社区资源平台、提升专业服务，成为社会资源汇聚的枢纽，第二周期社区专案做得出色的家综都有盘活、培育社区资源方面的推进，值得借鉴。

广州市社工站（家庭综合服务中心第三周期）社区特色服务项目的设计思路与第一、第二周期有区别，需要服务机构有更多的研究和思考，希望广州市社工服务站百花齐放、万紫千红的春天早日到来。

总之，广州市家庭综合服务中心第三周期在第一、第二周期服务的基础上进行梳理和总结，形成了“113X”的新模式、新要求，需要业界共同努力、不断探索，才能有更大的进步。

Review and Reflection of Guangzhou Family Integrated Service Center

Zhu Jingjun

Abstract: In the promotion of social work services in Guangzhou, the comprehensive + special model was adopted. The family integrated service center is a comprehensive section of the government purchasing services. The Family Integrated Service Center has been promoted for two cycle times, and each cycle carries out service design according to actual conditions. The year of 2018 is the starting point of the third cycle of the Family Integrated Service Center. On the basis of summarizing the service framework, effectiveness and deficiencies of the first two cycles, there is a big breakthrough. From the perspective of long-term evaluation of the family integrated service center, the author sorts out the basic context of the service of the Guangzhou Family Integrated Service Center and makes reflections.

Keywords: Family Integrated Service; Leadership of Party Construction; Community Service

住院医师人格特征对术前签字认知态度的影响及评价

张晓桥　刘俊荣*

摘　要　目的是了解住院医师的人格特征与术前签字认知态度之间的关系，弄清影响其认知态度的相关因素，以期在处理手术签字问题上根据住院医师的人格特征提出有针对性的对策和建议，推动术前签字制度成为兼顾医患双方利益的医疗规范。方法是采用艾森克人格问卷简式量表中国版（EPQ-RSC）和自行设计的调查问卷，调查数据采用 SPSS 17.0 统计软件进行统计和分析。结果是只有68.4%的住院医师正确回答患者清醒且有足够的判断力时的签字主体；67.0%的住院医师正确回答患者不清醒或没有足够的判断力时的签字主体；正确回答委托代理人知情同意范围的住院医师仅占43.5%。可见，住院医师在这三种情况下的认知存在不足。精神质（P）得分高的住院医师相较于得分低的住院医师更倾向于对“术前签字与医患关系”持有消极态度、赞成修改“不签字不手术”的相关规定、同意“顺便手术”（$P>0.05$）。结论是建议院方定期展开术前签字相关问题探讨，重点关注容易对术前签字产生消极态度［精神质（P）得分高］的住院医师；通过多种途径提高医方对术前签字制度的认知；通过立法完善术前签字制度，尤其关注大众热点争议问题，尽量使术前签字符合大多数人的意愿。

关键词　住院医师　住院医师人格特征　术前签字

手术是医疗活动中治病救人的重要手段，但因其对人身有较大损伤性，所以也是产生医疗纠纷最集中的医疗行为①。因此，术前签署手术同意书应运而生，手术同意书是医务人员向患方履行告知义务的书面证明文件，也是医

* 张晓桥，广州医科大学应用心理学专业 2014 级本科生。刘俊荣，广州医科大学教授，博士生导师。

① 叶深溪、王珍珍、郭丽：《新型农村合作医疗参与方满意度及影响因素分析——基于广东省的调查研究》，《广东农业科学》2011 年第 14 期。

方完成举证责任的重要证据①。签署手术知情同意书的过程，是医患双方充分沟通的过程，既体现了医患之间的相互尊重，也有利于减少医疗纠纷的发生②。但是当术前签字例外情形发生时，如果一味墨守成规，不签字就不手术，便会使患者失去对自己生命的健康处分权，导致悲剧的发生，容易引发医疗纠纷，不利于医患关系的和谐发展③。医方提高自身对术前签字制度的认知，以及在术前签字相关问题上形成正确的态度，对术前签字制度的完善和发展有着极其重要的意义。本文选择住院医师作为调查对象，主要基于住院医师已开始进入临床且受患者、家属等社会环境因素的影响相对较小，其认知态度能更好地体现自身的真实想法。本文旨在通过了解住院医师人格特征及其对术前签字认知、态度之间的内在关联，弄清不同人格特征的住院医师对此制度的认知、态度的差异，并探讨影响其认知态度的相关因素，进而在处理手术签字问题上根据住院医师的人格特征提出有针对性的对策和建议，以期推动术前签字制度成为兼顾医患双方利益、缓解医患矛盾、促进医患关系和谐发展的重要工具。

一　研究对象

以广州市住院医师作为调查对象，分别在广州医科大学各附属医院随机选取受访者，填写调查问卷。共计发放问卷300份，回收问卷237份，最终有效问卷209份，有效回收率为69.7%。

二　研究方法与质量控制

（一）研究方法

研究采用艾森克人格问卷简式量表中国版（EPQ-RSC），由48个项目组成，施测内容包括内外向（E）、神经质（N）、精神质（P）和掩饰性（L），

---

① 郑先平、刘雅：《新农合制度推进过程中的问题与对策研究》，《中国卫生事业管理》2012年第9期。

② 王珍珍、周立平、鱼敏、郭丽、黄茜、蔡文智、盛小燕：《广东省新型农村合作医疗满意度及影响因素研究》，《中国卫生事业管理》2011年第11期。

③ 刘昊、王平、孙英梅：《医患双方术前签字的认知、态度调查及影响因素分析》，《中国卫生事业管理》2016年第2期。

本问卷主要分析前三个维度。另外，采用自行设计的术前签字认知、态度问卷，内容包括调查对象基本资料、对术前签字相关内容的认知及态度、对术前签字与拯救生命的选择等。

运用 SPSS 17.0 统计软件对调查数据进行处理和分析，通过方差分析、相关分析、回归分析等方法，对人格特征与认知、态度之间的关系进行研究。

（二）质量控制

首先，选用的艾森克人格问卷简式量表中国版（EPQ-RSC）适用于中国人群，同时能保证较高的信度和效度；在导师的指导下，对自行设计的调查问卷进行了多次补充和修改，并且通过预调查对问卷加以完善。其次，调查对象具有较强的代表性，在广州医科大学各附属医院随机抽取受访者进行实证调查，基本能够满足本研究的需要。另外，在问卷调查之前详细解释了调研目的，采取匿名填报的方式，并保证严格遵循保密原则，打消调查对象的顾虑，提高问卷的准确性。最后，对回收的 237 份问卷进行严格的逻辑审核，剔除不完整或者逻辑错误的问卷，保证问卷的质量。

三 研究结果

（一）调查对象的人口社会学特征

在被调查的住院医师中，女性居多（62.7%），年龄以 20～29 岁为主（93.3%），大多为本科学历（59.8%），规培时长集中为半年至 3 年，共占 91.3%（见表 1）。

表 1 被调查住院医师社会学基本特征

单位：人，%

	特征	样本量	百分比
性别	男	78	37.3
	女	131	62.7
年龄	<20 岁	6	2.9
	20～29 岁	195	93.3
	30～39 岁	8	3.8

续表

特征		样本量	百分比
学历	专科	14	6.7
	本科	125	59.8
	硕士研究生	68	32.5
	博士研究生	2	1.0
规培时长	半年以下	39	18.7
	半年到1年	54	25.8
	1~2年	59	28.2
	2~3年	57	27.3

（二）住院医师 EPQ-RSC 原始分的均值和标准差

在被调查的住院医师中，精神质（P）得分低于同年龄阶段的中国常模均分（M=2.80），内外向（E）得分低于同年龄阶段的中国常模均分（M=7.78），神经质（N）得分高于同年龄阶段的中国常模均分（M=4.59），掩饰性（L）得分低于同年龄阶段的中国常模均分（M=5.29）[①]（见表2）。

表2 住院医师在 EPQ-RSC 各维度的均值和标准差

维度	均值	标准差
精神质（P）	2.33	1.81
内外向（E）	7.27	2.66
神经质（N）	5.85	3.21
掩饰性（L）	4.86	2.44

（三）住院医师对手术签字认知、态度的对比及分析

1. 住院医师对术前签字的认知情况

对调查结果统计分析发现，只有68.4%的住院医师正确回答患者清醒且有足够的判断力时的签字主体。从理论上看，在患者清醒且有足够的判断能力时，术前签字的主体应该为患者本人最佳。而在患者不清醒或没有足够的

① 钱铭怡、武国城、朱荣春、张莘：《艾森克人格问卷简式量表中国版（EPQ-RSC）的修订》，《心理学报》2000年第3期。

判断能力时，患者家属拥有代理签字的权利，但仅有67.0%的住院医师正确回答此问题。中国法律明确规定，委托代理人权利范围仅限于委托人授权的事项[①]，但只有43.5%的住院医师正确回答此问题。可见，住院医师对上面提及关于术前签字的三种情况的认知存在不足（见表3）。

表3 住院医师对术前签字相关问题的认知情况

单位：人，%

情况类别	样本量	百分比
患者清醒且有足够的判断力时的签字主体	143	68.4
患者不清醒或没有足够的判断力时的签字主体	140	67.0
委托代理人知情同意范围	91	43.5

2. 关于对术前签字行为的不同态度

由图1关于“住院医师对‘术前签字行为’的态度”可知，51.7%的住院医师认为签署术前同意书的行为是减少医疗纠纷的有效方式，认为该行为是保护患者合法权益的途径的住院医师占23.0%，认为该行为体现了对患者权利的尊重的住院医师占20.6%，而认为签署术前同意书会加重患者的心理负担的住院医师占4.3%。术前签字的根本意义在于尊重患者的权利，而选择此选项的比例仅占20.6%，说明大多住院医师对术前签字缺乏正确的认识。超过半数的医师将术前签字当作减少医疗纠纷甚至自我保护的手段，这说明，对住院医师加强术前签字制度教育，端正其对术前签字制度的态度，具有合理性。

经单因素方差分析检验，人格特征的三个维度，即精神质（P）、内外向（E）、神经质（N）在此问题上的态度差异均无统计学意义（$P>0.05$），因此不能说明拥有不同人格特征的住院医师对术前签字行为持有不同态度。

3. 关于“术前签字与医患关系”的态度

由图2可知，57.9%的住院医师认为，术前签字能够改善医患关系，29.2%的住院医师认为两者有关系但关系不大，8.1%的住院医师认为两者之间无影响，而4.8%的住院医师认为术前签字使医患关系更加恶化。

经单因素方差分析检验，对术前签字与医患关系持积极态度的住院医师的精神质（P）得分低于对此问题持消极态度的住院医师，差异具有统计学意

① 顾加栋：《知情同意制度若干难点问题探究》，《中国医院管理》2007年第7期。

义（F =3. 329，P <0. 05）。

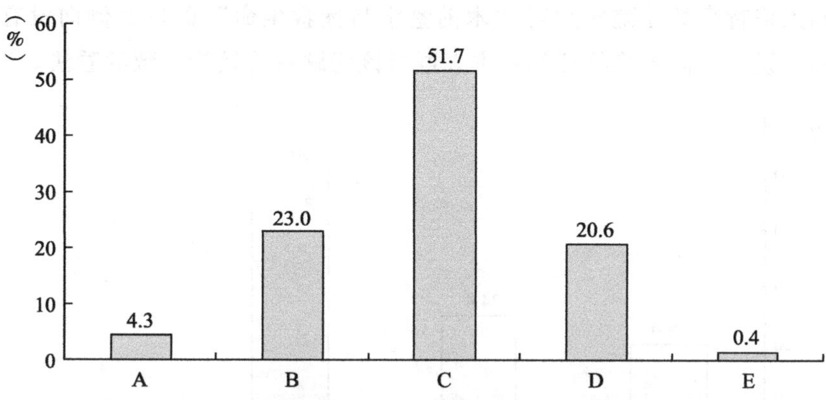

图 1　住院医师对“术前签字行为”的态度

注：A 是加重患者的心理负担，B 是保护患者合法权益的途径，C 是减少医疗纠纷的有效方式，D 是体现了对患者权利的尊重，E 是其他。

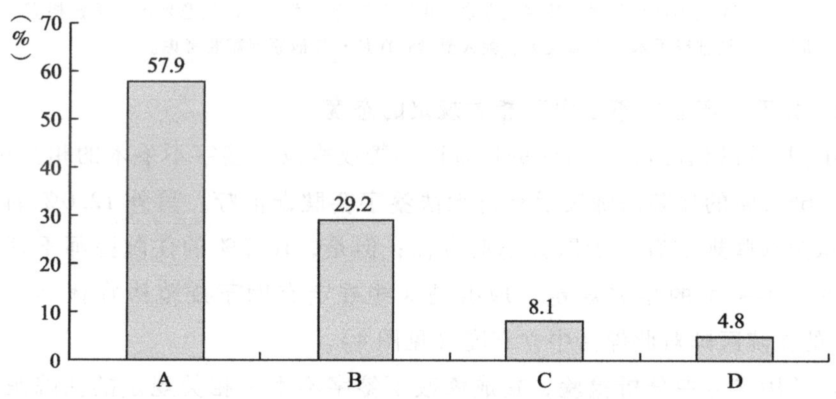

图 2　住院医师对“术前签字与医患关系”的态度

注：A 是术前签字能够改善医患关系，B 是两者有关系但关系不大，C 是两者之间无影响，D 是术前签字使医患关系更加恶化。

4. 关于“术前签字与拯救生命”的选择倾向

如果在紧急情况下得不到签字同意，50. 7% 的住院医师会选择给病人进行手术，人命关天、救人要紧；44. 0% 的住院医师则表示不会给病人进行手术，其中 24. 4% 的住院医师出于对如发生意外无法承担相应责任的考虑，另外 19. 6% 的住院医师认为应该按规定办事；还有 5. 3% 的住院医师表示有其他原因需要考虑，需要根据实际情况进行抉择（见图 3）。

经单因素方差分析检验，人格特征的三个维度，即精神质（P）、内外向

(E)、神经质（N）在此问题上的态度差异均无统计学意义（P＞0.05），因此不同人格特征的住院医师对“术前签字与拯救生命”的选择倾向没有显著性差异，说明不同人格特征的样本人群对该问题有着较为一致的看法。

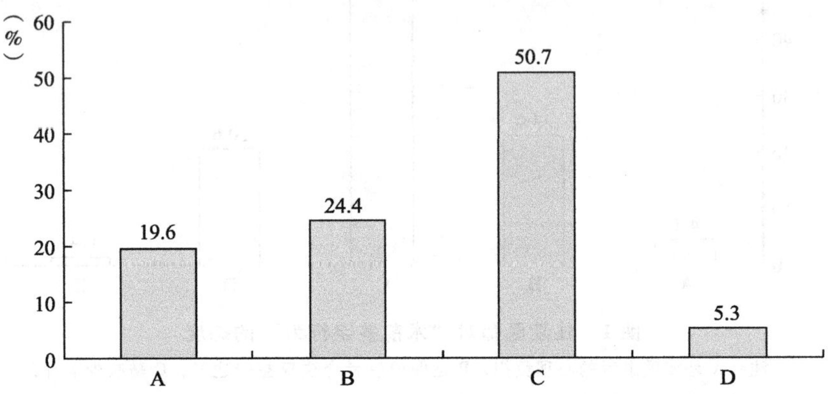

图3　住院医师在“术前签字与拯救生命”上的选择

注：A是不进行手术，按规定办事；B是不进行手术，如发生意外无法承担相应责任；C是进行手术，人命关天、救人要紧；D是有其他原因需要考虑。

5. 关于“不签字不手术”相关规定的态度

由图4可以看出，77.1%的住院医师赞成修改不签字不手术的相关规定。其中，65.1%的住院医师表示有时无法签字会耽误治疗，另外12.0%的住院医师认为这些规定有利于医方逃避责任；但是，16.3%的住院医师不赞成修改不签字不手术的相关规定，理由是这些规定有助于规范医疗体制；还有6.6%的住院医师对此保持中立态度（见图4）。

经单因素方差分析检验，赞成修改不签字不手术相关规定的住院医师的精神质（P）得分高于不赞成修改这些规定的住院医师，差异具有统计学意义（F＝5.111，P＜0.01）。

6. 关于“顺便手术”的态度

本部分通过一个案例，调查住院医师对“顺便手术”的不同态度，具体如下。患者某某，女，右侧乳房确诊为乳腺癌，患者及其家属同意切除右侧乳房。手术过程中对左侧乳房也进行了检查，结果为“乳腺良性肿瘤”，将来有癌变的危险。所以，医生在右侧乳房切除后，又顺便做了左侧乳房切除术。83.7%的住院医师表示不同意这种做法，认为没有获得患者同意就进行手术，忽视了对患者权利的尊重；相反，有12.4%的住院医师同意这种做法，认为左侧乳房切除是防止癌变的措施，从根本上看是维护病人利益；还有3.8%的住院

医师持有其他看法，表示需要视情况而定（见图5）。

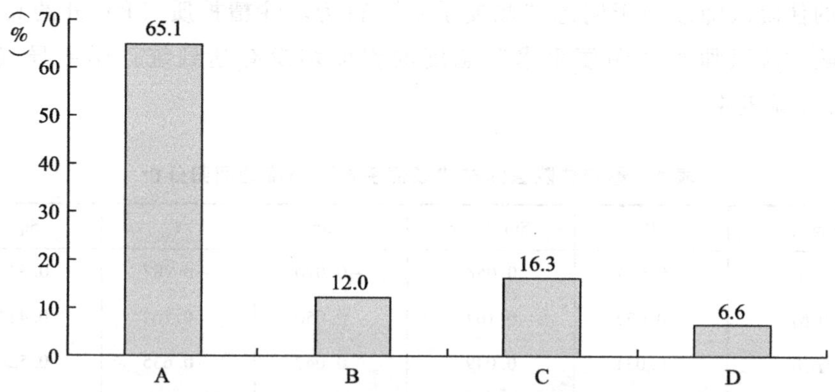

图4　住院医师对“不签字不手术”相关规定的态度

注：A是赞成修改，有时无法签字会耽误治疗；B是赞成修改，这些规定有利于医方逃避责任；C是不赞成修改，这些规定有利于规范医疗体制；D是保持中立态度。

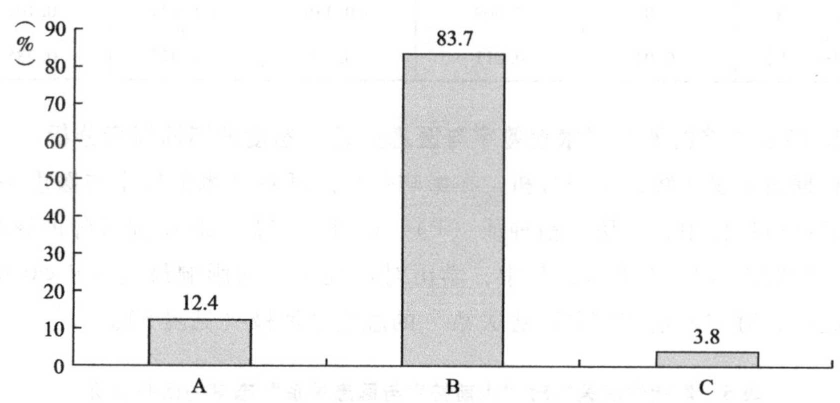

图5　住院医师对“顺便手术”的态度

注：A是同意，B是不同意，C是其他看法。

经单因素方差分析检验，同意“顺便手术”的住院医师的精神质（P）得分高于不同意“顺便手术”的住院医师，差异具有统计学意义（F=5.383，P<0.01）。住院医师的内外向（E）、神经质（N）在此问题上的态度差异均无统计学意义（P>0.05）。

（四）住院医师人格特征及手术签字认知态度的相关性分析

1. 影响住院医师对“顺便手术”态度的不同因素分析

根据逐步多元线性回归分析，在影响住院医师对“顺便手术”态度的各项指标中，精神质（P）对住院医师的影响最大（P<0.01），精神质（P）得分高的住院医师倾向于同意“顺便手术”行为。除精神质（P）外的其他因素影响住院医师对“顺便手术”态度的程度均没有达到统计学差异（P>0.05）（见表4）。

表4 影响住院医师对“顺便手术”态度的回归分析

影响因素	B	Std. Error	Bata	t	Sig.
性别	-0.057	0.058	-0.070	-0.987	0.325
年龄	0.075	0.107	0.050	0.703	0.483
学历	0.031	0.049	0.047	0.635	0.526
培训时长	-0.019	0.027	-0.052	-0.693	0.489
精神质（P）	-0.045	0.015	-0.208	-2.965	0.003
内外向（E）	-0.004	0.011	-0.029	-0.397	0.692
神经质（N）	-0.015	0.009	-0.119	-1.621	0.107
掩饰性（L）	-0.012	0.011	-0.076	-1.073	0.285

2. 影响住院医师对“术前签字与医患关系”态度的不同因素分析

根据逐步多元线性回归分析，在影响住院医师对“术前签字与医患关系”态度的各项指标中，学历、精神质（P）、内外向（E）对住院医师的影响具有统计学意义（P<0.05），其中，学历对住院医师的影响最大（P<0.01），学历越高，对“术前签字与医患关系”的态度越消极（见表5）。

表5 影响住院医师对“术前签字与医患关系”态度的回归分析

影响因素	B	Std. Error	Bata	t	Sig.
性别	0.193	0.144	0.092	1.342	0.181
年龄	-0.223	0.269	-0.057	-0.831	0.407
学历	0.462	0.123	0.271	3.751	0.000
培训时长	-0.087	0.069	-0.092	-1.270	0.206
精神质（P）	0.095	0.038	0.169	2.470	0.014
内外向（E）	-0.059	0.027	-0.156	-2.190	0.030
神经质（N）	-0.008	0.023	-0.024	-0.333	0.740
掩饰性（L）	0.032	0.029	0.078	1.136	0.257

四 讨论与分析

（一）人格特征与术前签字态度的相关性

研究表明，在住院医师人格特征的精神质（P）、内外向（E）、神经质（N）三个维度中，精神质（P）对住院医师的术前签字态度影响最大。根据艾森克人格问卷结果，P量表测量精神质维度，也称倔强性。精神质（P）得分高的人，可能更加感到孤独，难以适应外部环境；缺乏同情心，对人抱有敌意；喜欢干奇特的事，且不顾危险。得分低的人则比较能与人友好相处，态度温和，能较好地适应环境①。

精神质（P）得分高的住院医师相较于得分低的住院医师更倾向于对“术前签字与医患关系”持有消极态度，赞成修改“不签字不手术”的相关规定，同意“顺便手术”。总体而言，精神质（P）得分较高的住院医师对当今术前签字制度的不满程度高于精神质（P）得分较低的住院医师，而且有更容易冲动、无视术前签字相关规定的倾向。该结论与艾森克人格问卷对精神质（P）的结果解释具有一致性，由此可以推测住院医师人格特征的精神质（P）对术前签字态度有一定影响。同时，研究表明，内外向（E）、神经质（N）对住院医师的术前签字态度影响较小，差异不具有统计学意义。此外，住院医师的L量表得分低于同年龄阶段的中国常模均分，根据L量表的得分解释，得分越低提示被试的掩饰程度越低，测验的效度越高②，由此可见，本次测验具有较高的效度。

（二）住院医师对术前签字的认知情况

研究表明，住院医师对术前签字的签字主体，以及在委托代理人权利范围的认知上存在不足。患者是医疗行为的专属对象，是医疗后果的核心承受者。因此，从尊重患者自主决定权的理念出发，同意权的行使应该是一种专

① 陈仲庚：《艾森克人格问卷的项目分析》，《心理学报》1983年第2期。董耘：《艾森克人格问卷的适用性研究》，《宁夏大学学报》（人文社会科学版）2006年第3期。车茂娟：《基于艾森克问卷探析吸毒人群的人格特征》，《统计研究》2009年第1期。

② 袁晓娇、陈秋燕、程科、吉木哈学：《大学生人格特征与幸福感——跨民族比较研究》，《民族高等教育研究》2018年第1期。

属于患者本人的权利，手术同意书必须由具有完全民事行为能力的患者在完全知情并且同时具备同意能力的情况下签字①。从理论上看，在患者清醒且有足够的判断能力时，术前签字的主体应该为患者本人最佳，只有68.4%的住院医师正确回答此问题；需要注意的是，29.2%的住院医师认为在这种情况下，应当由患者及其家属共同签字，实则是没有明确患者本人是签字的第一主体，因此必须使患者本人、家属、医生都牢固树立这一意识，优先保障患者本人第一签字主体的地位②。1994年颁布的《医疗机构管理条例》第33条规定，医疗机构在实施手术、特殊检查或者特殊治疗时，必须征得患者同意，并应当取得其家属或者关系人同意并签字；无法取得患者同意时，应当取得家属或者关系人同意并签字；无法取得患者意见又无家属或者关系人在场，或者遇到其他特殊情况时，经治医师应当提出医疗处置方案，在取得医疗机构负责人或者被授权负责人员的批准后实施③。解读该规定可知，在患者不具备民事行为能力或当时无意识状态等情况下，应当由家属优先代之签字，家属签字实际上是一种代理行为。由此可见，在患者不清醒或没有足够的判断能力时的签字主体问题上，患者家属优先持有代理签字权利，调查中只有67.0%的住院医师正确回答该问题。中国法律明确规定，委托代理人权利范围仅限于委托人授权的事项，但只有43.5%的住院医师正确回答委托代理人权利范围的问题。

（三）住院医师对现行的术前签字制度的看法

术前签字制度的出现本是出于对尊重患者知情同意权的考虑，如果术前签字制度足够完善，自然能够兼顾医患双方利益、缓解医患矛盾以及促进医患关系和谐发展。但研究表明，仅有57.9%的住院医师认为当今术前签字制度能够有效促进医患关系的改善，77.1%的住院医师认为应该修改在紧急情况下不签字就不能手术的相关规定。而且，在日常生活中，由术前签字引发的医疗纠纷越来越多④，这不仅是因为患者个人权利意识的增强，也是由于当

---

① 刘秋华：《手术同意书签字中常见问题的法律分析》，《中国卫生法制》2007年第1期。

② 李善文：《患者知情同意权——术前签字制度研究》，硕士学位论文，清华大学，2015。

③ 王岩：《〈医疗机构管理条例〉的立法意义及适用范围》，《中国卫生法制》1994年第3期。张远、周瑶：《对〈医疗机构管理条例〉第三十三条的思考》，《中国医药导报》2008年第14期。崔晓萌：《对于〈医疗机构管理条例〉第33条的解读——结合“肖志军事件”的分析》，《法制与社会》2009年第12期。

④ 周凭博：《由知情同意问题引发的医疗投诉的调查与分析》，硕士学位论文，大连医科大学，2017。

今术前签字制度存在诸多争议。这说明，只有完善现行的术前签字制度，才能使之成为符合大多数人利益、兼顾医患双方利益、缓解医疗纠纷的好制度。

五　结论与建议

（一）结论

1. 精神质(P)与术前签字态度存在相关性

研究表明，住院医师人格特征的精神质(P)对术前签字态度有一定影响。总体而言，精神质(P)得分较高的住院医师对当今术前签字制度的不满程度高于精神质(P)得分较低的住院医师，而且有更容易冲动、无视术前签字相关规定的倾向。

2. 住院医师对术前签字的认知存在不足

研究表明，住院医师对术前签字的认知存在不足。主要表现在对术前签字的签字主体，以及在委托代理人权利范围的认知上。

3. 现行的术前签字制度有待完善

研究表明，现行的术前签字制度存在不足，其中的一些法律法规舆论争议较大，如是否应该修改“不签字不手术”的相关规定，应对其加以完善以充分发挥兼顾医患双方利益、缓解医疗纠纷的作用。

（二）建议

1. 关注人格特征，端正术前签字态度

建议医院定期展开对术前签字相关问题的探讨，可以就时事热点展开讨论，每次讨论前确定一个或多个主题，如“术前签字能否改善医患关系”“没有签字不能手术，你怎么看”“顺便手术你会做吗”“没有签字同意书，你还会选择拯救生命吗”等，引导住院医师围绕各种手术可能发生的情形展开讨论，发现不合理态度时可通过进一步展开辩论加以纠正。尤其要关注精神质(P)得分较高的住院医师，帮助他们在术前签字相关问题上形成正确的态度，以期能够正确处理术前签字可能引发的各种情形。

2. 提高医患双方对术前签字的认知水平

建议医方加强对术前签字相关法律知识的宣传，定期开展培训工作，同时，通过网络、电视、报纸等媒介面向公众宣传术前签字相关知识，提高住院医师对术前签字各种情形的认知水平，促进医生和患者之间的良性沟通，进而促进医患关系的良性发展。

3. 完善术前签字制度，缓解医疗纠纷

随着患者个人权利意识的增强，术前签字引发的医疗纠纷案件数量与日俱增。建议政府相关部门加强立法工作，进一步明确术前签字制度的法律效力。关注公众的声音，对舆论争议较大的法律法规加以完善，如在“不签字不手术”的问题上，政府需要更加明确院方的免签字权适用情形，同时在规定的紧急情况下，无论有无手术同意书都要进行紧急救治，否则追究医方责任。这一方面保护了医方免受出于挽救生命而实施的紧急救治所带来的风险；另一方面也起着监督医方的作用，避免医方把术前签字视为自己的“护身符”，而没有把生命放在第一位。由此可以确保患者在特殊情况下的生命健康处分权受到保护，促进医患关系的改善，缓解医疗纠纷。

The Influence and Evaluation of Resident' Personality Characteristics on Preoperative Signature Cognitive Attitude

Zhang Xiaoqiao, Liu Junrong

Abstract: Purpose to understand the relationship between resident doctors' personality characteristics and preoperative signature cognitive attitude, and to clarify the related factors affecting their cognitive attitude, so as to put forward targeted countermeasures and suggestions according to resident doctors' personality characteristics in the treatment of surgical signature, and promote the preoperative signature system to become a medical standard that gives consideration to both the interests of doctors and patients. Method only 68. 4% of residents correctly answered the signature subject when the patient was sober and had sufficient judgment; 67% of residents correctly answered when the patient was not conscious or did not have sufficient judgment when the signature subject; only 43. 5% of resident doctors correctly answered the scope of entrusted agent informed consent. It can be seen that resident doctors have insufficient cognition in these three cases. Resident doctors with a high score of psychosis(P) were more likely to hold a negative attitude towards "preoperative signature and doctor-patient relationship" than resident doctors with a low score, agree to modify the relevant provisions of "no signature, no operation", and agree to "operation by the way" ($P > 0.05$). Result Using Eysenck personality questionnaire short scale form Chinese version (EPQ-RSC) and self-designed questionnaire, using SPSS 17.0 statistical software for statistics and analysis; conclusion It is suggested that the hospital regularly discuss the problems related to preoperative signature, focusing on resident doctors who tend to have a negative attitude toward preoperative signature (high score of psychosis P); to improve the cognition of resident doctors on preoperative signature system by various ways; legislation should be adopted to improve the preoperative signature system, especially focusing on the hot issues of the public, so as to make preoperative signature conform to the wishes of most people.

Keywords: Residents; Personality Characteristics of residents; Preoperative Signature

政社合作中的共同决策问题研究：一种合作方式的分析*

——以政府购买社会服务为例

卜　熙　郑佳斯**

摘　要　本文立足于公共领导的视角，聚焦于政府购买服务中的共同决策过程，探讨其运行机制、产生问题及解决思路。首先，对学界已有研究进行了梳理。其次，笔者将政府购买服务中的共同决策机制概括为"织网""筑基""博弈""决定"四个步骤，并对每一个步骤的行动进行剖析。再次，梳理在这四个阶段中出现的困境，如决策主体性质不独立、决策主体的利益代表性不足、决策方向一边倒、决策承诺缺乏保障等。最后，从宏观的环境与制度、中观的议价资源配给和微观的决策模式转变方面提出解决思路。

关键词　政社合作　公共领导　政府购买服务

一　已有研究及问题的提出

（一）相关概念界定

公共领导中的共同决策问题在政社合作的研究中含义非常丰富，欲探讨共同决策的相关体制和组织运作，应先界定"政社合作"与"共同决策"两个概念，以明晰其所包含的内容。

关于政社合作，有学者将其概括为政府和社会组织基于实现共同认可的

---

* 本文系中央宣传部马克思主义理论研究和建设工程重大项目"广东省营造共建共治共享治理格局实践经验研究"（项目号：2018MSJ019）的阶段性研究成果。

** 卜熙，中山大学政治与公共事务管理学院在读博士生。郑佳斯，女，博士，中共广东省委党校（广东行政学院）行政学教研部副教授。

公共目标而建立和维护的相互依赖关系[①]，这种相互依赖关系应包含三个特征：一是合作的主体至少包括一个政府部门和一个社会组织，主体之间互相独立；二是应基于合作主体间对目标的正式或非正式认同和承诺；三是合作主体间存在相互依赖的关系。共同决策是合作关系中的重要一环。“共同”一词表明超越组织内部和单一主体的视角，是跨越公部门和私部门之间的多主体参与的形态。“决策”一词是从英语单词 Decision-Making 翻译过来的，狭义上是指行为方案的最后选择，广义上是指发现问题、确定目标、集思广益拟订方案、分析评估方案的全过程[②]，本文所指的决策具备广义上的属性。需要注意的是，这里探究的共同决策侧重于领导学范畴，应与管理学上的概念加以区分。

（二）理论基础及意义

在学界已有的研究中，应国良通过研究泛珠三角合作框架下的政府间合作，概括出共同决策的基础。利益相关性和依存度为共同决策提供合作前提，决策主体力量的对比形塑共同决策的可能性，制度约束是实现共同决策承诺的保障[③]。该研究的对象是跨区域合作，虽未超越领域，但合作主体都是没有隶属关系的组织，其结论对于本文在政社合作领域的探究有重要的理论借鉴意义。

加强合作与共同决策有着非常重要的积极意义。顾金喜通过研究杭州市的开放式决策创新，发现推进开放式决策有利于强化决策会议议题与公共需求之间的关联度、提高决策程序的争议性和加强决策制度化建设[④]。应国良也指出，泛珠三角区域合作的发展之所以有今天，有赖于合作各方相关地方政府的公共领导模式创新，形成了一种跨行政区域的共同决策模式[⑤]。张磊通过研究“三方会谈”，探讨欧盟共同决策程序的变革，认为非正式性规则下的共

① 敬义嘉：《从购买服务到合作治理——政社合作的形态与发展》，《中国行政管理》2014 年第 7 期。

② 王乐夫：《领导学：理论、实践与方法》，中山大学出版社，2006，第 6 页。

③ 应国良：《泛珠合作框架下政府共同决策的基础分析》，《吉林省经济管理干部学院学报》2008 年第 4 期。

④ 顾金喜：《地方政府决策创新的实践和启示——杭州市开放式决策的调研分析》，《长江论坛》2011 年第 1 期。

⑤ 应国良：《泛珠合作框架下政府共同决策的基础分析》，《吉林省经济管理干部学院学报》2008 年第 4 期。

同决策有利于提高欧盟的立法效率，但可能导致制度变迁[①]。归纳已有研究，在公共领导中加强共同决策，可使得问题的解决更具备效率，更符合利益相关者需求，更有利于社会经济的发展和民主政治的保障。

（三）关于共同决策实践方式的总结

对于政社合作和共同决策在实际中的运用，实践经验已颇为丰富，相关体制和组织运作在不同的地域中有所不同，主要得益于地方政府的制度创新。在中国政府的威权型体制下，会出现垂直“强制性”政府干预和水平“争先式”竞争的压力[②]，促使地方政府通过政策工具的创新以获取作为官员晋升资本的政绩。何增科指出，中国的地方政府已成为政策创新的源泉[③]。以“中国地方政府创新奖”为例，该奖自2000年设置以来，两年举办一届，已连续举办七届，申报的创新项目总计达1888项，150项入围，75项获优胜奖，其中关于合作治理与共同决策方面的制度创新不在少数（见表1）。

表1　中国地方政府创新奖数量统计

单位：项

	第一届	第二届	第三届	第四届	第五届	第六届	第七届
申报项目数量	320	245	283	337	358	213	132
入围项目数量	20	20	15	20	30	25	20
优胜项目数量	10	10	15	10	10	10	10

资料来源：人民网、新华网、中国社会科学网、光明网等网站的文章及报道，笔者自行整理绘制。

笔者收集了2001～2014年获得中国地方政府创新优胜奖的75个项目（见表2）。按照项目性质进行归类统计，发现共有15个优胜项目全部或部分涉及政社合作，占所有项目的1/5，每届均有相关项目，数量上有增长的趋势。由此可见，公共服务创新正日益被中国愈来愈多的地方政府在地方层面加以借鉴、内化和改造，实现再创新。从现有社会的公共管理实践来看，政

① 张磊：《欧盟共同决策程序的变革——以“三方会谈”为例》，《欧洲研究》2013年第2期。

② 朱旭峰、张友浪：《地方政府创新经验推广的难点何在——公共政策创新扩散理论的研究评述》，《人民论坛·学术前沿》2014年第17期。

③ 何增科：《政治合法性与中国地方政府创新：一项初步的经验性研究》，《云南行政学院学报》2007年第2期。

社合作存在两种主要形态，第一类是合作治理，第二类是政府购买服务①，从这15个项目中可获得佐证。但笔者认为，两者的区分并不明显，仅是推动参与的机制不一致，直接表现是有无合同外包。然而，在实践过程中，这两种形态往往是相互影响的，均涉及多元主体共同决策的情况。

表2　涉及政社合作的优胜奖项目（2001～2014年）

届数	项目
第一届（2001～2002年）	1. 广西壮族自治区南宁市政府：政府采购制度 2. 江苏省南京市下关区："政务超市"
第二届（2003～2004年）	1. 安徽省舒城县干汊河镇："小城镇公益事业民营化" 2. 广东省深圳市："公用事业市场化改革"
第三届（2005～2006年）	1. 广东省深圳市盐田区："社区管理体制改革" 2. 北京市石景山区区委政府："鲁谷社区街道管理体制创新" 3. 江苏省太仓市政府："政社互动"创新实践 4. 福建厦门市海沧区：政务综合体社会管理机制创新
第四届（2007～2008年）	1. 浙江省宁波市海曙区人民政府：政府购买居家养老服务 2. 深圳市南山区区委人大政府：和谐社区建设"双向互动"制度 3. 山东省莱西市人民政府：为民服务代理制
第五届（2009～2010年）	1. 浙江省杭州市政府：开放式决策
第六届（2011～2012年）	1. 浙江省慈溪市市委政府：基层组织和社会组织协同治理模式
第七届（2013～2014年）	1. 四川省残疾人联合会："量体裁衣"式残疾人服务模式 2. 吉林省安图县县委政府：群众诉求服务平台创新

资料来源：笔者自行整理绘制。

关于合作治理，其决策参与模式主要是社会组织经由制度化渠道进入政府的过程，通过咨询、表达、呼吁、参与、协商和评议等方式，与政府共同决策，如第三届江苏省太仓市政府的"政社互动"创新实践、第四届深圳市南山区区委人大政府的和谐社区建设"双向互动"制度、第五届浙江省杭州市政府的开放式决策等。

关于政府购买服务，有学者将这种多主体参与决策的合作方式视为国家合作主义②，何艳玲认为伙伴制是城市运行的具体形态，国家和社会主动寻求建立公共伙伴关系，共同领导公共事务③，从政府购买服务的举措中可以看到

---

① 敬乂嘉：《从购买服务到合作治理——政社合作的形态与发展》，《中国行政管理》2014年第7期。

② 李友梅：《社区治理：公民社会的微观基础》，《社会》2007年第2期。

③ 何艳玲：《城市的政治逻辑：国外城市权力结构研究述评》，《中山大学学报》2008年第5期。

国家与社会关系具备的国家合作主义特征①。也有学者从公共福利服务的视角出发，认为这种方式是公共服务领域的多元合作，李学斌从福利多元主义的视角概括出现有的四种社区养老服务主要实践模式，其中一种就是政府与社会合作供给的政府购买模式②。

（四）问题的提出

近年来，党中央提出“要加强社会建设和管理，推进社会管理体制创新”的改革思路③，后又明确“要造就一支结构合理、素质优良的社会工作人才队伍”④，党的十八大进一步要求加快形成“党委领导、政府负责、社会协同、公众参与、法制保障”的社会管理体制⑤。在中央精神的鼓励下，中国出现了大量的非政府或非营利的民间团体，根据新华社报道，截至2012年11月，中国已有200余所大学设立社会工作专业，有1000多所民办社会工作服务机构⑥。各地关于政府购买社会服务的实践也逐渐兴起，北京、上海、广州、深圳纷纷推行政府购买服务的试点，行政组织和社会组织在城市中的协同治理实践经验越来越丰富。

本文立足于公共领导的视角，探讨政府购买服务中“共同决策”的运行机制，以及多主体参与决策时出现的问题，并提出解决的思路。这里要说明的是，笔者探究的“共同决策”是指为解决公共问题和服务公共利益，行政领域和社会领域的多元主体共同参与制定解决方案的决策博弈的全过程。

二　政府购买服务中共同决策的运作机制

本文通过对政府购买社会服务中共同决策运作链条的梳理，尝试透视政社合作中的共同决策的运作详情。共同决策是一个动态、连续的过程，它包

---

① 王瑞华：《从嵌入性理论看中国社会工作的专业化战略》，《河南师范大学学报》2011年第3期。陆士桢、漆光鸿、徐选国：《植入性社会工作组织的生成路径与发展策略——以汶川“5·12”地震灾后五家社会工作组织试点为例》，《重庆工商大学学报》（社会科学版）2012年第5期。

② 李学斌：《我国社区养老服务研究综述》，《宁夏社会科学学报》2008年第1期。

③ 中国共产党十六届四中全会。

④ 中国共产党十六届六中全会。

⑤ 中国共产党第十八次全国代表大会。

⑥ 黄小希：《我国现有1000多所民办社会工作服务机构》，2012年12月20日，http://news.xinhuanet.com/politics/2012-12/20/c_114102049.htm。

括织网、筑基、博弈与决定等四个步骤，层层嵌套。

（一）织网：福利多元主义的四维主体

第一步是寻找合作的对象，即织网。共同决策机制要想运作起来，必须先将相关的各方行动者组织起来，打造一个“织网”的过程，目的是将各个组织联合成为一个决策共同体。那么在政府购买社会服务的实践中，相关的行动主体有哪些呢？由于政府购买服务聚焦的是福利服务的提供，就实质内容来说，从社会福利视角观察比较适切①，福利多元主义（Welfare Pluralism）是社会福利视角下的一个重要理论，笔者尝试建立政府购买社会服务中参与决策的多元主体。伊瓦斯（Evers）在研究“福利三角”的基础上进一步提出四分法模式，指出社会福利的来源有四个，即市场、国家、社会和民间②，这种划分方式在政府购买社会服务的涉及主体方面更具备解释力。

聚焦于政府购买社会服务的实践，虽不同地域的购买样态或多或少存在差异，但在主体层面大都具备共性，如图 1。首先，在国家维度，即行政领域内，行动者一般是市级政府与街道办，前者作为宏观调控的主体，后者作为基层官僚实际执行者，该维度的主体主要扮演共同决策的召集人和牵头者的角色。其次，在社会维度即社会领域内③，行动者主要是社会组织，如 NGO、NPO 等，在中国的情景下，主要是在民政部门注册的民办非企业组织④。再次，在市场维度内，行动者主要是一些企业、第三方机构，在招标、制定标准、监督和评估等方面的决策上发挥重要作用。最后，在民间维度内，行动者可分为两类：一是居民自治组织，如居委会、街道促进会等，既是民意的代表，也是传统的社会工作的提供者；二是居民，作为消费者参与到与自身利益密切相关的福利服务的决策中来。

---

① 岳经纶、郭英慧：《社会服务购买中政府与 NGO 关系研究——福利多元主义视角》，《东岳论丛》2013 年第 7 期。

② A. Evers, “Shifts in the Welfare Mix: Introducing a New Approach for the study of Transformations’ in Welfare and Social Policy, ”*in A, Evers H. Wintersberger*(eds.) , Shifts in the Welfare Mix: Their Impact on work, Social Services and Welfare Policies, Bloomington: Campus Verlag, 1990, pp. 7 – 30.

③ 这里指的是狭义的社会领域，学界的许多学者认为除却行政领域以外的其他领域均可归为社会领域。

④ 《社会团体登记管理条例》《财政部民政部关于支持和规范社会组织承接政府购买服务的通知》等中央层面的条款中有明确规定，各地方的制度大多在中央的框架下制定。

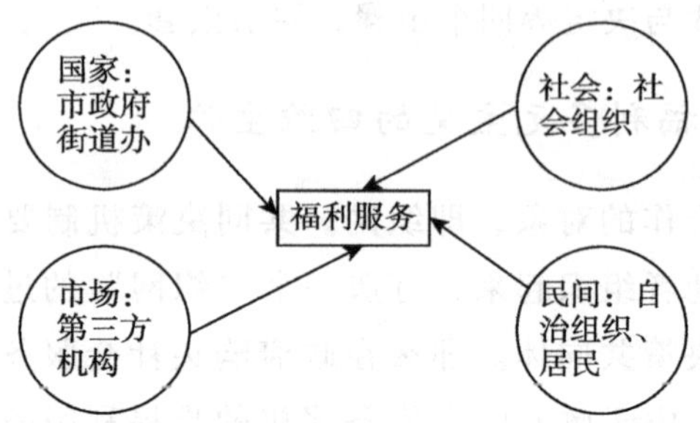

图1　政府购买社会服务中的四元主体

资料来源：笔者自行整理绘制。

（二）筑基：公共利益和共同问题

第二步是建构合作的基础，即筑基，要素成分包括公共利益和共同问题。公共利益是共同决策成为可能的基本依据①，利益的交叉与重叠为多元主体参与决策提供了充足的动力。利益的明面表达往往是以解决问题的形式来呈现的，寻找共同问题则为主体的联结提供了基本的动机，动机背后存在两种逻辑：效率机制和合法性机制②。一方面，科斯提出的“交易费用”概念可解释组织合作的效率机制，即寻求交易费用的降低③。另一方面，跨组织的合作需要有三个合法性层次：一是组织形式上的合法性；二是独立实体上的合法性；三是成员间可进行信任交换④。因此，跨组织合作共同决策的基础可归因于公共利益与共同问题。

具体就政府购买社会服务的实践来看，社会福利服务的提供存在各方主体的利益交叉点。对政府而言，随着社会发展带来的居民多样化需求，垄断性的政府直接提供服务的方式已出现边际效益递减的状况，甚至出现了福利提供领域的“政府失灵”现象，如供求矛盾与专业性制约等，导致效率低下、民众满意度不足，而政府愿意参与合作遵循的是效率机制。对社会组织和企业而言，在中国的制度环境下，其对政府的依存度是非常高的。政府购买社

① 应国良：《泛珠合作框架下政府共同决策的基础分析》，《吉林省经济管理干部学院学报》2008年第4期。

② 刘军强、谢延会：《非常规任务、官员注意力与中国地方议事协调小组治理机制——基于A省A市的研究（2002～2012）》，《政治学研究》2015年第4期。

③ R. H. Coase, “The Problem of Social Cost, ”*Journal of Law and Economics* 3(1960).

④ Sherrie E. Human and Keith G. Provan, “Legitimacy Building in the Evolution of Small-firm Multilateral Networks: A Comparative Study of Success and Demise, ”*Administrative Science Quarterly* 45(2000).

会服务为社会组织提供了一个合法合规进入社会治理领域的机会，并可获取财政资金和公共设施以维持组织运作与提高自身影响力。因此，社会组织愿意参与合作体现的是合法性机制。对居民而言，作为福利服务的受益者，无论是法律上的公民权，还是实际上的消费实践，服务质量的好坏都与其生活直接相关，居民加入合作并参与决策无可厚非。四维的相关行动者在社会福利服务的提供方面找到了利益的交叉点，巩固了多方合作共同决策的基础。

（三）博弈：目标确定与方案制定

第三步是谋划合作的内容，其间存在博弈行为。虽然利益交叉为达成共识提供了可能性，但不同组织参与的共同决策也存在各种博弈活动，各自拥有的资源则成为其共同决策中博弈的筹码，而筹码多寡也决定了不同决策主体的力量强弱，力量差异则对目标和方案起着重要的形塑作用。从博弈筹码来看，政府掌握财政资金、公共设施和合法性资源，社会组织拥有专业素养和服务能力，居委会拥有关系网络与居民威望，居民则拥有舆论和民意资源。而在政府购买社会服务的实践中，博弈活动主要存在于两个阶段的决策中。

第一阶段是在确定目标的时候。不同组织成功“织网”后的第一要事往往就是明确工作要求、协调意见分歧和统一思想认识，确定一个共同的目标，为后续的方案制定提供方向指引。在这个阶段，各方主体的力量排序是街道办—居民—居委会—社工机构，其中街道办握有的资金资源和居民拥有的舆论资源会远远超过社工机构的专业能力资源，在目标形成阶段被称为决策的主导力量，这在笔者对“广州市中大社工服务中心”的访谈资料中可以体现。

> 街道办了解到上级明确表态要搞政府购买后，立即召开了一次目标协调会，参与的人主要是街道办的、居委会的、居民代表和中大社会服务中心的，每个组织都要提出自己的意见，共同把服务目标确定下来，后续大家都按这个目标去做，由于是政府出钱、居民消费，所以这二者说的话比较有分量。——中大社工服务中心Z主任

第二阶段是在制定方案的时候。由于很多地方的政府购买服务属于一种政策试验，目的是拓展购买范围和规模创造条件，这为首先参与的社会组织

带来了先发优势[①]。在方案制定的阶段，社会组织的专业性优势被快速放大，迅速取得决策的主导权，例如，在购买流程设计、服务标准制定、合作模式制度化等方面取得极大的发言权。以广州市的实践为例，尽管在推进购买服务之前，市层面曾组织各试点街道到香港参观学习，但大部分街道对政府购买服务并不了解，对合同管理更是知之甚少，也并不清楚200万元经费可以怎么用，所以街道大都只能将订立指标的权力委托交给承接服务的社工组织，让机构给自己确定服务指标，街道办、居民和第三方机构在这个阶段主要是提意见。

> 虽然购买服务开始的时候好像是我们街道比较掌握主动权，但在专业服务上，我们感到很无奈。一是确实没什么经验，也不懂；二是社工说按照专业要求需要保密，方案制定好以后，街道办会组织居民、第三方机构参与提意见并表决，但大部分人提意见主要是凭直觉和经验。——某街道办工作人员

（四）决定：服务选定与制度约束

第四步是选择合作的方案，即决定阶段。这个阶段最接近狭义的决策内涵，即各方参与主体基于对自身利益的考虑对若干方案进行理性人选择，最终方案的形态也与参与决策的主体力量强弱有关，其形态最接近决策博弈中力量相对最强的主体的利益诉求。同时，“共同决策”并非以方案的挑选完毕而告终，共同的决策如果缺少制度的约束，缺少严谨的制度规划与理性安排，可能会流于形式而被虚置[②]，因此在方案选定后，会制定一套完整的购买制度来支撑决策的落地。

以广州市的实践为例，广州的政府购买服务被称为“3＋X”模式。“3”指市政府要求的基本必办项目，包括家庭、长者以及青少年服务。“X”为特色自选项目，各街道结合地域实际加办两项以上的特色服务项目，各方可以共同参与“X”项目的选择。

---

① 敬乂嘉：《从购买服务到合作治理——政社合作的形态与发展》，《中国行政管理》2014年第7期。

② 应国良：《泛珠合作框架下政府共同决策的基础分析》，《吉林省经济管理干部学院学报》2008年第4期。

笔者在调研中，发现合作关系较为明显的街道往往是由社会组织先拟定“X”项目的备选方案，如外来工服务、就业服务、低保家庭服务、妇女服务、志愿者队伍建设等，然后由街道办牵头召开相关的座谈会，一方面听取居民的意见，另一方面听取第三方机构或专家的意见，对备选方案进行修订，并确定好若干个备选方案，在街道举办的居民大会上进行决策，政府、社会组织、企业、居委会、居民代表均可表达自己的意见并进行表决，最后选定“X”项目的具体服务和其他一些配套制度。方案选定后，会通过招标竞争与合同管理的方式保证决策的落实，如图2所示。

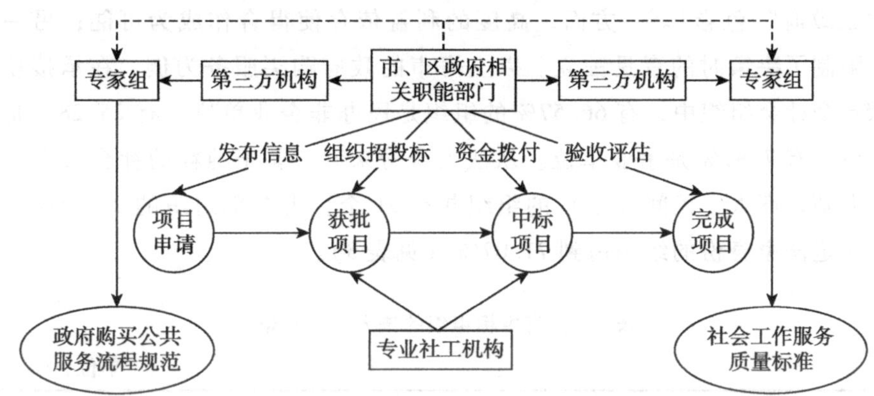

图2　政府在社会工作领域购买公共服务流程

资料来源：笔者根据广州市民政局《关于加快街道家庭综合服务中心建设的实施办法》整理绘制。

三　困境探讨：四大问题

政府购买服务是从20世纪80年代开始兴起的新公共管理的产物，在西方国家已取得一定的实践经验，收效颇丰。中国引入政府购买服务的制度和实践才十几年，仍然存在诸多问题。笔者将从共同决策的视角出发，审视政府购买服务在上文提到的织网、筑基、博弈和决定这四个决策步骤中存在的问题。

（一）织网阶段：社会组织缺乏社会性

在织网阶段，政府购买社会服务出现了决策主体不独立——社会组织缺乏社会性的诡吊现象，这是国家过度嵌入社会所造成的。政府购买服务本质是要实现公共治理与私人市场的合作，因此参与合作的主体是否能够保持独立性显得尤为重要。而在中国政府购买服务的实践过程中，政府由于多种原因培育了大量具有政府背景的社会组织，并通过直接或间接的方式让这些组织承接政府项目，即明面上是社会领域的事物，背后却含有众多官方色彩。在行动者选择上，政府更愿意选择具备官方背景的社会组织参与到共同决策中来，通过这种无形的手让国家的力量在社会领域得到延续，这就导致共同决策出现弱竞争性，服务上出现行政官僚化的问题。

当前的中国社会组织对政府具备较多的依赖性，自治程度低，具有较强的“二政府”色彩[①]。一方面，高度的利益依存使得合作成为可能；另一方面，限制了决策时的意见独立。以上海市的政府购买服务为例，在承接项目的356个社会组织中，有66.57%的组织是民办非企业单位，有25.28%是社会团体，有7.87%是事业单位。从法人身份来看，属于纯粹的社会人士（如大学老师、商人、民间人士）的组织共有91个，占全部组织的25.55%，而具有一定国家身份的组织占到71.07%（见表3）。

表3　上海中标组织的法人代表背景

单位：%

法人背景	公务员	事业单位	民间人士	商人	政府社团	街道人员	大学老师	暂缺
数量	148	75	60	15	13	17	16	12
比例	41.57	21.07	16.85	4.21	3.65	4.78	4.49	3.37

资料来源：管兵：《竞争性与反向嵌入性：政府购买服务与社会组织发展》，《公共管理学报》2015年第3期。

（二）筑基阶段：利益代表性不足

在调研过程中，笔者发现，缺乏居民的决策参与导致利益代表性不足是筑基阶段常见的问题，这个阶段是决策主体不断交流并形成共识的相对漫长的过程。然而，在实际中，政府工作人员的意识里仍存在“居民就是乌合之众”的想法，将居民纳入决策会导致群体的无效力。因此，许多街道为快速推行政府购买服务的政策，以完成上级交代的任务，同时又希望获取民意以增加政治合法性，往往会采取策略性行动，如以居委会代替居民纳入决策主

① 敬乂嘉：《从购买服务到合作治理——政社合作的形态与发展》，《中国行政管理》2014年第7期。

体中，以居委会的意见代替民意进行决策考量，等等。在中国长期的实践中，居委会名义上是城市居民自治组织，而在实际中其行动更像是基层政府（街道办）的派出机构，存在官僚化的趋势。

即使部分街道考虑了居民这一主体，然而仅通过召开1~2场所谓的听证会或是座谈会，从形式上收集部分居民的意见，选择性吸收或者全部放弃，只是推行政策合法性的一种工具。有些部分街道召开居民会议则只是向居民宣布要推行政策，“告知”而非“协商”，听取意见的环节都未设置，更没有将居民纳入决策体系中以实现共同决策。因此，居民在决策主体中的缺失导致其代表性的弱化。

> 一般我们就直接通知居委会来参加会议进行表决，很少叫居民推举出代表来参加，因为效率太低了，而且在决策中常常和街道的意思不一致，所以干脆就放弃和居民协商沟通了，这样他们也没有决策的机会了。——某街道办工作人员

（三）博弈阶段：决策一边倒，“伙伴”变“伙计”

在博弈阶段，最大的问题是各个决策主体之间原本组织独立、身份平等的“伙伴式合作”关系被扭曲成主导组织对其他组织的“伙计式领导”关系，出现了决策一边倒的情况。由于领导行为是在一定的环境条件下展开的，当一定的领导者主体条件与需要领导的客体发生互动关系时，便形成了领导生态①，行政组织手里掌握诸多关键性资源，并以政府购买服务的互动机制与社会组织发生互动，进行资源的动态交易②，由此产生了权力依赖（Power dependence）关系和力量的强弱差异，潜在的领导生态也显现出来。

从决策的博弈筹码可以看出各方决策主体议价能力的高低，政府掌握财政资金、公共设施和合法性资源，社会组织拥有专业素养和服务能力，居委会拥有关系网络与居民威望，居民则拥有舆论和民意资源，总体议价能力上政府都要远远优于其他组织。从目标确定和方案拟定的两个决策过程来看，主要是街道办与社会组织的决策角力，其中既有街道权威的渗透，也有专业

---

① 王乐夫：《领导学：理论、实践与方法》，中山大学出版社，2006。

② W. Rhodes, *Understanding Governance: Policy Networks, Governance, Reflexivity and Accountability* (Buckingham: Open University Press, 1997), pp. 36 - 38.

的自主性抗争，但由于政府在关键性资源上拥有绝对的影响力，如合法性资源和经费资源等。所以，总体呈现“强政府、弱专业”的权力不对等状态①，在方案的最后确定上，行政组织仍然占据较大的话语权。

例如，承接越秀区北京街道的社工机构“广州市中大社工服务中心”三年三换社工负责人。第一任领导者 W 主任由于在最初的方案制定中拒绝执行街道的行政任务而被调职；第二任实际领导人 K 督导被认为在各方联席会上的个人权威影响了街道的行政权威，被街道找借口辞退；第三任领导人 Z 主任在街道召开的各类决策会议上基本与街道的想法保持一致。

不仅如此，服务购买资助程序的缺陷使得几乎所有机构在与街道的角力中选择了“服从”或“依赖”②。在服务方案确定后的招标中，中标的关键不在于社会组织承接实力的大小，而在于街道是否对承接机构感到满意和放心。因而往往在进入服务购买程序前，社工机构会在方案决策上与街道办步调一致。因此，原本希望引进社会力量提高服务质量与效率的预期被一边倒的行政化决策所取代，成为“另类政府行为”。

（四）决定：决策承诺缺乏保障

不同组织之间的共同决策必须有一个潜在的默契，即组织间彼此的信任，而这种默契需要制度或者规则加以巩固。有学者指出，这种体制与制度应达到两个基本要求：一是为合作者提供足够的激励；二是对违反规则者予以充分的惩罚③。当前中国政府购买社会服务的实践，缺乏稳定的制度对决策承诺进行保障，使得弱势的合作者没有安全感，需要冒极大的风险参与合作，如履薄冰。

街道办与社会组织一般会在竞标前达成合作意向的初步协定，但仍然必须经过形式性的招投标、竞标流程，通常需要 3～6 个月，这意味着竞标前的合作是没有制度保障的，对于社会组织来说，意味着要冒极大的风险。即使政府与社会组织在此前对合作的方案、事项和合同等已经做出共同决策，但

① 朱健刚、陈安娜：《嵌入中的专业社会工作与街区权力关系——对一个政府购买服务项目的个案分析》，《文化纵横》2013 年第 3 期。

② 岳经纶、郭英慧：《社会服务购买中政府与 NGO 关系研究——福利多元主义视角》，《东岳论丛》2013 年第 7 期。

③ 应国良：《泛珠合作框架下政府共同决策的基础分析》，《吉林省经济管理干部学院学报》2008 年第 4 期。

街道办如果朝令夕改或者喜新厌旧，单方面违背之前的决策承诺，社会组织也只能哑巴吃黄连，甚至可能连之前垫付的服务经费都拿不回来，这对社会组织造成严重的利益损害，也显示出制度的缺陷，严重影响了社会力量参与政社合作。

> 机构刚开始的时候，我们曾经与一条街达成初步合作意向，机构派出3名同事过去支持街道家综招投标前期的工作，前前后后有5个多月，所有人工费及活动费都是我们机构垫付的，街道一直没说给也没说不给，但到后来，快要正式招投标的时候，街道却表示（家综）不给我们做了，最后我们之前垫付的经费也要不回来了。——某社工机构工作人员

四 解决思路：三种视角

政府购买社会服务出现的困境正是当前中国政社合作现状的一个缩影。总体上，大多数研究表明政府购买服务中平等合作的公私伙伴关系和多中心决策模式，在当前中国的具体实践中尚未建立①，导致多元主体在共同决策时出现决策主体性质不独立、决策主体的利益代表性不足、决策方向一边倒、决策承诺缺乏保障等困境。为克服以上困境，笔者尝试从宏观、中观和微观三种视角出发，为实践困境提供可参考的解决思路。

（一）宏观视角：环境与制度

从宏观视角来看，在决策主体的独立和决策承诺缺乏保障的逻辑背后，是社会组织良性生长的环境土壤的贫瘠和规范性制度建设的缺失。因此，从培养具备独立性的社会组织和加强技术层面的制度更新进行补充。

一方面，中国社会组织的产生与生长走了一条与西方国家不同的路径，是为推行政社合作而催生的产物（见图4）。据统计，专业的社工机构在2008年之前几乎为零，政府放低社会组织准入门槛，并许诺以每年200万元资金投入作为政府购买经费，于是许多社会组织纷纷建立，一年时间内便从58家

---

① 管兵：《竞争性与反向嵌入性：政府购买服务与社会组织发展》，《公共管理学报》2015年第3期。

增至124家，到2013年该类机构已经超过200家。因此，回归原有样态，应提高社会组织的准入门槛，培育一些真正具备社会性的社会组织。政府要将扶持社会组织发展的财政资金常态化，同时逐步放开社会组织的私募权，提高社会组织的造血能力，以此减少社会组织对政府的资源依赖，有利于社会组织参与共同决策时独立性的保持。

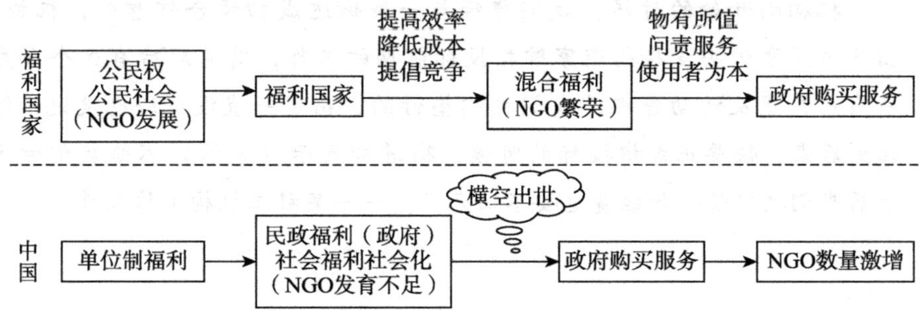

图4　国内外政府购买服务发展逻辑

资料来源：岳经纶、郭英慧：《社会服务购买中政府与NGO关系研究——福利多元主义视角》，《东岳论丛》2013年第7期。

另一方面，当前关于政府购买社会服务的规章制度已然不少，以广州市为例，自2009年决定实施该政策以来，每年均有相关的政策出台，如表4所示。但政策的针对性、实用性不足，导致政策流于宏观指引，缺乏执行上的规范，易于出现上有政策下有对策情况。因此，应在技术层面逐步强化合作信任和决策承诺的法理化趋势①，并提供申诉、举报等渠道对街道不守决策承诺、侵害其余主体利益的行为进行问责，发挥警示作用。

表4　广州市关于“政府购买社会服务”的政策文件

序号	政策文件	年份
1	广州市承接政府职能转移和购买服务资质的社会组织目录管理试行办法	2013
2	关于进一步做好家庭综合服务中心建设工作若干问题的通知	2012
3	关于加快街道家庭综合服务中心建设的实施办法	2011
4	广州市关于街道、社区服务管理改革实施办法	2011
5	广州市关于全面推进街道、社区服务改革创新的意见	2011

① 应国良：《泛珠合作框架下政府共同决策的基础分析》，《吉林省经济管理干部学院学报》2008年第4期。

续表

序号	政策文件	年份
6	我市社会管理服务改革开展街道社区综合服务中心建设试点工作方案	2010
7	广州市街道社区综合服务中心试点建设期间三个工作规范的通知	2010
8	关于印发《广州市政府购买社会服务考核评估实施办法（试行）》的通知	2010
9	关于印发《广州市财政支持社会工作发展实施办法（试行）》的通知	2010
10	广州市关于学习借鉴香港先进经验推进社会管理改革先行先试的意见	2009

资料来源：笔者整理自广州市民政局网站。

（二）中观视角：议价资源的配给

从中观视角来看，决策方向一边倒、“伙伴”关系变成“伙计”关系背后的逻辑是决策主体的力量对比过于悬殊，议价能力相差太大，是资源配置不均衡造成的。因此，应从议价资源的配给方面进行补充。

对于社会组织来说，专业性是其最主要的议价资源。然而，在现有的政府购买服务的模式下，社会组织为了分得政府购买服务的“一杯羹”，不得不抛弃原有专业，强行转为“综合性”社会组织①，社会工作的专业性在这一过程中被逐步消解，在共同决策时话语权越来越少。一方面，应加强社工的专业化培训。社工作为社会组织的灵魂和工程师，其专业水平直接影响社会组织的发展水平，可通过定期或不定期的讲座、工作交流等形式对社工进行培训，不断提高社工的专业水平。另一方面，进一步囊括其他相关服务专业的人员，如心理医生、物理治疗师、注册护士、服务助理等专业人员，有利于进一步提高社会组织的专业化，增加社会组织的决策话语权。

（三）微观视角：决策模式的改变

从微观视角来看，决策主体的利益代表性不足显示了方案的出台并非以需求为导向，从而出现了服务的消费者无法参与决策的状况。因此，可通过改变决策的形式，将居民从技术上纳入决策体系中。

“代理购物”是一种符合市场竞争原则的服务购买方式，即由付费消费者担任公立机构的代理购物者，协助政府选择合适的机构或方案。适用“代理

① 岳经纶、郭英慧：《社会服务购买中政府与 NGO 关系研究——福利多元主义视角》，《东岳论丛》2013 年第 7 期。

购买”的方式会涉及两个基本前提：一是公民社会的形成，即公民的社会力量足够强大，并且能以自己的温暖来鼓舞社区；二是政府观点的转变，从政治需求导向转为居民需求导向。中国在当前的很长一段时间内，这两个前提均不能完全实现，因此完全由居民“代理购物”不具操作性，但逐渐扩大居民代表的决策权具有积极意义，如按周期赋予居民以咨询、建议、否决、部分决策、完全决策等权利。

Research on Joint Decision-making in Political and Social Cooperation: An Analysis of A Way of Cooperation Take the Purchase of Social Services by the Government as An Example

Bu Xi, Zheng Jiasi

Abstract: Based on the perspective of public leadership, this paper focuses on the common decision-making process in government purchase services, discusses its operating mechanism, problems and solutions. First of all, the academic research has been combed. Secondly, the author summarizes the common decision-making mechanism in government purchase service into four steps: "weaving net", "building foundation", "game" and "decision", and analyzes the actions of each step. Then, it combs out the difficulties in these four stages, such as the nature of the decision-making subject is not independent, the interests of the decision-making subject is not representative enough, the decision-making direction is one-sided, the decision-making commitment is not guaranteed and so on. Finally, from the macro environment and system Degree, meso bargaining resource allocation and micro decision mode transformation put forward solutions.

Keywords: Political and Social Cooperation; Public Leadership; Government Purchase of Services

社会智库建设与城市决策科学化、民主化*

罗　萍　姚华松**

摘　要　社会智库建设对于推动科学决策、民主决策，推进国家治理体系和治理能力现代化，增强国家软实力具有战略意义。本文聚焦社会智库建设与城市决策科学化、民主化这一命题，以广州市推进智库建设、创新智库工作形式的重要方式——广州市重大城建项目公众咨询监督委员会为研究对象，对“政府发挥智库作用，服务于民主决策、科学决策”进行检视，最后提出发挥智库作用，推进城市决策科学化和民主化的若干建议。

关键词　智库　城市决策　公正政策

引　言

智库（Think Tank）俗称思想库或智囊团，作为相对稳定且独立运作的政策研究和咨询机构①，它主要以公共政策为研究对象，以影响政府决策为根本目标，以公共利益为基本导向，以社会责任为行为准则，对政府决策、企业发展、社会舆论与公共知识传播等具有深刻的影响②。新型智库是指“研究、分析公共政策，参与其制定过程，并就与政策相关事务向政策制定者提供建议”，促使政策制定者“做出正确决策”的机构。党的十八届三中全会通过的

---

* 基金项目：广东省教育厅特色创新项目（教育科研类），协同视域下新型高校智库运行机制研究（项目编号：2016GXJK132）；国家自然科学基金面上项目，城市女性社会空间的建构过程、文化生产与自组织机制（项目编号：41671143）。

** 罗萍，硕士，广州大学社科处科研管理人员，主要从事低碳经济、智库建设等方面的研究。姚华松，本文通讯作者，博士，副研究员，主要从事城乡规划、城市社会学等方面的教学与研究。

① 朱旭峰：《构建中国特色新型智库研究的理论框架》，《中国行政管理》2014 年第 5 期。

② 李凌：《中国智库影响力的实证研究与政策建议》，《社会科学》2014 年第 4 期。

《中共中央关于全面深化改革若干重大问题的决定》明确提出，“加强中国特色新型智库建设，建立健全决策咨询制度”。2014 年 7 月 8 日，习近平总书记主持召开经济形势专家座谈会时指出，广泛听取各方面专家学者意见并使之制度化，对推进国家治理体系和治理能力现代化具有重要意义。2015 年 1 月，中共中央办公厅、国务院办公厅印发《关于加强中国特色新型智库建设的意见》，提出要“努力建设面向现代化、面向世界、面向未来的中国特色新型智库体系，更好地服务党和国家工作大局，为实现中华民族伟大复兴的中国梦提供智力支撑”，这是新中国成立以来第一个关于推动发展智库的纲领性文件。党的十九大报告也提出“加强中国特色新型智库建设”，将智库列入建设“社会主义文化强国”的重要内容。在长期的社会发展中，根据中国特色新型智库体系的圈层结构特点，将其分为四类：党政军智库、科研院所智库、高校智库和社会智库①。社会智库是中国智库的重要组成部分，其社会传播力和国际影响力不断提高，成为党和政府决策咨询中一支不可或缺的重要力量。

近几年，相关学者对智库的研究也如火如荼，核心议题包括智库（新型智库）的发展定位②；中国智库建设的总体发展现状和结构特征③；智库发展过程中存在的主要问题，总体表现为缺乏独立运行模式、良好生态环境和高质量研究成果④、封闭性、功利性、趋同性⑤；国外智库发展经验介绍，如聚合科研力量、聘任方式灵活⑥；中国智库建设的相关建议，如明确智库发展定

---

① 上海社会科学院智库研究中心：《2015 年中国智库报告——影响力排名与政策建议》，上海社会科学院，2016。

② 李友梅：《高校智库：为国家和区域发展提供智力支撑》，《上海教育》2015 年第 11 期。胡鞍钢：《建设中国特色一流高校智库》，《中国智库》2015 年第 12 期。

③ 邱均平、汤建民：《我国智库理论研究的最新进展与趋势》，《重庆大学学报》（社会科学版）2016 年第 2 期。张雪红、张莹：《我国高校智库建设的现状调查与分析》，《图书馆工作与研究》2017 年第 8 期。费园园、杜孝珍：《我国高校智库发展现状及路径探析》，《新疆社科论坛》2015 年第 4 期。

④ 陈梦然、杨耀防：《地方智库现状考察与建设策略》，《南昌工程学院学报》2017 年第 2 期。邱均平、董西露：《高校智库建设的困境与策略》，《重庆大学学报》（社会科学版）2017 年第 4 期。

⑤ 李印：《建设中国特色智库的思考与建议》，《情报杂志》2017 年第 6 期。秦惠民、解水青：《我国智库建设相关问题及对策研究》，《中国高校科技》2014 年第 4 期。

⑥ 田甜：《美国高校智库的经验与启示》，《教育现代化》2017 年第 4 期。陈英霞、刘昊：《美国一流高校智库人员配置与管理模式研究——以斯坦福大学胡佛研究所为例》，《比较教育研究》2014 年第 2 期。

位、深化高校智库管理体制改革、建立科学规范的管理与运行机制、完善智库与政府沟通协调机制、整合优质资源、创新组织形式①。

总体上，上述研究较好地厘清了中国智库发展的总体态势、存在的主要症结和未来建设的主攻方向，但智库建设的核心内容、任务和目标——“健全依法决策机制”“为党和政府科学决策、民主决策服务”，并未得到相关研究者的足够重视。事实上，发挥智库的核心作用，在于坚持科学决策、民主决策、依法决策，健全决策机制和程序。智库参与政府公共决策的内在逻辑性在于，政府公共决策过程包括政策议题设置、咨询研究、制定、执行、实施、反馈、修订和废止等环节。智库活动是公共决策内在的一个重要环节，同时它又贯穿于公共决策全过程，包括对各环节的决策咨询研究、评估、解读、释义等。党的十八届四中全会指出：“健全依法决策机制，把公众参与、专家论证、风险评估、合法性审查和集体讨论决定确定为重大行政决策法定程序，确保决策制度科学、程序正当、过程公开、责任明确。”也就是说，政府在制定和实施关切人民群众切身利益的决策事项时，需要把公众参与、专家论证、风险评估、合法性审查和集体讨论决定确定为重大行政决策法定程序，通过举行听证会、座谈会等形式，广泛听取智库的意见和建议，探索建立决策部门对智库咨询意见的回应和反馈机制，促进政府决策与智库建议之间的良性互动。

本文以快速城市化进程中的广州市为案例地，以该市推进智库建设、创新智库工作形式的重要方式——广州市重大城建项目公众咨询监督委员会为研究对象，重点对这一制度在该市推行和实施的两个案例展开深入剖析，试图对“政府发挥社会智库作用，服务于民主决策、科学决策”进行检视，最后提出发挥智库作用，推进城市决策科学化和民主化的若干建议。

一　社会智库参与城市科学决策的案例分析

2013 年 6 月，广州市委、市政府宣布成立“重大城建项目公众咨询监督委员会”（以下简称“公咨委”），规定智库成员、专家学者、人大代表、政协委员、普通市民等都有权参与广州重大城建项目建设决策过程。据悉，“公

① 朱旭峰：《构建中国特色新型智库研究的理论框架》，《中国行政管理》2014 年第 5 期。胡鞍钢：《建设中国特色一流高校智库》，《中国智库》2015 年第 12 期。

咨委”主要通过智库人员、专家和其他人士以现场调研、座谈会、研讨会、现场监督等形式开展沟通信息、广泛征集民意、解释项目方案、研讨方案、提供政府决策依据、监督城建项目进展情况。受政府委托或经政府同意，“公咨委”还可向媒体和社会通报、说明相关情况。具体如何开展将由“公咨委”成立后的正式章程决定。时任广州市市长陈建华同志谈到了“公咨委”主要担负六方面职责：考察必要性，考察可行性，控制造价，保证质量，监督进度和保证廉洁。

（一）案例一：东濠涌治理

东濠涌是广州市城区内的一条河涌。由于广州老城区越秀区规模的急剧膨胀，东濠涌一直是该区域污染严重的排污渠。基于此，广州市政府决定对东濠涌实施揭盖复涌和综合治理工程，整体提升老城区城市环境和形象。据悉，东濠涌一期（南段）早在2009年就已经施工并完成。2011年，广州市政府决定斥资8.35亿元对东濠涌二期（北段）进行改造，但由于征地、拆迁和赔偿等问题未得到妥善解决而被搁置下来。为了让居民表达意见，2014年6月，广州市政府决定筹建东濠涌中北段综合整治工作公众咨询监督委员会。公咨委作为衔接政府部门与公众的重要平台，一方面是为了广泛收集民意需求，另一方面是为了让民众表达诉求。然而，平台实际发挥的作用却事与愿违。在东濠涌治理过程中，出现粗暴施工、拆迁赔偿等问题。在这一过程中，公咨委的立场十分尴尬，“公咨委”主任坦言，“公咨委也只是成为‘为市民传话，为政府打工’的工具”①。

很显然，这种现实结果与公众参与的愿景大相径庭。原因在于以下几点。其一，“公咨委”的组织结构不合理。东濠涌中北段综合整治工作公众咨询监督委员会由4名智库专家、4名人大代表、1名知名人士、9名整治范围内机关单位及居民代表组成，主任由大学教授担任，两名副主任分别是该市越秀区人大代表和整治区内居民代表。但在9名整治范围内机关单位及居民代表成员中，只有1名是当地居民。“公咨委”内部这样的人员构成，使自身的独立性大大减弱，导致出现“为市民传话，为政府打工”的怪谈。其二，公众参与的主导权丧失。据悉，东濠涌“公咨委”在政府决定好东濠涌中北段综合整治方案后，才由该市越秀区人大城市建设环境与资源保护工作委员会牵

① 杨津、赵俊源、胡刚：《广州城市治理改革的反思》，《现代城市研究》2015年第3期。

头成立。这种程序上的倒置，必然导致东濠涌“公咨委”可以讨论和介入的范围仅限于景观设计，必然使真正涉及核心的参与领域大大压缩。毫无疑问，包括智库专家在内的广大民众在前期河涌治理方案和重要公共政策制定上的参与是严重缺位的。其三，公众参与动力不足。如前所言，由于有关政府机构和部门早已制订好计划并做出决策，参与的市民作为被邀请代表无法在真正意义上发挥作用。

（二）案例二：广州大桥东扩

广州大桥始建于1985年，跨越天河、海珠和越秀3个区，连接广州大道南北两段，北端东侧设有环道与二沙岛连通。大桥桥长988.4米，宽24米，车行道20米。广州大桥每日车辆通行量极大，交通拥堵现象频繁。据此，早在2000年，广州市委、市政府就决定实施广州大桥扩宽工程，扩宽工程南起广州大桥旧收费站北侧，北至明月二路，路线长1.73公里。但由于附近居民的反对，扩桥工程一直搁浅，直到2013年11月才重新启动。该月，广州市政府常务会议审议通过《广州大桥拓宽工程方案和系统解决方案》。2013年12月，广州大桥拓宽工程公众咨询监督委员会宣布成立。围绕广州大桥扩桥的合理性和正当性，政府方、智库方和居民代表等各方立场存在明显分歧：代表政府的建设方、交通方和环评方支持扩桥；代表民众的居民代表反对扩桥；在公众代表公咨委委员中，持反对意见的人占多数。此外，建设方、交通方和环评方的论据明显偏技术化，专有名词多、数字多，超越普通百姓的认知水平。广州市交委某领导表示，“经专业机构对交通流量的预测，广州大桥拓宽后会给过江通道、路段交通、重要节点等带来明显改善”。据权威机构测算，广州大桥拓宽后的饱和度将由1.04降低至0.83，可有效解决广州大桥交通瓶颈问题；同时，广州大桥拓宽也能缓解海印桥、猎德大桥过江交通压力，三座桥梁综合流量饱和度将由0.99降低至0.92[①]。2013年9月17日，经过三个半小时的讨论，广州市重大城建项目公众咨询委员会以12票赞成、8票反对的结果，通过了广州大桥拓宽工程方案。但我们不妨看看公咨委的人员构成，会发现结构明显失衡。智库专家7人，“公知”6人（其中3人在智库部门工作），政府代表2人，业主代表5人。有市民表示，“‘公

---

① 罗仕：《广州大桥两年内“孖桥”并立》，《新快报》2013年11月19日。

咨委’，感觉成为所谓的‘投票工具’”。在“环评单位进场环评”过程中，很多居民表示，被要求配合填写的活页的核心内容是“噪声测试”“隔音玻璃的品种选择”。一般而言，公众参与的核心，应该是民众有充分的入场资格、发言权和否决权。

二 讨论

加强中国特色新型智库建设，建立健全决策咨询制度，要求社会智库能够架起政府政策与专业知识两者之间的桥梁，最终使政府的公共政策更加贴近民众切实需求，进而促进国家治理体系和治理能力现代化的双提升。在推动政府民主和科学依法决策的过程中，社会智库本身当然是一个重要主体，其更重要的一个职能在于积极引导社会公众有序和有效参与。新时期的智库要以服务公共政策为主线，把服务政府决策和服务社会公众进行有机结合，成为政府优化决策方案、提升决策质量、推进政策落地的推动力量。应重点在以下几方面下足功夫。

（1）不断优化社会智库力量参与政府决策的顶层制度设计，在组织结构上要更趋合理性，要保持包括智库在内的公众参与的代表性、民间性与独立性。政府决策要打破传统政府包办的模式；决策机制组织要尽量淡化政府有关部门的显性或隐性干预，避免有关部门的干扰和广大民意的“被代表”。

（2）构建包括智库成员在内的公众有效参与城市治理的常态化、制度化机制，形成多元力量发挥作用的协同共治。这些力量包括社区居民（居民各年龄层）、机构人员、媒体、社会精英、人大代表、政协委员、公众人士和有关社会组织代表。在城市决策过程中，要尽量做到公平、公正和公开。

（3）社会智库需要在充足的调查研究基础上充分了解广大民众的实际需求，进而为政府决策制定和实施提供强有力支撑。作为独立的政策研究机构，智库不但要增强其与政府有关决策机构之间的频繁互动，更要不断增进与广大民众的良性互动，通过报纸、网络、微博、微信等媒体进行发声，向广大民众传播相关知识，使其了解相关政策，不断提升广大民众参与公共政策的意识，不断提高全社会政策的对话水平，最终形成有利于政府政策制定和执行的良好社会生态。

Construction of Social Think Tank and Scientific and Democratization of Urban Decision-making

Luo Ping, Yao Huasong

Abstract: The construction of social think tank is of strategic significance for promoting scientific decision-making, democratic decision-making, promoting the modernization of national governance system and governance capacity, and strengthening the soft power of the country. This paper focuses on the proposition that social think tanks should be scientific in urban decision-making. The Public Consultation and Supervisory Committee of Guangzhou Major Urban Construction Projects as the research object, which is the important way of promoting the construction of think tanks and innovating the working form of think tanks, the paper inspects "the government plays the role of think tanks in serving democratic decision-making and scientific decision-making", and finally the paper puts forward suggestions on that social think tanks should be playing the important role of scientificalization and democratization of municipal decision-making.

Keywords: Think Tank; City Decision-making; Public Policy

社会治理背景下政府购买服务的优化路径

——以广州购买家综服务模式为例

陈军健*

摘　要　广州以购买家综服务模式为突破口，探索本土社会治理体系创新的方法。本文回顾广州购买家综服务的历程，分析在拨款与评估两个环节中存在的诸如资金拨付僵化、经费比例存在局限性、经费定价不明，以及评估机制仍不成熟等问题，并结合香港“整笔拨款”制度与服务表现监察制度的经验，提出优化服务购买机制、要素定价机制、评估机制等路径建议，助力广州购买家综服务模式更好地发展，推动社会治理体系创新的进程。

关键词　家综服务　社会治理　政府购买服务

一　问题的缘起

近年来，中国社会治理创新的进程不断加快。2013 年 9 月，国务院办公厅出台《关于政府向社会力量购买服务的指导意见》，提出向社会力量购买服务，以创新社会管理模式、完善公共服务供给模式。随后，党的十八届三中全会形成重要决定，要创新社会治理体制，提高治理水平，“推广政府购买服务，凡属事务性管理服务，原则上都要引入竞争机制，通过合同、委托等方式向社会购买”。作为创新社会治理体制、改进社会治理方式的重要抓手，政府购买服务模式凭借其整合社会服务资源、加强社会规制、培育社会组织等功能，助力政府职能转移和社会治理体系的建设①。

政府向社会力量购买公共服务是中国全面深化改革、推进政府治理体系

---

* 陈军健，中级社工师，广州大学松田学院法政系教师。

① 马俊达、李文静：《论政府购买服务的社会治理功能及其实现路径》，《社会建设》2015 年第 6 期。

和治理能力现代化、优化公共服务供给机制的重要路径选择①，广州购买家庭综合服务中心服务（以下简称“购买家综服务”）即为一个典型。作为国家治理体系与治理能力现代化的重要标志和实现工具，政府购买服务模式被赋予了推动政府职能转变、引导社会组织健康发展、促进事业单位分类改革的现实任务②，广州自开展购买家综服务以来，在推动政府职能转型、创新社会治理体系、提升社会治理能力方面，积累了非常多宝贵的经验③。本文旨在总结广州购买家综服务时遇到的不足与困境，并结合香港地区在整笔拨款制度及服务监察制度上的经验，进一步找寻优化的路径，完善社会治理创新的方式方法。

二 广州的实践

社会治理的内容之一就是推进社会事业改革创新，包括加快转变政府职能、推广政府购买服务、发挥法治作用④。自党的十八大以来，它也被赋予了新的内涵，城乡基层服务社区成为社会治理的重中之重⑤。政府购买服务模式是社会治理的重要手段，它立足于镇街，服务基层社区居民，通过调动社会组织与整合社会工作队伍参与社会治理过程，从而形成全体社会成员都能受益并参与其中，政府、市场及社会三者得以协同的社会治理新机制⑥。广州很早就意识到推进社会治理的重要性，将政府购买社会服务作为完善社区治理的重要举措，及早布局试点工作，在《关于全面推进街道、社区服务管理改革创新的意见》中明确提出，“完善社区治理结构……积极推广政府购买社会服务，逐步实现公共服务社会化、专业化、市场化”。

自 2011 年初起，广州市选取 20 个街道试点推行政府购买公共服务，并

① 王浦劬：《政府向社会力量购买公共服务的改革意蕴论析》，《吉林大学社会科学学报》2015 年第 4 期。

② 崔军：《关于政府购买服务的几点基本认识》，《财政监督》2014 年第 27 期。

③ 褚蓥：《公共服务市场中的治理工具——以广州市购买服务为例》，《甘肃行政学院学报》2015 年第 3 期。

④ 江必新、李沫：《论社会治理创新》，《新疆师范大学学报》（哲学社会科学版）2014 年第 2 期。

⑤ 李友梅：《中国社会治理的新内涵与新作为》，《社会学研究》2017 年第 6 期。

⑥ 宋国恺：《政府购买服务：一项社会治理机制创新》，《北京工业大学学报》（社会科学版）2013 年第 6 期。

于2012年在全市132个街道全面铺开[①]。广州先后颁布《关于加快街道家庭综合服务中心建设的实施办法》等重要文件，作为规范政府购买家综服务的指引（见表1）。经过几年的探索，逐步建立起“以设置项目为基础，以服务社区困难群众、长者为重点，以覆盖全市范围的家庭综合服务中心为主要平台，市、区、街（镇）三级同步推进政府购买社会工作服务的格局”[②]。2008～2015年，广州市共投入财政资金14亿元，近年来年投入资金保持在3.3亿元左右，投入规模居全国首位[③]。截至2018年，广州市已建成家综188家，专项社会工作服务15项，年服务人数达300万人次。试点至今，广州市购买家综服务已历时三个购买周期，笔者对其进行整理，以便更为直观地了解全貌。

表1　广州市购买家综服务的三个周期历程对比

环节	内容	第一个周期 （2011.8～2015.8）	第二个周期 （2015.8～2018.8）	第三个周期 （2018.8至今）
依据	重要文件（部分）	《关于加快街道家庭综合服务中心建设的实施办法》	《广州市家庭综合服务中心项目评估与监督、统筹指导服务工作手册》	《广州市社工服务站（家庭综合服务中心）管理办法》
服务购买	购买周期	3年	3年	5年
	经费构成	不超过60%（人员开支）； 10%（专业支持）； 10%（服务开展）； 10%（日常运营）； 10%（其他杂费）	不超过60%（人员开支）； 10%（专业支持）； 10%（服务开展）； 10%（日常运营）； 10%（其他杂费）	不低于65%（人员开支）； 20%（服务质量保障，即原来的“专业支持＋服务开展＋日常运营”）； 15%（运营管理）
	拨款安排	55%∶40%∶5%	55%∶40%∶5%	55%∶40%∶5%
	经费额度	每年200万元，部分特殊项目会有调整	每年200万元，部分特殊项目会有调整	每年240万元，部分特殊项目会核实资金

① 徐盈艳、黎熙元：《政府购买服务规制下的社会工作机构发展——广东四个城市试点项目的比较研究》，《当代港澳研究》2012年第4期。

② 广州市民政局：《广州市社会工作服务领域专题调研报告——广州市政府购买社会工作服务情况》，广州市民政局网站，http://www.gdmz.gov.cn/gdmz/llyj/201510/6c531514b65c41358b47fdaa016c0230.shtml，最后访问日期：2018年9月8日。

③ 广州市民政局：《广州市社会工作服务领域专题调研报告——广州市政府购买社会工作服务情况》，广州市民政局网站，http://www.gdmz.gov.cn/gdmz/llyj/201510/6c531514b65c41358b47fdaa016c0230.shtml，最后访问日期：2018年9月8日。

续表

环节	内容	第一个周期（2011.8～2015.8）	第二个周期（2015.8～2018.8）	第三个周期（2018.8至今）
服务购买	人员构成	原则上每10万元配备一名工作人员，其中2/3以上的为专业人员，专业人员中70%是专业社工	原则上每10万元配备一名工作人员，其中2/3以上的为专业人员，专业人员中70%是专业社工	原则上按每12万元购买服务经费配备1名工作人员，工作人员总数的2/3以上应当为社会工作者、1/2以上应当为社会工作专业人员
	调整机制	未明确	未明确	未明确
服务评估	评估主体	原则上采用政府采购的方式委托第三方专业机构进行	三家第三方评估机构，每年重新招标； 财务评估另计	由第三方评估机构、镇人民政府（街道办事处）、区民政局三方共同实施
	评估频率及形式	评估方法包括审阅文件、面谈、观察、抽查等方法；评估安排包括前期评估、中期评估和期末评估	中期：材料评估＋现场评估（抽取至少30%的家综）（实施第一年后全部改为现场评估） 末期：现场评估	中期：专业服务评估 末期：专业服务和财务综合评估
	评估人数	未明确	5个评委，1个工作人员	未明确
	评估经费	按购买服务经费的2%计算，由区民政局具体负责	从购买服务经费中划出2%作为专门预留的评估经费	评估经费按社工站（家综）（含辖区内增设的服务点）项目经费的2%编制预算，列入各区财政预算
	评估成绩	满分100分，具体分配： 专业服务（20%）； 服务量及服务成果（20%）； 服务质量（30%）； 服务项目管理（30%）	满分100分，具体分配： 总体服务评价（20%）； 各领域服务质量评价（40%）； 运营管理评价（20%）； 购买方满意度评价（12%）； 满意度调查（8%）	满分100分，具体分配： 第三方评估机构占比70%，镇人民政府（街道办事处）占比20%，区民政局占比10%

注：运营管理费用类似原来的“其他”费用，新变动的地方在于去掉了“评估费”，新增了“运营费、发展储备费、风险费”，降低了机构评估成本，增加了对机构管理运营的支持。

由表1可见，第三个周期的购买家综服务在以下几个方面进行了重点调整：一是购买周期由之前的3年调整至5年，有助于机构长期开展服务，提升服务稳定性；二是购买经费额度从200万元提升至240万元，人员开支从60%提升至65%，提升了社工待遇；三是评估主体从之前的第三方评估机构负责调整为3个主体负责，增加了购买方的评估权重，不再由市层面统一安排，改为区自行安排，提高了评估安排的灵活性。

三 存在的问题

广州购买家综服务的探索并非一帆风顺，它的健康发展与否直接影响到社会治理体系创新的进程。在过去的两个周期内，已经暴露了一些问题，如社工短缺的同时流动性强、社会组织成分复杂且专业性存在不足、项目审批烦琐的同时又面临不合理的税收制度、购买服务的绩效评估体系也不完善[①]，有学者也对广州购买家综服务的模式进行了评析[②]。在本文中，笔者选择问题最为突出的拨款与评估这两个环节进行着重分析。

（一）经费拨付机制僵化

购买家综服务的经费拨付是分阶段进行的，与评估安排和结果有着紧密的联系。在实际操作中，经常出现经费拨付不及时的问题，导致社会组织经常为烦琐的项目审批手续、政府不能及时拨款导致资金不能正常周转而苦恼[③]。特别是资金拨付的“空档期”问题，在此期间机构收不到拨款，却还要继续提供服务，“空档期”跨度短则1个月，长则9个月，给机构带来了很多困扰[④]。先评后拨的机制让机构在没有获得全部资金的前提下就做完合同规定的服务量，在承担巨大资金压力的现实下只能采取多接项目、东挪西凑资金、垫资等多种筹款途径来维持运营。

笔者曾于2016年在广州选取部分代表性社工机构进行调研，机构管理人员反映强烈的就是经费拨付不及时的问题。有的机构在“空档期”仍提供服务，但无人认领该期间的服务成本，无奈只能自己“咽下”，到外面兼收一些服务或项目来做，以弥补亏空。部分机构描述了遇到的困境。

空档期带来了很大的困扰，那段时间机构发不出工资，虽然也投诉

---

① 韦朝烈、尹红晓：《广州政府购买服务现状调查与对策建议》，《探求》2012年第5期。

② 姚迈新：《政社关系视角下社会组织提供公共服务问题研究——以广州市政府购买社区家庭综合服务为例》，《岭南学刊》2013年第3期。刘志鹏、韩晔：《交易成本理论视角下的政府购买社工服务：模式比较与策略选择——以广州、深圳的实践为例》，《广东工业大学学报》（社会科学版）2013年第6期。

③ 韦朝烈、尹红晓：《广州政府购买服务现状调查与对策建议》，《探求》2012年第5期。

④ 杨海清：《政府购买社会服务方式的整理与反思——以广州市家庭综合服务中心项目为例》，广东社工发展论坛，2013。

争取过，七八个月后也拨了款，但这个赤字成本只能我们自己承担，靠讲课、做督导、做咨询等纯收入来补空，直到现在还没有填完这个赤字。家综遇到（街道党委）换书记时就会出现一两个月空档期，我们也考虑过跟街道办谈，能否用其他的服务经费来弥补，但新领导上任后，对于这些空档期的口头协议不承认，所以也没有落实。除此之外还有流标的原因，加上公示期等，也会有一个月左右的空档期，这段时期也需要由机构自己承担，政府是不会承担这个责任的。(GZ01)

前几年有遇到过经费不能及时到账，机构就很难周转的情况。随着这几年项目增多，就可以在项目间进行周转。不过在年初的时候，压力会比较大，尤其是在年后的3、4月发工资时压力会很大，发完3月后就要担心4月的工资发放，虽然机构已经在年初及时申请项目经费了，但是财政这边要开账，要经过人大审批之后才可以拨款，那这个时间就会比较长，不同的区人大审批时间有长有短，我们今年的情况是到五月才能拿到第一笔账。一般我们会对员工做出延迟发放工资的说明，或优先发放经济周转较困难的一线员工的，但更主要的方式是向理事会成员借款，同时也会向财政局催款。(GZ02)

（二）购买经费比例局限性大

按照规定，社工运营机构须将服务购买经费按照“60%：10%：10%：10%：10%”的比例来使用。这种严格规定经费使用比例的做法给社工机构带来了诸多不便，机构管理受到限制，找哪些社工，投入多少物资，提供多少专业支持，基本上没有太多灵活操作的空间，只能基于固定的经费比例来配备相应的人力、物资、培训与督导等服务要素。在面对地方实际需求差异明显的社区服务群体时，靠受约束的服务要素、经费投入来提供差异化服务可谓非常艰难。

经费比例的局限性也导致服务要素价值难以合理呈现。一是人力要素价值无法得到很好体现，人员经费有固定比例限制，社工机构只能基于此分配人员经费投入，无法反映社工的应然价值。二是家综服务中的管理价值被忽视，购买经费构成没有预留家综的管理费用，机构只能从其他地方挤资金来补上。笔者调研的某机构反馈，“家综购买经费中是不给提专门的机构管理费用的，机构管理人员只能挂靠到下面的家综项目中”。

（三）经费定价机制不明确

政府购买服务定价是政府购买服务链条中的核心环节，现阶段绝大多数的政府购买服务价格是由政府单方面确定的（如直接规定政府购买服务合同的总金额），承接主体的议价能力较弱，使得许多服务的购买价格直接以财政拨款的额度为限，服务定价缺乏理性依据①。深圳的经验表明，这种“一刀切”的静态购买机制会导致行业薪酬缺乏竞争力，带来人才流失的压力，限制社工发展进程②。

广州购买家综服务的经费定价方式同样并不明确，从200万元调整至240万元，并没有公开透明的计算依据。经费使用的比例设置也未有科学的实证依据，致使社工机构在操作中多有掣肘。此外，家综部分运营成本也因此由机构被动承担，如评估本应由政府委托第三方进行，并将评估结果作为下一步拨款的依据，受益者是政府，理应由后者买单，但购买办法却规定了2.0%的评估费用要付给第三方评估机构，1.5%的招标费同样由机构承担，结果就是直接减少了机构原本就有限的经费。

（四）评估机制仍不成熟

为了确保财政资金得到规范使用，《广州市政府购买社会服务考核评估实施办法（试行）》规定引入第三方考核评估机制。随着第一个周期结束，广州市进行周期性检视、总结评估成效，认为不同机构的具体评估方式和具体评估标准设置各不相同，出现“标准不统一、理解不统一、执行不统一、反馈不统一”的现象③。在此背景下，2015年，广州市委托市社会工作协会制定新的评估办法，后者随后推出《广州市家庭综合服务中心项目评估与监督、统筹指导服务工作手册》，明确评估标准全市归于统一，评估安排由三家机构负责专业评估，财务评估另计。但到第二个周期结束时，部分评估问题仍未

① 崔军、张雅璇：《政府购买服务定价的核心推定与策略安排》，《行政管理改革》2016年第8期。

② 马贵侠、叶士华：《政府向社会工作机构购买服务的运作机制、困境及前瞻》，《广东工业大学学报》（社会科学版）2014年第1期。

③ 广州市民政局：《广州市社会工作服务领域专题调研报告——广州市政府购买社会工作服务情况》，广州市民政局网站，http://www.gdmz.gov.cn/gdmz/llyj/201510/6c531514b65c41358b47fdaa016c0230.shtml，最后访问日期：2018年9月8日。

得到很好解决。

1. 评估成效表面化问题依旧存在

一是第三方评估机构掌握着家综服务项目的“生杀大权”，在未对家综日常运营状况持续跟进的情况下，评估机构在短短半天或一天的时间内，召集临时组成的评估专家组，通过看材料、座谈以及有限的电话调查就能得出评价结果。此种方式能否真实反映机构运营水平，发挥以评促建的作用仍值得商榷。二是评估标准中分数达 80% 集中在总体服务评价、各领域服务质量评价、运营管理评价等三部分上，总共 15 条，其中有 10 条是关于过程评估的，界定成效的类型也多面向过程，而过程评估非常倚重社工文书材料，这就使“社工变为写工”的窘境并没有得到实质性改变。三是作为服务使用者的社区居民，其满意度分值只占 8% 的比例，很难体现服务使用者的评价。事实上，满意度调查过程是根据家综筛选提交的名单，由评估人员通过电话问询来打分，手段简陋，可信度并不高。

2. 难以做到量身定做的评估

家综所在街道之间普遍存在差异，统一化的标准虽让评估工作更为便利，却不能兼顾街道地域差异与需求多样的现实，使得家综服务出现“大处趋同化、小处微创新”的局面。评估标准为评估报告打造统一模板，让评估机构按照报告中的“七大块”（中心基本情况、评估方法、评估原则、中心人力资源情况、购买方访谈情况、各领域服务开展情况、结语）撰写即可，难度显著降低，使得评估报告像是流水线上的产品，充满“套路感”，缺少量身定做的特色，因此众多家综的自评报告和第三方评估报告大同小异。

四 香港的经验

香港在优化政府购买社会服务模式上有着丰富的经验。香港社会福利署（以下简称“社会福利署”）于20世纪80年代初期引入标准津贴模式（Standard Cost Subvention System），从资助和监察两方面着手，确保社会服务达成物有所值的目标。2000～2001 年，社会福利署推行“整笔拨款”（lump sum grant）制度[①]。在拨款标准上，根据香港社福界的总薪级表（Master Pay Scale）的中

---

① 香港社会福利署：《社会福利服务“整笔拨款手册”》（中文译本），http://www.swd.gov.hk/sc/index/site_ngo/page_subventions/sub_lsgmanual/，最后访问日期：2018 年 8 月 27 日。

位数，再依据受资助机构当时的在编人数，政府一次性拨付包括薪酬、津贴、公积金及其他费用在内的年度资助。社会福利署不再具体监督如何使用，而是专注于服务产出（output）和成效（outcome），以此鼓励机构灵活运作、创新、提高效率以及审慎管理财务[①]；在服务监察上，政府推行服务表现监察机制（Service Performance Monitoring System），社会福利署与受资助机构签订《津贴及服务协议》（*Funding and Service Agreement*），服务运营参照16项服务素质标准（Service Quality Standards），社会福利署下辖的津贴组负责开展评估工作[②]。

香港对拨款和评估这两个环节进行了重点优化。在拨款机制上，拨付方式是按月发放，并依据薪酬及物价变动每年进行调整：社工薪酬参照公务员薪酬调整幅度，其他费用参照综合消费物价指数；机构可以灵活使用除公积金外的所有拨款，包括且不限于员工的开支及其他运作经费。在评估机制上，强调机构董事会及管理层的重要性，鼓励机构及时发现问题并处理以力求改善整体服务，提高监察透明度，简化安排及操作方法以尽可能减少对服务运作的干扰；社会福利署根据全年的监察探访结果，为整个福利界的特定或整体服务提供改善建议；服务监察方法包括适用于所有单位的常规基本方法和适用于特殊服务或单位的额外方法，前者包括每年一次的自我评估、每季度一次的统计报告，以及突击的探访，后者则包括除此之外的实地评估和服务使用者满意程度调查[③]。

优化处理的好处是显而易见的。一次性拨款减少机构出现经费不足的困扰，不干预具体使用，便于社工机构灵活处理；评估由政府进行，采取自评及抽查的方式，成本低、频率低，机构迎评工作大幅减少。有学者总结该评估方法的特点是由侧重评估资源的投入（imput）转变为服务的产出（output）；由操作上较为模糊的物有所值理念转变为规范、清晰、可操作的绩效（outcome）评估；由政府主导转变为与提供社会服务的各方不断进行“复述—分析—批判”等协商；增加问责，强调灵活调配资源，鼓励服务创新以应对新需求、新衍

① 岳经纶、温卓毅：《新公共管理与社会服务：香港的案例》，《公共行政评论》2012年第3期。

② 香港社会福利署：《服务表现评估手册》（中文译本），http://www.swd.gov.hk/doc_sc/ngo/Service%20Performance/092012_chi.pdf，最后访问日期：2018年8月27日。

③ 香港社会福利署：《服务表现评估手册》（中文译本），http://www.swd.gov.hk/doc_sc/ngo/Service%20Performance/092012_chi.pdf，最后访问日期：2018年8月27日。

生的重点服务①。

五 优化路径建议

随着2018年6月《广州市社工服务站（家庭综合服务中心）管理办法》（以下简称《管理办法》）的出台，广州购买家综服务模式也宣告进入第三个周期。《管理办法》在购买方式、从业人员、服务内容、评估方式等多个方面，与以往相比都有较大的调整②。笔者在参照香港整笔拨款制度以及抽查评估的经验基础上，结合新出台的《管理办法》，对广州购买家综服务提出一些优化路径的建议。

（一）优化服务购买机制：定额制转向配餐制

虽然《管理办法》将原有的购买家综经费总额标准由200万元调整至240万元，但实际上仍沿袭了以往的定额制。定额制的优点是简单易行、方便政府购买服务，但问题也很明显，难以照顾到具体实际情况，易造成镇街间的"饥饱不均"。这种由政府提出购买要求和金额，承接方基于此设计安排工作的方式，实际上是一种"看菜下饭"的机制，会出现服务成本模糊、工作量不确定、没有明确的核算标准体系等问题③。《管理办法》规定，原则上每个镇（街）只设1个社工站（家综），在特别情况下才会考虑设置2个以上的家综或另设服务站点。数量众多的镇街，其具体实际及需求千差万别，却都被一个固定的240万元"包打天下"，这对于承运机构而言，无异于"戴着脚镣跳舞"。

事实上，不同服务领域、不同地区、不同层级政府、不同部门间的差异大，政府购买服务的定价设计也很难，不应追求做到"放之四海而皆准"，而应该给实践部门留足空间④。从社会治理创新走向精细化，社工服务走向定制化的发展趋势来看，笔者建议可将购买家综服务的机制从"按站定标"的定

① 陈锦棠：《香港社会服务评估与审核》，北京大学出版社，2008，第9页。

② 广州市人民政府办公厅：《广州市人民政府办公厅关于印发广州市社工服务站（家庭综合服务中心）管理办法的通知》，广州市人民政府网站，http://www.gz.gov.cn/gzgov/s2812/201806/6aee5bbdf78249d482b2949e7554d1cf.shtml，最后访问日期：2018年8月5日。

③ 贺巧知：《政府购买公共服务研究》，财政科学研究所，2014。

④ 崔军、张雅璇：《政府购买服务定价的核心推定与策略安排》，《行政管理改革》2016年第8期。

额制转变为“按需定标”的配餐制：基于镇街地域差异需求，推导家综的服务规模及要素构成等。具体来说，首先依据所服务的人群数量、构成及需求，厘定人力要素的数量、类型，估算相应的人力成本，进而确定其他非人力的服务要素成本，从而确定最终的经费额度，这样计算得来的经费额度具有高度的定制性，不再是统一的定额，可以更好地兼顾各个街道的实际情况。

（二）优化服务要素定价机制：周期性转向常态化

为提高政府购买服务的效能，政府应该努力提升自身能力，以成为公共服务购买中的精明买家①。这需要政府制定适宜的服务定价机制，一般可遵循两个准则：一是尽可能充分利用政府能够掌握的可靠信息；二是定价方法应尽可能简便、易操作，不宜设计得过于复杂②。当前新出台的《管理办法》仍未明确服务要素的定价机制，笔者建议将来进一步做以下优化。

1. 人力要素定价常态化

服务要素中最重要的是人力要素，《管理办法》增加了重视程度，在规定按照12万元/人的标准配备人员（有效期5年）的同时，又将人力要素的经费构成比例提高至65%，要求承接机构“建立合理的人员薪酬调节机制”。人力要素定价的提高固然是好事，但12万元的标准能否满足未来5年人力要素成本的增长所需仍值得商榷。长远来计，笔者建议可考虑在突破购买定额制的基础上，建立人力要素定价常态化机制（如每年一调），取代之前每一个周期才调整一次的方式，这样可以在跟上经济社会发展的同时，让社工也有一个薪酬增长的预期。

2. 降低非人力要素成本

《管理办法》在这方面也做了较多改进，如将评估费用由之前的纳入购买经费改为政府承担，以降低机构运营成本。《管理办法》将非人力要素的费用在以往规定的基础上整合为两类，一类是服务质量保障费用，一类是承接运营管理费用。在降低服务质量保障费用方面，笔者建议可考虑由区政府与大型零售商开展定点采购的合作，使社工机构在全市范围内的所有营业网点购买物资都可以获得一定的定点购买折扣，可以在规范物资采购的同时有效降低物资成本。社工服务除了专业服务外，管理服务同样非常重要，后者有助

① 詹国彬：《需求方缺陷、供给方缺陷与精明买家——政府购买公共服务的困境与破解之道》，《经济社会体制比较》2013年第5期。

② 崔军、张雅璇：《政府购买服务定价的核心推定与策略安排》，《行政管理改革》2016年第8期。

于购买经费绩效的提升①，笔者建议将运营费调整至“人员费用”中，以激励社工机构努力提升家综服务的科学化管理水平，减少外界对社工机构是“劳务派遣机构”的刻板印象。

（三）优化评估机制：统一化转向自主化

政府购买服务机制要求政府部门须以公共服务不断变化、日益丰富的现实需求为导向，加强职责设置和人员配备，完善监管体系，提升监管水平②。家综评估历来是政府购买服务的重要环节，《管理办法》也对此进行了新的调整，如评估工作由各区民政局自行负责，市层面不再统一安排；评估打分也增加了购买方的权重，调整为三方打分，其中第三方评估机构打分占比70%、镇人民政府（街道办事处）占比20%、区民政局占比10%。新的调整能否有效减轻机构的迎评负担、切实评估家综的服务绩效还有待观察，笔者建议在以下几方面优化。

1. 由区政府作为“第三方”自行开展评估

2018年新出台的《广州市社会工作服务条例》明确规定，“使用财政资金购买的社会工作服务项目，购买方应当自行或者委托第三方机构开展项目实施效果评估，评估费用纳入购买服务的预算”，政府购买公共服务中的核心责任人是政府，只有政府是负责的，政府购买公共服务才可能是负责的③。家综服务的购买方是区政府，理应成为评估服务成效的最终负责人，如果评估未能发挥应有作用，不仅是对公共资源的浪费，也无助于社会治理创新。评估工作不仅与社工机构的提升有关，更与政府在社会服务政策的制定与规划方面有重要关联，而第三方评估机构“不在其位”，实际上并不承担社会服务政策调整与改进的职责，笔者建议由区政府结合自身未来政策规划的需要，自行开展评估，以更好地发挥政府公共服务职能。

在具体操作上，可参考香港社会福利署的做法，由区政府结合自身在社会治理的发展规划和需求的基础上，设立具有公益一类事业单位性质的评估组织，根据自身所需打造贴合实际需要的评估标准，有计划地沉淀评估数据信息，为政府未来的政策制定与规划积累打下数据基础。余甫功也曾建议，

---

① 岳经纶、温卓毅：《新公共管理与社会服务：香港的案例》，《公共行政评论》2012年第3期。

② 崔军、张雅璇、邱健：《“一体两翼”：我国政府购买服务实践探索与学术研究的基本框架》，《徐州工程学院学报》（社会科学版）2015年第2期。

③ 周俊：《政府购买公共服务的风险及其防范》，《中国行政管理》2010年第6期。

建立健全社会公共服务专门监管机构，可以由省人大设立社会公共服务监管委员会，省社会工作委员会设立社会公共服务监督管理部门，地方各级政府也要设立相应的社会公共服务监督管理机构，负责对社会公共服务进行统一监管，负责优化服务的总体规划，制定或指导行业协会制定服务标准，监管服务的决策、实施和效果，评估公共服务绩效，落实服务责任追究①。

2. 由统一的评估标准调整为由区层面自行制定评估标准

关于评估标准是否应该统一的争议历来颇多，由市社会工作协会制定的全市统一的评估标准，是在之前大家普遍反映评估标准不统一而带来诸多问题的基础上调整而来的。社会工作的发展与区域性的政策支持紧密相关，应坚持评估的区域性特征，以保障评估结果的有效性②。如前文所说，基于各镇（街）的经济社会、历史人文等方面都有真实差异，用全市统一的评估标准并不能兼顾所有街道的实际情况，得出的评估结果也很难有较高的针对性，故笔者建议由各区政府结合本地实际和需求，自行设定符合本地实情的评估办法来指导评估工作。

3. 采取抽查等评估方式，降低机构迎评负担

笔者建议可结合“两随机一公开”的原则以及参考香港社会福利署的做法，优化评估方式，压缩评估内容，由区政府设置一定的抽查比例，采取现场抽号的方式，选取本区的部分社工机构进行抽查，给出较短的准备时间（如一天左右），压缩家综准备材料的工作量，减少社工承运机构因迎评而产生的工作负担，在平时就做好相关文书工作，把时间更多地用到服务中。

4. 增加服务对象的评价权重

社区居民对家综服务的内容及质量的感受最直接、体会最深，理应有相当的发言权。政府购买服务应该推进社会参与，把公众满意度作为评判服务绩效的重要标准③，《管理办法》在增加购买方（区政府）和监督方［镇（街）政府］评估权重的同时，也间接地压缩了服务对象的评价权重，长远来看，并

---

① 中共广东省委党校经济学教研部课题组、余甫功：《创新广东社会公共服务监管机制的思路》，《岭南学刊》2012 年第 2 期。

② 马贵侠、叶士华：《政府向社会工作机构购买服务的运作机制、困境及前瞻》，《广东工业大学学报》（社会科学版）2014 年第 1 期。

③ 郜鹏峰：《政府购买公共服务的评估困境破解——基于内地评估实践的研究》，《学习与实践》2013 年第 8 期。

不符合推动公众参与社会治理建设的初衷，“广泛发动社会力量参与社区服务管理……动员和组织社区群众依法有序参与社区服务管理，实现共同管理、自我服务、和谐发展”[①]。笔者建议，在具体评估操作上，可考虑增加服务使用者的评分比例，让居民的心声能够切实影响到家综服务的改善。

六 结语

广州购买家综服务的发展一直都受到全国的关注，笔者亦希望能在购买方式、要素定价以及评估机制上提出一些优化路径的建议，以进一步完善政府购买家综服务模式。但笔者的这些建议仍存在有待商榷的地方，与《管理办法》也存在不一致甚至是分歧的地方。最突出的就是，《管理办法》继续沿袭了定额制的惯例，而笔者认为定额制的优缺点都非常鲜明，在政府购买家综服务的发展初期作用会较明显，但随着社会治理探索的深入，遇到的社区问题及需要也越来越多样化，定额制的弊端也愈发明显，从长远来看，存在调整的必要性。

政府购买公共服务作为政府治理模式和公共服务供给机制的一种新形态，通过引入多元主体、依托项目合同、深化互动协作、坚持效益导向，有效实现社会治理方式的实质性转变，为社会治理体制的创新优化提供了重要思路[②]。社会治理作为党和国家一项重要的制度创新，依托政府购买服务模式，探索建立“委托代理—互容共进”的社会治理新模式并被寄予厚望，将有助于我国走出一条符合国情、得到广泛认同的社会治理模式[③]。广州市于2018年6月出台《广州市政府资金支持社会工作发展实施办法》，明确提出将更大力度地支持购买社工服务，以家综购买模式为核心的政府购买模式在广州正呈星火燎原之势，在加快服务型政府转型的同时，也推动着广州社会治理体系创新的进程。

---

① 广州市委、市政府：《中共广州市委广州市人民政府关于全面推进街道、社区服务管理改革创新的意见》，广州市社会工作协会网站，http://www.gzsg.org/index.php/download/cid/20.html?page=4，最后访问日期：2018年8月27日。

② 钟金玲：《政府购买公共服务的社会治理方式变迁研究》，《中共福建省委党校学报》2015年第11期。

③ 马俊达、李文静：《论政府购买服务的社会治理功能及其实现路径》，《社会建设》2015年第6期。

The Optimization Path of Government Purchasing Services under the Background of Social Governance

Chen Junjian

Abstract: Guangzhou selects the mode of purchase the services of Family Integrated Service Center as the explore method of local innovating social governance. In this paper, it retrospects the course of purchasing the services of Family Integrated Service Center, find there are some troubles on payment and assessment, which such as fund payment rigidity, the proportion offunds be bounded, the method of determining funds scale be ambiguous and assessment measures are immature. Using the experience of Hong Kong, which including lump sum grant and Service Performance Monitoring System, the paper suggests someoptimizationmeans, such as the mechanism of purchasing, factor pricingandassessment, that promote the progress of purchasing the services of Family Integrated Service Center and the innovation of social governance system.

Keywords: Family Integrated Services; Social Governance; Government Purchasing Service

提升农村家长亲子阅读技能的社会工作实务

袁　娥　张晓亚*

摘　要　亲子阅读在为幼儿传递知识，提升幼儿语言、认知、社会交往能力及改善亲子关系等方面发挥着重要作用，然而，当前在中国农村贫困地区，3岁前的幼儿家庭养育存在重养轻教的问题，家长早期的亲子阅读观念欠缺。为此，笔者在社会工作理论方法的指导下，协助楚雄州永仁县Y地区家长转变育儿观念，树立亲子阅读意识，进而提升家长亲子阅读能力，推动亲子阅读活动在Y地区的有效开展。

关键词　亲子阅读　农村贫困地区　社会工作

一　问题提出

国内外众多脑科学研究表明，孩子在出生之时大脑有一千亿个神经元、五十亿个突触，智力水平达到成人的25%，突触数量在一年后能在原有基础上增加20倍，到3岁时，幼儿脑重量能达到成人脑重量的80%①。0～3岁是幼儿大脑发育和智力发展最快的时期，所以在生命早期对幼儿的投入回报率最高，早期家庭亲子阅读活动作为刺激幼儿智力发育的有效手段，在发展幼儿语言、认知等能力的同时，能够有效推动幼儿良好阅读习惯的形成。

十八大以来，全民阅读的理念相继四次出现于政府工作报告中，十八大报告中也明确指出，“坚持面向基层、服务群众，加快推进重点文化惠民工程，加大对农村和欠发达地区文化建设的帮扶力度，继续推动公共文化服务设施

---

* 袁娥，云南大学民族学与社会学学院教授，研究方向为家庭社会学、社会性别、传媒社会学。张晓亚，云南大学民族学与社会学学院硕士研究生，研究方向为儿童社会工作、民族社会工作。

① 王枫：《脑科学视角下的0～3岁婴幼儿早期教养》，《上海教育》2018年第10期。

向社会免费开放”①。从免费文化开放的战略中能看到国家对于农村地区文化建设的重视，阅读属于农村文化建设中的重点内容，亲子阅读活动是培养家长与幼儿阅读习惯的重要手段。

笔者对楚雄州永仁县Y地区40户0~3岁幼儿家庭亲子阅读现状调查发现，96%以上的家庭没有亲子阅读习惯。幼儿3岁前，家长更关注的是基本的温饱，对于孩子的教育较为忽略。家长对于亲子阅读处于无意识状态，即不知道3岁前的孩子可以读书，更不知道怎么教3岁前的孩子阅读。4%左右的家长有早期阅读的意识，然而对阅读材料的选择一般为简单的认识水果蔬菜、数数一类的书，真正适合幼儿身心发展特点、有效提高幼儿智力发展水平的书籍基本没有。

家长对亲子阅读的认识直接影响家庭亲子阅读活动的开展，通过对Y地区家庭亲子阅读状况的调查，笔者选取Y地区部分农村贫困家庭为对象，运用社会工作个案与小组的工作方法分阶段进行介入。第一阶段主要为一对一入户家访，协助家长认识亲子阅读重要性，逐渐转变家长对幼儿早期亲子阅读的态度；第二阶段是在入户家访的基础之上，凝练出家长在亲子阅读过程中存在的问题，寻求适宜路径并运用小组工作提升家长的亲子阅读能力。

二 Y地区家庭亲子阅读现状

（一）Y地区基本情况介绍

笔者调查研究的Y村是M镇经济、政治、文化的中心，地处M镇西边，距镇政府所在地1公里，到镇道路为柏油路，交通方便，距县城19公里。东邻木马村，南邻地什苴村，西邻阿朵所村，北邻拉利坪村。Y村村委会位于M镇所在地，辖上则木埂、下则木埂、子路的老队、子路的新队、上纳乍、起差拉、对门梁子、立格簸、小黑拉么、龙潭、大黑拉、街子、程么里、大村、小村老队、小村新队、木马河组，共17个村民小组，928户3707人。全村辖区面积232平方公里，适合种植水稻、玉米等农作物和烤烟板栗等经济作物。全村有耕地面积3373亩，其中水田2218亩、旱地1155亩、人均耕地0.91亩，粮食总产量为346万公斤，还有林地31600亩。2017年，全村经济

① 吴潜涛：《党的十八大报告理论亮点解析》，《学校党建与思想教育》2013年第4期。

总收入5065万元，农民人均纯收入为10783元。Y村属于绝对贫困村，农民收入主要以农业和外出务工为主。

Y地区贫困原因有三点。一是自然环境恶劣。Y地区属于高海拔冷凉地区，交通不便，由于山高坡陡箐深，土地贫瘠，泥石流、山体滑坡等自然灾害频发，生存环境恶劣，发展条件差。二是村民受教育程度低。小农思想意识严重，靠山吃山的惯性思维严重，市场经济意识差，依靠科技、信息致富的能力弱，部分群众等、靠、要思想严重。三是产业结构单一。农民组织化程度低，村民大都以种养殖业和传统粮食作物种植为主。

“扶贫先扶智，治贫先治愚”，说明教育对于扶贫有重要作用，通过教育扶贫，能够撬动贫困代际传递链，在一定程度上阻断代际贫困。亲子阅读作为幼儿早期教育的重要内容，能有效弥补物质扶贫带来的不足，促进家长早期教育观念的转变，提升家长科学教育能力，推动幼儿能力的发展。农村教育在中国一直处于较短板的位置，农村幼儿的早期教育更是缺乏，因此在农村贫困地区开展亲子阅读尤为重要。

（二）Y地区亲子阅读现状

由于Y社区经济发展水平较低，其自身所拥有的学习资源有限，且受当地传统教养观念的影响，人们对于早期亲子阅读的认识处于空白状态，很多家长不知道什么是亲子阅读，对于3岁前幼儿能够阅读的观点更是感到惊讶。大部分家长重养轻教，对于幼儿的关心更多的是身体的温饱，而忽视幼儿早期教育。

1. 家长缺乏亲子阅读意识

当问及Y地区部分家长是否知道亲子阅读时，94%以上的家长表示不知道。当告诉家长3岁前的孩子能够读书时，85%以上的家长对此感到很不可思议。在家长的固有概念中，3岁前的孩子什么都不懂，谈何读书。通过访谈了解到，Y地区家长所理解的读书为孩子上学，在学校里发生的一系列学习行为，或者孩子在家庭中围绕课本进行的学习活动，在此过程中，如果孩子看的是课外书，很多家长就会认为这是学习不认真的表现。

当问及家长3岁前的孩子一般如何养育时，87%的家长回答只关注幼儿日常生活照料。此外，部分家长会教幼儿日常生活基本礼仪，比如看到长辈要打招呼，吃饭时不能玩食物，等等。其余方面的早期教育基本处于空缺状态，家庭阅读频率为零。

2. 家长不了解幼儿身心发展规律

根据相关研究，0～3岁的幼儿在感觉、知觉以及触觉能力上已具备阅读的条件。乔姆斯曾在20世纪50年代提出，幼儿一生下来便有适应语言学习的语言习得机制，语言习得具有一定先天性，而外在环境刺激对于幼儿语言习得有强化作用[①]。1岁以内的幼儿即可辨认口语中的单词与一些语言单位，1～3岁的幼儿能够将单词连接并说出较长句子。Marie Clay认为，幼儿读写能力的发展始于出生，0～6岁幼儿时期是学习阅读与书写的关键期[②]。由此可以看出，幼儿身心发展使亲子阅读活动开展具备可行性。

通过观察与访谈了解到，Y地区家长对于3岁前幼儿的认知多为身体发展，而对于幼儿身体发展的知识来自两个层面。一是健康卫生知识的普及，定期带幼儿去医院体检，医生会告诉家长标准体重与喂养方式；二是传统育儿知识，比如“三抬四翻六坐七滚八爬九扶立周会走”这一类育儿知识。但是，家长对于幼儿感知觉、触觉、语言能力以及读写能力发展状况了解甚少，对于这些知识有限的理解让很多家长以为3岁前的孩子什么都不懂，读书更是不可能。

3. 缺乏良好阅读环境

阅读环境包括精神环境与物质环境，精神环境强调的是榜样力量，如家庭成员良好的阅读习惯会对幼儿产生潜移默化的影响，让幼儿逐渐养成良好阅读习惯。物质环境指的是幼儿阅读空间及阅读材料，简而言之，幼儿阅读活动的开展需要有适合的阅读材料以及阅读的小空间。在Y地区，98%以上的家长没有阅读习惯，闲暇之余一般是玩手机或者做家务，所以家长很难从精神环境上为幼儿树立一个良好的阅读榜样。从幼儿阅读物质环境上看，家庭亲子阅读空间是缺乏的，很多家长不会主动为幼儿布置适合的阅读小空间。家庭中适合幼儿的阅读材料也很少，极少部分家庭中有一些阅读材料，但多为简单的水果、蔬菜及字母的挂图，很少有与幼儿年龄特征相匹配的图画书。

此外，看动画片和玩手机是Y地区家长带孩子最常用的方式，家长不论自己忙否，安抚幼儿情绪最常用的手段都为电视或手机。在调查的40户家庭中，87%的幼儿每天看电视或玩手机的时间超过3小时，亲子阅读物质环境较差。

---

① 胡春春：《信息技术环境下幼儿早期阅读能力培养研究》，硕士学位论文，河南大学，2011。

② “Reading Recovery Teachers Necessary?”*Reading Horizons*, 1991.

三 社会工作介入农村贫困地区亲子阅读实践

根据前期的预调查，笔者结合社会工作理论与方法，设计前后两个阶段的服务方案。在第一阶段，笔者主要依托2018年国家卫健委合作《0~3岁留守儿童绘本阅读干预观察研究项目》，深入前期调查的40户家庭，开展为期两个多月的一对一亲子阅读活动。此阶段主要是让家长了解亲子阅读重要性，转变家长观念，树立家长亲子阅读意识。第二阶段的主要任务是发现家长在前期亲子阅读过程中存在的问题，总结家长在亲子阅读过程中存在的问题，并运用小组工作的方法搭建家长间相互讨论学习的平台，不断提升家长的亲子阅读能力。

（一）社会工作实务介入

1. 入户家访服务实践

第一阶段入户家访服务主要是依据符号互动理论指导设计并开展的。符号互动理论又称象征互动论，由美国著名社会学者布鲁默正式提出，符号互动理论主要通过分析人们在日常生活中的互动，研究人们相互作用发生的机制与规律①。

符号互动理论认为，人与人之间进行交流理解的符号具有广泛性，在亲子阅读过程中，家长和幼儿双方所运用的语言、姿态、动作、表情等都可以被称为符号。一定的社会情景也具有符号意义，家庭亲子阅读活动的开展产生于一定情景之中，借助绘本，家长与幼儿之间进行沟通交流，在此过程中，家长对于符号的解读会对亲子阅读活动质量产生很大影响，比如笔者在入户过程中观察到，幼儿在看到《走开，绿色大怪物》绘本上的洞时，联系生活实际，跑到卫生间指着厕所的洞，家长对这一行动的解读一般为孩子不专心，这一解读结果将直接影响家长情绪，家长情绪又对其陪伴阅读的行为产生影响，很多家长因为这样的误解而不带孩子阅读，还认为孩子不会读、学不了。所以，在符合互动理论的指导下，在第一阶段入户过程中，除了推动家长树立亲子阅读观念外，还需要对幼儿阅读过程中的行为给予正确解读，以充分提高亲子阅读质量。

---

① 王思斌：《社会学教程》，北京大学出版社，2003，第69~76页。

为期两个多月的入户家访服务主要目标是协助家长认识亲子阅读的重要性，树立亲子阅读观念。家长对亲子阅读重要性的理解离不开其对幼儿阅读过程中所发出的符号的正确解读。

（1）亲子阅读重要性的探讨

没有阅读就不可能有个体心灵的成长，也不可能有个体精神的完整发育①。家长对亲子阅读的观念影响家长行为态度，通过对比40户家庭中孩子的阅读状况，进一步分析发现家长对亲子阅读重要性的了解程度与家长在亲子阅读上所花的时间成正比。所以，在开展亲子阅读服务活动时，有必要让家长了解亲子阅读重要性。

有关亲子阅读重要性的探讨，笔者主要从幼儿身心发展具备阅读可行性，亲子阅读能丰富幼儿词汇量，提高幼儿观察力和理解能力，培养幼儿阅读兴趣以及改善亲子关系几个方面展开。突出亲子阅读在上述方面重要性的原因是家长重视，而且效果可观察，能够让家长发现幼儿的进步。亲子阅读重要性的介绍是一个持续的过程，讲解过程中要以具体化的案例告诉家长，除了初次入户给家长讲解外，当看到孩子某一方面能力提升时需要再次引起家长注意，这样家长对亲子阅读接受程度才会更高，这一过程中协助家长对幼儿行为进行解读，能够更有效地推动家长观念的转变。

（2）协助家长正确解读幼儿发出符号

幼儿早期的学习属于表征学习阶段，在此阶段的幼儿会掌握一些简单符号或者对这些符号加以理解，幼儿在1岁左右开始对成人确定的表征命题进行吸收概括，由此获得领悟②。所以，幼儿在学习过程中经常会将书中事物与实际进行联结，并产生联想。当家长对幼儿产生的联结与联想理解出现偏差时，就会对亲子阅读活动产生消极影响。笔者在家访过程中发现，幼儿看到书中的动物则跑去找类似的动物，看到绘本中的事物进行一些天马行空的想象时，很多家长看到的并不是幼儿联系生活实际、想象等能力得到提升，而是解读为孩子不专心。当看到幼儿从不看书到将书拿起撕咬，家长会认为是幼儿对书不感兴趣。这样的解读使得家长用责备的语言或者表情符号回应孩子，当幼儿接收到这样一些不快的符号时，对阅读的兴趣也会减弱，如果幼儿再以消极的语言或动作符号回应家长，则整个阅读活动很难继续开展。所

---

① 朱永新：《我的阅读观》，中国人民大学出版社，2012，第1页。

② 邱云：《幼儿阅读的心理特点及其教育策略》，《福建师范大学学报》（哲学社会科学版）2003年第2期。

以，协助家长对幼儿表现出的行为进行正确理解，能够让家长清楚看到亲子阅读给孩子带来的改变，提升家长陪伴阅读的动力。正确理解幼儿行为符号，也能够让家长给幼儿更多积极符号，促进亲子阅读活动有效进行。

2. 小组服务实践

第二阶段笔者主要采用小组工作的方法，针对家长在亲子阅读过程中面临的共性问题及需求设计服务方案。本次小组选择的对象主要是参加项目或有一定亲子阅读基础，有提升自身亲子阅读能力需求且有时间来参加小组活动的 7 位家长。

本阶段服务设计主要依据社会学习理论。社会学习理论是 20 世纪 60 年代由班杜拉突破传统的行为主义理论框架，从认知与行为联合作用的角度看待社会学习而产生的。在这一理论中，班杜拉强调行为由观察其他人或事而习得，人可以通过看、听、读而获得或学习新的行为①。班杜拉将认知过程划分为四个部分，即注意过程，保持过程，运动再现过程，动机过程。以家长亲子阅读能力提升过程为例，注意过程是观察学习的开始，家长通过观察家访员示范亲子阅读技巧，结合自身实际进行取舍；保持过程即家长将注意过程中习得的语言行为符号保存在自己记忆中，在之后的阅读过程中则可以根据这些符号进行学习；运动再现过程即家长将学到的行为符号进行外显练习，通过不断练习使习得的行为与自身相适应；动机过程主要强调的是个人观察到的结果以及个人动机会对行为产生很大影响，如果家长在练习过程中失败的尝试能够得到及时的指导，成功的行为能够得到一定的奖励，则个人更容易将所观察到的行为内化于心，外化于行。整个学习过程受行为示范者具体表现及家长信息加工能力的影响，这就要求示范者能够熟练掌握并抓住关键进行示范，选取家长更容易接受的方式，便于家长进行信息加工与吸收。

通过第一阶段家访活动的开展，家长对于亲子阅读的重要性有了更深的了解，且家长能够观察到自己孩子的变化，对于幼儿行为符号的理解也更加准确和深入。第一阶段结束后，笔者通过观察及访谈的形式对家长亲子阅读状况进行了解，发现很多家长很难独立在家庭中开展亲子阅读活动，家长在亲子阅读上依旧存在亲子阅读活动开展不遵循幼儿身心发展规律，忽视阅读材料体现的主导价值观，亲子阅读核心技巧掌握不到位，忽视家庭亲子阅读环境创设等共性问题，所以笔者采用小组工作的方式进行介入。

---

① 何雪松：《社会工作理论》，上海人民出版社，2006，第 64 页。

（1）小组介入目标。在社会工作专业知识的指导下，结合家长需求，定下此次小组服务的总目标为：通过小组活动，协助家长清晰认识绘本所表达的主导价值观，了解不同月龄段幼儿阅读目标，学习并熟练掌握亲子阅读核心技巧，创设良好阅读环境，从而提升家长亲子阅读能力。

（2）小组服务方案及实施过程。小组服务方案主要是依据家长需求及面临的问题设计的，小组活动共八节，大致可分为三个阶段。第一阶段包括第一节和第二节，主要内容为协助家长认识幼儿不同月龄段阅读目标，并对绘本结构有一个基本的认识；第二阶段包括第三、四、五、六节，本阶段服务内容是此次服务的重点，首先让家长学会提炼绘本主旨，然后根据绘本主旨进行分类，最后一起探讨不同类别绘本该如何阅读；第三阶段包括第七、八节两节，主要内容为一起总结归纳亲子阅读过程中用到的核心技巧，一起探讨家庭阅读环境的布置，并回顾整个小组活动内容。表1为“智慧妈妈”小组活动计划。

表1 “智慧妈妈”小组活动计划

活动	活动时间	活动主题	活动目标
第一节	2018/09/15	相见欢	1. 组员之间相互认识 2. 介绍小组基本内容，了解组员期望
第二节	2018/09/18	“悦”读人生	1. 介绍不同月龄段幼儿阅读目标 2. 介绍绘本结构
第三节	2018/09/22	独一无二	1. 让家长了解如何提炼绘本主旨并给绘本分类 2. 与家长一起讨论幼儿社会交往及情绪管理类书籍的讲读要点
第四节	2018/09/25	潜力无限	1. 和家长一起讨论学习如何阅读提升幼儿认知能力和语言能力发展的绘本，总结归纳出要点
第五节	2018/09/29	好习惯，助我“行”	1. 和家长一起探讨阅读幼儿动作发展及行为习惯培养类绘本的阅读方法与要点 2. 和家长一起探讨如何通过绘本培养幼儿行为习惯
第六节	2018/10/02	夜空中最亮的星星	1. 一起探讨社会交往类绘本的讲读要点并进行示范 2. 回顾不同类别绘本讲读要点，并总结出绘本阅读中共性的方法技巧
第七节	2018/10/06	静待花开	1. 和家长分享如何给孩子挑选合适的书 2. 就如何给孩子营造良好阅读氛围给家长提供一些建议
第八节	2018/10/10	最好的未来	1. 选择一类家长觉得最难带孩子阅读的绘本，进行现场示范与讲解 2. 总结以上7节活动的基本内容，了解家长对所讨论知识的困惑，及时总结与讨论 3. 通过小组后测问卷评估家长掌握情况

三个阶段的服务建立在家长已经树立亲子阅读观念，主动陪伴幼儿开展阅读活动，但自身能力还需提高的基础之上。社会学习理论强调人的学习通过观察习得，示范者的示范行为对观察学习者产生影响，所以在活动设计中需要考虑家长对实际信息的加工能力。笔者将活动分为三个阶段，其内在逻辑关系为首先让家长对幼儿阅读目标以及绘本结构进行了解；其次依据绘本内容对绘本进行分类，了解不同类别绘本阅读时的重点和差异；再次对整个阅读活动中存在的共性技巧进行总结，让家长有一个归纳反思的过程；最后针对家庭阅读环境较差的问题一起探讨，并回顾整个活动过程。

整个小组活动的设计是在社会学习理论指导下开展的，从小组开始到结束，运用了小组工作中沟通与互动的技巧以及小组讨论的技巧，通过提升家长亲子阅读能力，进而改善家庭亲子阅读质量。在整个服务过程中，首先，笔者自身亲子阅读知识的掌握与传递直接影响家长观察学习效果，所以在服务开展前，笔者需要熟练掌握活动内容并选择一种家长最能接受的方式进行传达。其次，从小组开展形式来说，适量适合幼儿的韵律与服务主体内容交替进行，能提高家长学习的专注程度，使家长获取信息更有成效。再次，因为亲子阅读属于实践性的活动，所以在介绍完亲子阅读相关技巧后需要留更多的时间给家长进行实际练习，良好的信息输入并不代表有效的信息输出，家长在听的过程中或许非常认真，能够将知识全面记住，但是在运用过程中就会出现这样或那样的问题，所以在学习后让家长以实际练习的形式将所学内容表现出来很有必要。最后，小组在开展过程中要促进家长之间的交流，工作者从主动与家长交流到家长之间积极沟通交流，从事先准备家长讨论内容到主持家长讨论，结合家长自身实际经验，充分围绕家长在亲子阅读方面存在的问题进行深入探讨，从而更好地提升家长的亲子阅读能力。

（3）成效评估。此次小组活动的评估主要包括过程评估和结果评估两个部分，过程评估主要指的是每节小组活动结束后家长填写的“小组过程活动记录表”以及协助社工的观察评估，结果评估主要凭借笔者设计的小组活动前后测问卷以及观察员的观察展开。综合以上几个方面的评估发现，家长对于亲子阅读的重视度有所提升，对亲子阅读技能运用更为熟练，对家庭阅读环境的布置有一定变化，且亲子之间的关系更为密切（见表2）。

表 2　小组前后测对比

问题	完全不符合		不符合		说不清楚		比较符合		完全符合	
	前测频数	后测频数	前测频数	后测频数	前测频数	后测频数	前测频数	后测频数	前测频数	后测频数
清楚知道绘本由哪几个部分构成	0	0	6	0	1	0	0	6	0	1
知道绘本每一部分起到的作用	1	0	5	0	1	0	0	5	0	2
拿到一本绘本，有些无从下手，不知道怎么给孩子讲读	1	3	0	3	0	0	4	1	2	0
知道如何提炼绘本主题	2	0	3	0	2	1	0	4	0	2
知道如何将绘本按照主题进行分类	2	0	4	0	1	0	0	5	0	2
知道不同类别绘本讲读要点	1	0	5	0	1	1	0	4	0	2
讲读过程以带孩子认识动植物、颜色和识字为主	0	1	1	3	1	0	4	1	1	2
我常模仿故事中的角色绘声绘色给孩子讲读	0	0	3	0	2	1	1	4	1	2

从小组前后测问卷的部分问题中可以看出，在参加小组活动后，家长对于绘本结构有更清晰的了解，对于阅读技巧的运用也更加熟练。在前测中，当问及拿到一本绘本有些无从下手，不知道怎么陪孩子阅读这一问题时，86%的家长选择符合（包括比较符合和完全符合），而后测问卷结果显示，7位家长中只有1位家长表示还会存在类似情形，这说明大部分家长已有能力陪伴孩子进行亲子阅读活动。

借助于符号意义世界的亲子互动本身就是亲子阅读的根本价值所在，阅读习惯、健全人格的养成等则是活动的派生之物。在这种互动中，儿童感到身心舒适，体验到一种良好的感觉，这就是亲子阅读的根本价值与目的①。家长亲子阅读能力直接影响家庭亲子阅读活动开展的有效性。笔者先从家长观念转变出发，让家长系统认识亲子阅读重要性，到亲子阅读技巧的学习实践，再到阅读环境的创设，让家长首先愿意陪伴孩子阅读，然后学习如何陪伴孩子阅读，最后再从影响亲子阅读效果的环境入手进行探讨，以充分提升家长的亲子阅读能力。

① 陈婷婷：《论儿童视野中亲子阅读的价值》，《江苏教育研究》2014年第31期。

四 反思与建议

通过对Y社区4个多月的调查与实践，笔者对于亲子阅读服务如何在农村地区有效开展有了一定了解。依托家访项目，笔者在开展中后期对家长进行需求评估，了解家长需求，并结合自身观察实践，发现家长在亲子阅读过程中存在的主要问题，选出7位家长开展小组工作，提升家长的亲子阅读能力。通过服务实践，笔者主要围绕社会工作在农村地区进行亲子阅读服务介入重点进行反思，并提出自己的一些思考。

（一）社会工作介入亲子阅读服务重点

社会工作在介入亲子阅读服务过程中，关注的对象除了亲与子外，还会了解其所生活的环境，以及环境中各种因素相互间的关系，所以在服务开展过程中会对问题产生原因进行深入分析，抓住主要影响因素并进行干预。在亲子阅读过程中，幼儿主要照顾者即为影响亲子阅读开展的主要服务对象，在介入过程中，体验式学习以及具有时效性的具体化鼓励对于服务对象产生变化有很大帮助。

1. 以幼儿主要照顾者为服务主体

幼儿主要照顾者即经常能够陪伴幼儿的家庭成员，虽然每个幼儿都有自己的家长，但是任一家长不一定就是幼儿主要照顾者。主要照顾者是真正有更多时间陪伴孩子成长的人，自然也有更多时间带着孩子阅读，所以在农村地区开展亲子阅读服务，需要区别谁是幼儿主要照顾者。

2. 体验式学习更能激发家长阅读兴趣

体验式学习表现在两个过程中。一是在亲子阅读方法技巧学习过程中。笔者讲解完技巧后，让家长能够进行实践，在实践体验中学习亲子阅读相关技巧。笔者在开展小组服务过程中发现，对亲子阅读相关技巧方法的学习如果仅仅停留于听，家长往往很难把握到位，而通过笔者的示范，家长再一次亲身实践与体验，更有利于掌握。二是运用于推动家庭成员共同参与过程中。通过开展个案服务，能够激发幼儿照顾者，尤其是父亲陪伴孩子的兴趣，让照顾者参与到家庭亲子阅读中最重要的一点，即让父母感受到与孩子在一起时的快乐，从内心中认可陪伴孩子阅读是件有趣而又有意义的事。

3. 具体化鼓励技巧的运用在亲子阅读过程中发挥重要作用

笔者在需求评估中发现，89%的家长很少会给孩子鼓励，当小孩在阅读过程中表现较好的时候，家长只会默默地笑，但是基本不会鼓励孩子，而当孩子表现不太理想的时候，家长就会批评孩子。当孩子听到家长肯定的表达时，孩子往往会继续保持这一好的行为，但当家长否定孩子时，孩子会以相同甚至更为恶劣的行为与家长对抗。同样，笔者在开展小组个案实践中也发现，对家长某一行为的肯定会提高家长做出相应行为的频率，所以适时对家长的行为以及孩子的行为做出具体化的鼓励很有必要。

（二）建议

1. 亲子阅读可作为农村教育扶贫支持力量

习近平总书记在河北阜平县考察扶贫开发工作时首次提出，扶贫先扶志，治贫先治愚，要把下一代的教育工作做好①。幼儿由于身心发展水平不够成熟，对于家庭的依赖程度大，所以家庭所拥有的教育观念、所能获取的教育信息及教育资源会直接影响幼儿的发展。而在农村贫困地区，贫困家庭在资源、信息等的获取方面就处于弱势地位，很多家长将幼儿的学习交给学校，认为孩子读书学习始于幼儿园，在此之前不会将孩子的学习纳入家庭生活日程中，有的家长为了节省孩子幼儿园的开支，一年级才将孩子送入学校，然而在进入学校后，这一部分孩子因为没上过幼儿园，在知识学习的起跑线上就不占优势，进而在学习上找不到自信，成绩较差，而差的学习成绩又很容易导致老师及同班同学的不认可，如此就会对学习不感兴趣，逐渐陷入这样一个恶性循环中。所以，幼儿的早期教育极为重要，也是打破贫困代际传递的有力手段。

构建农村贫困地区家庭服务指导体系，培养家长的亲子阅读能力，能够有效促进儿童发展。通过亲子阅读，让幼儿在学龄前培养良好的阅读习惯，从亲子阅读中获得幼儿语言表达能力及学习能力等，在入学过程中能够较快适应学习氛围并获得学习自信。

2. 有关社会工作方法运用的建议

社会工作三大工作方法包括个案、小组及社区，笔者通过实践发现，在

① 《扶贫必扶智　治贫先治愚》，人民网，http://sh.people.com.cn/BIG5/n2/2018/1025/c373056-32203516.html。

社会工作提升农村家长亲子阅读能力方面，将三种工作方法进行综合运用的效果会更好。

本文主要采用的是社会工作中的小组工作和个案工作方法，小组工作主要通过需求评估，发现家长在亲子阅读中存在的共性化问题，运用小组的方式针对家长存在的共性化需求进行介入，提升家长亲子阅读能力。在小组工作开展过程中，除了共性问题外，有的家长还存在较个性化的问题，比如家庭支持不足影响亲子阅读活动开展，所以采用个案的方式进行服务介入。综合运用个案和小组的方法开展服务，关注家长在亲子阅读过程中个性及共性的问题。社区社会工作有利于促进亲子阅读活动在农村地区的推广。社区社会工作以社区为对象，通过专业社会工作者介入，发掘社区资源，动员社区力量，以解决问题。

3. 观念转变先于行动

有关亲子阅读的观念直接影响家长对亲子阅读所采取的行动，所以社会工作在提升家长亲子阅读能力过程中，应将观念转变置于首位。笔者在开展实务过程中，虽然目标为家长亲子阅读能力的提升，但是在活动设计过程中将亲子阅读重要性前置。家长只有意识到亲子阅读发挥的重要作用，才更愿意学习亲子阅读相关方法和技巧。而在和家长解释亲子阅读重要性时，若能够运用具体案例，联系家长的生活实际与家长最为关心的孩子的问题进行介绍则效果更佳。

观念建立于家长所拥有的信息知识基础之上，是亲子阅读活动过程中的重要起始部分，此外还有家长对于幼儿阅读材料选择、家庭阅读环境布置、亲子阅读方法取舍等部分的观念，所以转变家长亲子阅读观念，除了告诉家长亲子阅读如何重要外，给家长介绍有关亲子阅读信息获取的平台，让家长能够有意识去关注并及时获取相关信息，不断提高家庭亲子阅读质量才是关键。

五　结语

尼尔·波兹曼曾说过，儿童对世界的了解最自然的方式是阅读绘本和故事，而亲子阅读则是幼儿从绘本中获取更多信息的最佳途径。通过亲子阅读，孩子能够了解更多外面的世界，激发更大的学习兴趣。同时，亲子阅读的方式会对家长教育观念与行为产生积极影响，家长陪伴幼儿阅读也能增进亲子之间的感情。亲子阅读在农村地区的推广能够将阅读活动带入农村家庭中，让农村地区家庭在物质生活不断得到改善的同时，精神素养也得到提升。

Social Work Practice Research on Improving Parents and Children's Reading Skills in Rural Areas

Yuan E, Zhang Xiaoya

Abstract: Parent-child reading plays an important role in imparting knowledge to children, improving children's language, cognition, social communication ability and improving parent-child relationship. However, in poor rural areas of China, there is a problem of attaching importance to parenting while neglecting parenting in the family rearing of children before the age of 3, and parents lack the concept of early parent-child reading. Therefore, under the guidance of social work theory and methods, the author assists parents in Y area to change their concept of parenting, establish parent-child reading awareness, and then improve parents and children's reading ability, and promote parent-child reading activities effectively in Y area.

Keywords: Parent-child Reading; Poor Rural Areas; Social Work

接受式音乐治疗对改善长者睡眠质量的应用*

——以GY老人院康复区老人为例

孙　元　陈嘉芮　赵美娟**

摘　要　接受式音乐治疗一直被业界公认为能有效释放人体压力、舒缓个体情绪的方法之一，被广泛应用于医学临床方面而鲜少被应用于社会工作范畴。本研究是音乐治疗应用在院舍领域的探索和尝试，立足于社会工作视角，探讨接受式音乐治疗对改善GY老人院康复区老人睡眠质量之成效。本研究结果可为驻老人院社工提供促进老人改善睡眠品质的辅助疗法，提升半失能老人在院舍生活的生活品质与幸福感。

关键词：接受式音乐治疗　社会工作　睡眠品质　老人院　康复区老人

一　绪论

（一）研究背景

据第六次人口普查，60岁及以上人口占全国总人口的13.26%，比2000年人口普查上升2.93个百分点，其中65岁及以上人口占8.87%，比2000年上升1.91个百分点，现已达8511万人①。《2014年中国社会形势分析与预测》蓝皮书指出，2013年60岁及以上老年人口达到2亿人。“失能老人”的

---

* 项目来源：广州市教育科学“十二五”规划课题“三位一体社会工作专业实习教学模式的构建”（12A017）研究成果。

** 孙元，广州大学公共管理学院社会学系硕士生导师，副教授，主要研究方向为社会工作行政与政策。陈嘉芮，硕士，广州越秀养老产业投资控股有限公司。赵美娟，广州大学社会工作专业在读硕士。

① 《2030年中国将有2.3亿老人　如何面对人口老龄化》，中金网，2016年11月21日，http://oil.cngold.com.cn/20161121d1970n101016972.html。

总数已经超过3700万人，80岁以上高龄老年人口达2300万人，官方预测，对比2011年中国占总人口13.7%的60岁及以上老人，在2050年预计会上升到34%，失能半失能老年人口将达到3750万人[①]。由此可见，中国已经迈入人口老龄化的快速发展期，同时亦面临人口结构老龄化的巨大压力。

（二）研究综述

1. 关于音乐治疗的国内外研究

什么是音乐治疗呢？在1989年出版的《定义音乐治疗》一书中，布鲁夏（Bruscia）教授便提到："音乐治疗是一个系统的干预过程，在此过程中，治疗师运用各种形式的音乐体验及在治疗过程中发展起来的动力的治疗关系，来帮助治疗对象达到健康的目的。"[②] 加斯顿（Gaston）与普林思利（Prinsley）则对音乐治疗的侧重点各有看法，前者强调"音乐激发出来的力量应用在矫正或改变对象的异常心理或行为上"，后者更是认为"只要有计划且控制性地使用音乐来达到治疗性目的，即可称为音乐治疗"[③]。

在中国，广义的音乐治疗可参考张鸿懿教授《音乐治疗学基础》一书，他结合不同国家对音乐治疗的多种界定写道："音乐治疗是一门新兴的边缘交叉学科，以心理治疗的理论和方法为基础，运用音乐特有的生理、心理效应，使治疗对象在治疗师的共同参与下，通过各种专门设计的音乐行为，经历音乐体验，达到消除心理障碍，恢复或增进心理健康的目的。在治疗中，治疗师与对象建立关系是至关重要的。该学科在建立和发展过程中，结合各国的传统文化和古老医学，产生了各具特色的治疗方法和技术。"[④] 而社会工作范畴中的音乐治疗则相对聚焦于服务中目标的达致程度。基督教香港信义会社会服务部出版的《美乐涤心灵——音乐治疗长者小组实务手册》，明确界定社会工作视角下的音乐治疗是："有计划、有组织地使用音乐，以帮助参加者改善生理、心灵、情绪、认知、人际关系等治疗目标。音乐治疗的应用很广泛，除了可以帮助一般身心受压的人士舒缓情绪及减轻压力外，更能应用于发展迟缓的小孩、精神或心理障碍人士、身体伤残人士、失智症及抑郁症长者，

---

① 《社会蓝皮书：今年60岁及以上老年人口达到2亿人》，中国新闻网，2013年12月26日，http://www.chinanews.com/gn/2013/12-26/5665347.shtml。

② K. Bruscia, *Defining Music Therapy*(Gilsum NH: Barcelona Publishers, 1989).

③ 陈莞：《儿童音乐治疗理论与应用方法》，北京大学出版社，2009。

④ 张鸿懿：《音乐治疗学基础》，中国电子音像出版社，2000。

帮助他们达到治疗目标。”①

2. 国内外音乐治疗对改善老年人睡眠品质之观点

音乐疗法因为无副作用而备受学者青睐，更是一种不可多得的改善睡眠质量的音乐处方。针对音乐治疗与睡眠情况的探究，具体聚焦于缩短入睡时间、减少夜间醒觉次数、缓和身体疼痛知觉等方面。海内外学者尝试运用多种手法和测量工具，结合不同理论与视角，从多方面对老年群体设计尽可能全面的测试。

音乐治疗研究成果皆反映出音乐治疗对改善睡眠的重要作用，展现出音乐治疗作为干预性手段在老年群体生理、心理层面的应用。如今国内临床研究主要集中在医学范畴，且较多是对国外理念的移植，因此笔者认为，随着老年群体的日益壮大，研究的目光不能仅投射到医学、心理范畴，更要拓宽到社会工作范畴中去，给予人文关怀，秉持助人自助宗旨，将音乐治疗模式带入老年人的日常生活中。本文有别于大部分的音乐研究，而是以社会工作视角为出发点，将音乐治疗手段应用于院舍老年群体的生活中去，调节其身心健康，缓解其睡眠问题，提高其晚年生活品质，让其获得快乐的院舍生活。

二　社会工作在音乐治疗小组中的研究布局

（一）“乐”享梦乡音乐小组前期设计

1. 小组形式及对象甄别

（1）小组形式。本研究主要采取小组活动实验形式，分两个主要环节，以接受式音乐治疗为贯穿始终的实验处方，探讨康复区老年人睡眠品质提升的成效（见图 1）。

①环节一。小组活动计划开展 8 节，针对具体操作和内容设计的不同，频率定为每周 1～2 次；每节时长 60 分钟；整体活动实施时间为 2～3 个月。为方便小组活动的实验比对，在活动开始前后会加入前后测评估表，每天进行巡查检视，提高对被研究者测试的精确性。（考虑到本区老人的年纪较大，视力、肢体等能力退化，研究者采取叩痛叙述问题为主，对于要求填写文字之处，由其他工作人员代写辅助。）

---

① 陈静宜：《美乐涤心灵——音乐治疗长者小组实务手册》，香港：基督教香港信义会社会服务部，2009。

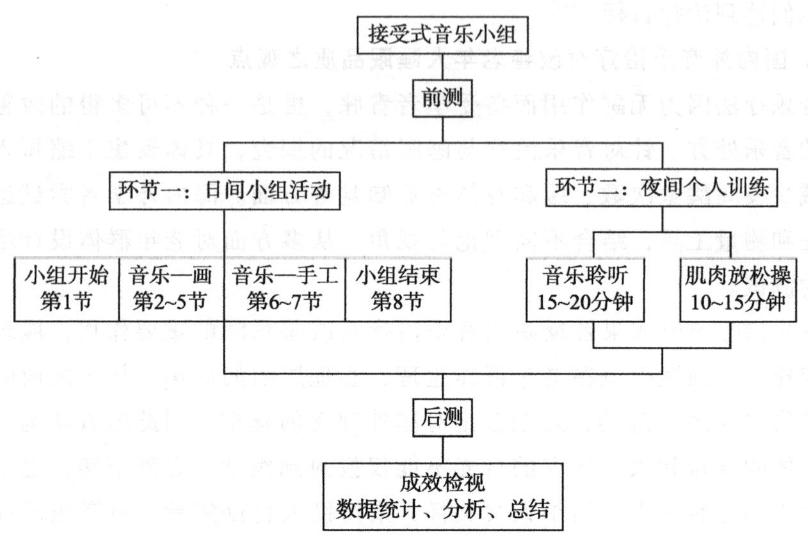

图1 “乐”享梦乡音乐小组形式

②环节二。小组活动除恒常性（每周一次）的日间活动外，还配有夜间活动，即睡前半小时聆听音乐环节（护士或护理员每晚对组员进行提醒）。组员在第一节小组活动后，每人获音乐播放机，用于睡前半小时内播放，辅之以第三节小组活动学习到的肌肉放松操，在第二日巡房时检视昨晚睡眠情况，以此强化音乐小组功效。

（2）对象甄别。对于组员的甄别，社工将实施“本区的系统问卷调研”与“工作人员的个别访谈”，进行综合比对与分析筛选，先后选取符合条件的老人12名（其中10名睡眠质量不佳的老人为核心组员，另外2名睡眠较好且性格外向的老人以义工身份入组，用于调节小组整体气氛）。

具体条件如下：

①本区老人年龄为65岁及以上，会听或说粤语；

②神志清醒、沟通畅顺、无认知障碍并对音乐无抗拒的老人；

③存在睡眠困扰（每周难以入睡或醒觉次数发生在三次及以上），且现象存在已达半年及以上；

④明确本次内容，并自愿参加本次研究活动。

2. 小组活动场所与设施

（1）活动场所。针对接受式音乐治疗惯常对治疗室的要求，结合院内实际情况，研究场所必须符合以下条件：

①活动场所必须远离嘈杂区域，选取环境较为清净、隔音效果较好的

地方。

②场地空间尽量就近选取，宽敞适度，方便老人轮椅进出。

③活动室有音响、黑白板等设施配备。

④活动场所灯光尽量柔和，适度布置，营造温馨、舒心、令人放松的氛围。

综合各种条件，最后活动场所选址由社工大楼的活动实验室转变为本区四楼的多功能室（主要考虑社工大楼离本区较远，且组员行动能力较差）。

（2）活动设施设备。包括投影仪、音响、手提电脑、老人纪念册用具（相册、纸、笔等）、任务纸、彩笔、指纹刷工具、室内装饰物件等。

3. 小组研究工具

（1）简版老年抑郁量表（GDS - 15）。简版老年抑郁量表是1982年Brink等人创制的专用于老年人的抑郁筛查表，为了更精确地检查老年抑郁者所特有的身体症状，全量表共分为15个条目，设置“是”与“否”的定式回答。评判标准为除却1，5，7，11答“否”记1分外，其他题答“是”记1分。最后总分正常数值为3±2、轻度抑郁数值为7±3、重度抑郁数值为12±2。

（2）每节次活动观察记录表。活动观察记录表主要由社工负责，针对组员日间参与小组活动的表现进行记录，包括在组中的微表情、动作、与组员之间的互动、积极性等，以便对后期分析起到参考评估作用。

（3）夜间自我训练记录卡。夜间自我训练记录卡，作为督促和检视老人晚间作业的凭证，用于登记老人睡前半小时音乐聆听和肌肉放松操的完成情况，由夜间值班护工或护理员代为登记，社工于第二日白天巡房时询问昨晚作业后的睡眠情况。夜间自我训练记录卡设1～4分分数项，用不同笑脸代替。八周统计的最低参考值为7分；最高参考分数值为28分。

（4）活动结束后的访谈提纲。活动结束后的访谈提纲的访谈对象为工作人员（医生、护士、护理员、康复师），从第三方的视角出发，针对小组活动结束后组员的表现和转变做客观评价，侧面反映小组活动成效。

（5）老人主观成效评估问卷。在设计老人主观成效评估问卷时，由社工为组员拟定评估选项，用来评估其对于小组活动成效的个人看法。问卷涵盖三项内容，分别是对睡眠的改善选项、对自我习得的选项和对社工开展评价的选项。共有10题，设“非常同意”“同意”“一般”“不同意”“非常不同意”五个等级来判别组员的主观感受。

（二）“乐”享梦乡音乐小组计划设定

1. 小组目标设定

（1）短期目标。①在小组期间，完成情绪舒缓与身心放松的任务项目。②成员能从交流中释放自我情绪，并在无须题型帮助情况下学会呼吸睡眠法。③共同完成活动纪念册。

（2）长期目标。①小组旨在通过生理和心理两个途径来治疗睡眠障碍。调节睡眠障碍对象的身、心等方面，明显改善其失眠状况。②在沟通交流间找出导致难以入睡的原因，在音乐中消除心理、社会因素所造成的紧张、焦虑、忧郁等不良状态，提高应激能力，从而改善神经系统、心血管系统的功能。

（3）目标检视。除短期、长期目标达致情况外，应结合具体量表综合分析大致情况，共同分析成效。

2. 小组方案流程

小组以“接受式音乐治疗”为贯彻活动始终的方法。实际具体运用中，重点用到接受式音乐治疗里的歌曲讨论、放松训练、投射式音乐、音乐聆听、指导/非指导性音乐想象等，配搭多元社工元素。

3. 小组预期困难及应对措施

（1）预期困难。①对象群体由于活动受限，流程可能相对缓慢。②由于对象群体年龄偏大，听取或学习任务指令比较慢。③老人在对应环节不配合，或者产生厌倦情绪。④睡前半小时的晚间作业难以监督。

（2）应变措施。①流程依进度实际进行，切勿操之过急。②密切关注活动中老人发出的身体、表情、情绪的波动信息，并及时回馈，遇到突发情况，及时处理。③老人若表示退出意愿或过度热情时，需要社工及时了解原因，根据实际考虑是否需要调整具体流程。（在绘画等动手类活动中，考虑到老人的动手能力比较弱，建议部分活动可一周进行2次。）④资源链接值夜班的护士或护理员，委托其在晚间巡视时对目标组员进行提醒，并在每晚训练卡片上记录。

三 音乐治疗小组成员的鉴别与甄选

本次小组组员均来自GY老人院的康复大楼。康复大楼失能老人较多，因此常年行动受限令其难以参与往常开展的多元院舍活动，其参与活动占比一直低于其他区，并且比起自理老人，他们精神面貌等身心方面一直备受关注，尤其是睡眠问题，是该区老人与社工谈及较频繁的话题之一。所以本次借助开展接受式音乐治疗小组活动，能缓解康复区老人的睡眠困扰，提高睡眠质量，增加晚年幸福感。

（一）组员甄选步骤

小组组员的甄选在康复区中分两步进行（见图 2）。一是拟定问卷（问卷内容分为老人的基本资料、活动能力、精神状况及音乐兴趣四方面），然后配备 3 名工作人员，每人负责一个楼层，在一定时间内对全楼 98 名老人进行集体性问卷调查，以直接方式获取较详尽的对象资料①。二是访谈，即设定特定访谈提纲，从负责本楼的工作人员（护士长、护工、护士、康复师、医生、社工）每个工种中选取 1 ~2 位，了解他们口中推荐加入小组或需要社工多关注的对象，以间接方法补充问卷调查可能出现的不完整性，避免某些问题或内容被忽视与遗漏。此次目的在于帮助社工找寻符合条件且入睡困难的小组组员，如：醒觉次数较高或难以持续睡眠的老人，由于情绪不稳定（消极、悲观）而影响睡眠的老人，因病痛无法入睡的老人等。

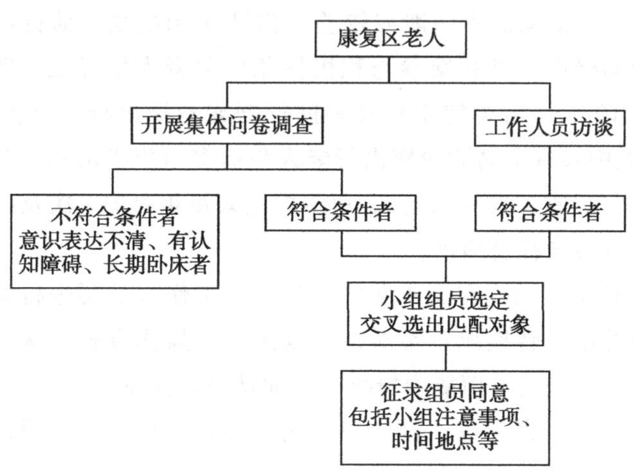

图 2　康复区组员甄选步骤

① 考虑到大部分老人的眼、肢体等因素，大部分用结构式访谈完成问卷。

（二）调查问卷回收与组员选定

1. 问卷统计简析

（1）活动社交能力。在“活动能力”选项中结合活动参与程度的选项，在总数为98名老人的样本中，能灵活走动的老人仅为8人，而且活动能力越强的老人相对的社交参与积极性越高，基本达到每周参加1次及以上的班组活动，如社工大楼内的健康讲座、手工作坊等（见图3）。

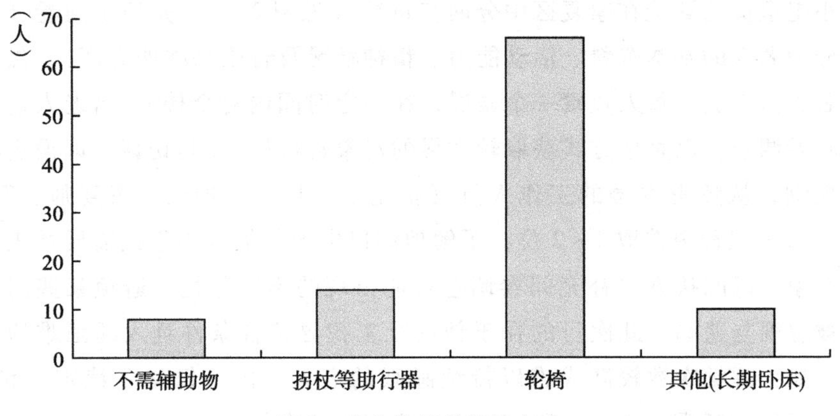

图3　老人的日常行动方式

由图3可知，活动能力一般或较差（需要用到拐杖、助行器、轮椅）的老人，由于活动受限，其社交参与积极性相较前者大幅降低。问卷显示，除却长期卧床的10人，需要使用拐杖等助行器或轮椅出行的这类老人多达80人，而这80人中只有7名非轮椅出行老人积极参与班组活动，其余的参与频率降低到“每月、季1次及以上”；17%的老人每年参加1次及以上，约10%的老人甚至从不参与社交活动。

（2）认知沟通能力。在调查鉴别开始前，工作人员要进行集中培训，商讨将需要问及的题目转换成日常对话，以简单易操作方式，从老人回复中评估其记忆、认知、表达方面能力情况。例如从日常生活着手，询问老人日期、昨天吃的饭菜种类、家人等，自然切入调查中，以免过于生硬，令老人产生戒心。

如图4显示，全区有11名无法交流并基本失去认知能力的老人；交流能力达到“清晰顺畅”“能简单交谈”水平的有64人；“能理解但难表达”与“难理解及表达”的有23人。而在认知能力方面“正常”或“轻度受损”的老人共81人；有3人出现“认知严重缺陷”；其余为“完全失去认知能力”。因此，本区老人整体的认知能力基本正常，但交流方面，由于受各种疾病后遗症影响，一些老人在语言表达方面略显模糊，但基本不影响日常交谈。

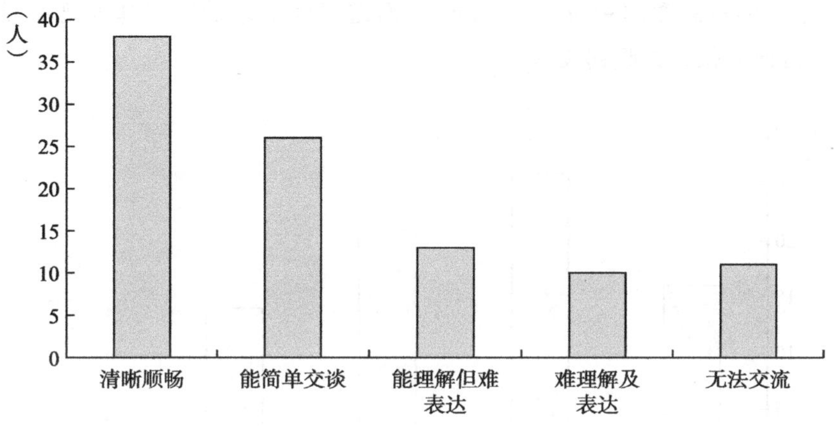

图 4　老人日常沟通交流能力

（3）精神状态。本区大部分老人因不同程度的失能、偏瘫等行动受限，当问及其对自己身体是否满意时，有一半左右老人持否定态度（见图 5）。不满意的原因多元，但较多集中表现在老人认为机体功能衰退或慢性病等带来的疼痛令自己倍受折磨，或无法恢复曾经行动自如的自己。

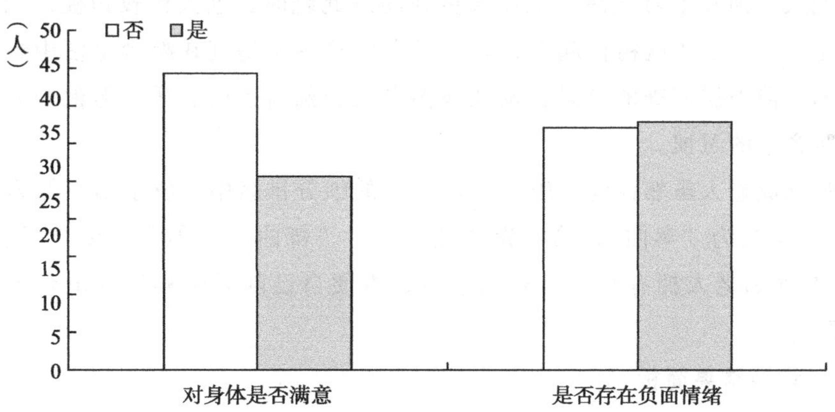

图 5　康复楼老人精神状态（除去 17 位无法交流者）

老人对自己身体状况的满意度变低，除了身体机能变差所带来的精神困扰外，很大程度缘于自己无法完全独立地做某些特定事情，需要寻求他人帮助。但亦有部分老人坦露了“开心也是一天，不开心也是一天，宁愿开心活下去呀”的心态，觉得目前状况属于自己老化必然阶段，唯有接受。

值得留意的是，在对睡眠情况的摸查中，老年群体的自我感觉总体呈现较不理想状态。睡眠状态“非常好”“良好”的有42人，“一般”“较差”“非常差”的占总数的48%（见图6）。而造成睡眠差的原因基本离不开关节疼痛、精神紧张、尿频起夜等。

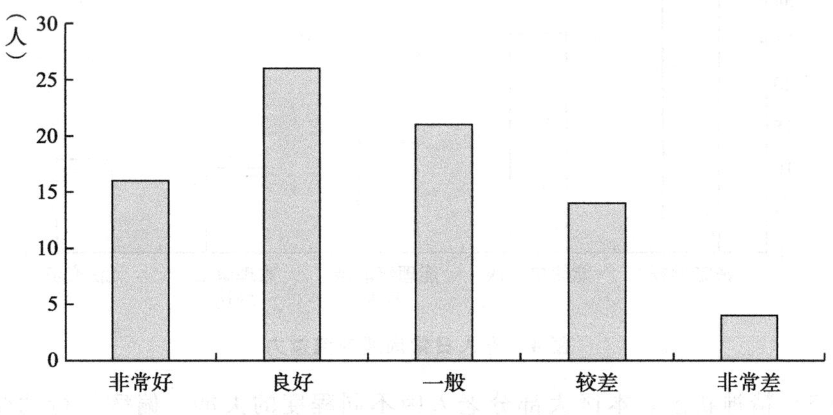

图6 老人普遍睡眠情况（除去17位无法交流者）

（4）音乐兴趣。工作人员随机让老人讲出其最喜爱的音乐名称，或唱几句其喜爱的片段，老人都能非常配合地完成，可见音乐对于老人的重要性，很多老人认为其不可或缺。工作人员在问及此题时，老人比较积极，像打开了话匣子，一下子就精神起来，更有老人反映音乐是其在院舍生活中最必不可少的。但根据调查的结果，发现很多老人虽然喜爱听音乐，但他们并没有形成听音乐的习惯。

近九成老人虽然钟爱音乐（音乐类型的细分排名中，位于第三的为“流行曲”，第二为“粤曲”，第一为“纯音乐”“舞曲”），但很少坚持听音乐，其中仅18名老人拥有私人音乐播放机，方便自己随时听喜爱的电台或音乐（见图7）。

2. 访谈结果简析

（1）基本资料。上文提到，本区团队包括区长1名、医生3名、护士8名、护理员22名、驻区社工1名、康复师14名，因此从负责本楼的工作人员（护士长、护理员、护士、康复师、医生、社工）中每个工种选取至少1名进行访谈（见图8）。由于护理员、康复师和护士在本区占的比例较大，且熟知本区老人情况，因此纳入访谈的人数会相较其他工种多。

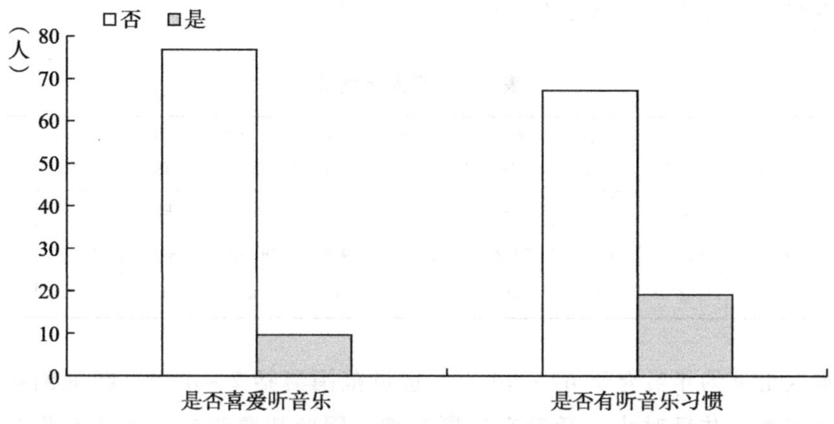

图7　老人听音乐情况（除去17位无法交流者）

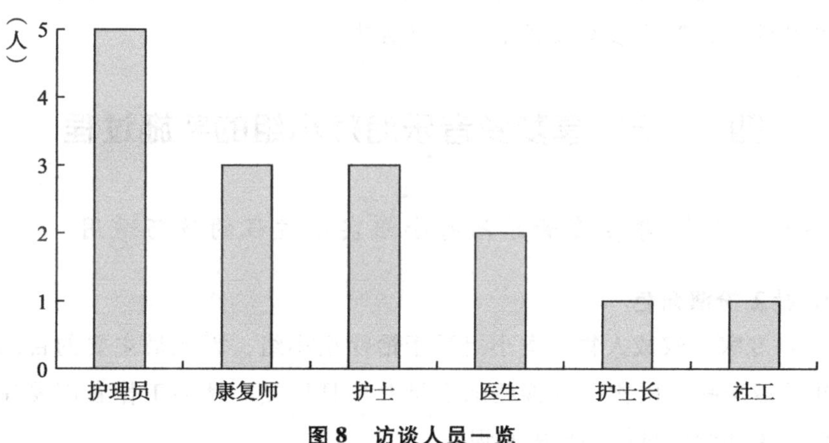

图8　访谈人员一览

（2）音乐治疗的理解与人员选择。在对音乐治疗的理解上，社工、医生、康复师对其理解比较到位，其他人士均对其理解不多。但当与其详细讲解后，他们都给出了自己的一些见解。对于睡眠质量欠佳人士的选取，根据每楼层护理员的夜巡、医生的日巡以及日常服务等决定，在访谈时，让被访谈人列举5～10个认为睡眠质量最差或最迫切需要改善睡眠质量的老人，再进行询问，从而依照重叠度最高到最低依次排序。

3. 组员选定

经过为期约两周的调研和访谈，结合最初计划甄选组员的条件、问卷搜集统计、访谈搜集总结三部分的交叉数据，共选取12名老人为小组组员。其中在告知家属与征求老人意愿过程中，一组员因被儿女接回市区居住数周而无法按正常计划入组，另一组员由于突发疾病需转院治疗而无法正常入组，所以本次小组最终总人数定为 10 人（见表 1）。

表 1　组员入组情况

姓名	对象 1 SS	对象 2 XW	对象 3 DY	对象 4 XK	对象 5 SQ	对象 6 EM	对象 7 LC	对象 8 BS	对象 9 ZY	对象 10 RL
性别	女	女	女	女	女	女	女	男	女	女
年龄	73 岁	82 岁	67 岁	78 岁	87 岁	89 岁	90 岁	68 岁	76 岁	73 岁
楼层	2	3	2	4	4	4	4	3	3	4

本次组员的年龄介于 67～90 岁，选员范围囊括 2～4 层，睡眠困扰程度达较高指数，并且对小组活动有浓厚兴趣，因此招募流畅，并提前告知对方小组性质、作用等基本情况与注意事项，征得其同意后，社工与其携手开展为期 8 节的“乐”享梦乡音乐治疗小组活动。

四　“乐”享梦乡音乐治疗小组的实施过程

（一）“乐”享梦乡音乐治疗小组实施过程的技巧运用

1. 社工扮演角色

（1）专家、权威人物。本小组属于治疗型小组，因此最主要的目的是要帮助组员减缓睡眠困扰，改善睡眠质量并早日康复。社会工作者需要在小组中扮演专家并给组员提供相关知识。

（2）支持、鼓励者。在音乐治疗小组中，较多环节的设计都涉及提问与分享，因此组员需具有较高的自我披露意愿。例如探询老人难以入睡的原因，追溯压力的根源等，都要社工和组员之间的配合，包括社工及时介入，帮助组员应对分享过程中负面情绪的宣泄等。社工的支持鼓励不是一对一的，而是在一对多的基础上让有共同入睡困扰、相似失眠经历的组员高度互动沟通，形成组员间的支援互助，为后续社工角色的弱化与退场奠定基础。

（3）行为转变者。在开展音乐治疗的全过程，社工共运用 15～20 种不同风格类型的音乐旋律以配合不同环节的治疗阶段。社工采用指导式、半指导式等干预手法，希望能以音乐作为媒介，激发个人的适应行为，培养组员的睡眠习惯，避免睡眠失调行为出现，实现由量变到质变的飞跃。

（4）互动的创造者与引导者。社工的互动创造者与引导者角色必须贯穿

8节次小组活动的始终。互动分享几乎是每节必不可少的一环，但由于老人的表达、分享能力有限，任由其自我表达难以达到理想效果，所以社工应担当其互动分享行为的创造者，运用设问、投射的方式，获取有用信息，再将此信息快速理顺转述给其他组员。而在此过程内，社工应在每个环节中教导、引导组员明白入睡与放松的关系，入睡与压力、情绪的关系，入睡与生理病痛的关系等，提供辅助、特殊技巧并进行有效资源的输送，令小组活动有序开展。

2. 小组内部动力建设

（1）培养小组领袖。开展小组活动初期，发现虽然小组组员较沉默且情绪起伏不大，但在集体互动期间，社工依然能发现DY、SS两名相对积极的成员，他们有潜能成为小组领袖的培养对象，协助社工调动气氛，更好完成音乐体验等环节。事实证明，经过前两节的小组活动，DY基本与其他成员建立基础联系，SS则积极回应，有关睡眠困扰的话题，其他组员开始以其为中心展开一些讨论。事实证明，小组领袖的培养能有效带动小组交流，形成内部互助。直至小组活动结束，小组领袖依然能带来后续影响，如领袖组织开展在康复区平台做音乐放松操，令更多康复区老人受惠（此时，社工由引领者变为协调参与者）。

（2）营造小组文化以增强凝聚力。考虑到调动组员的兴趣，因此在8节小组活动的开始与结束部分分别引入简单欢迎歌与再见歌，用仪式感营造专属式小组文化，会更加吸引老人注意，使其成为颇具特色的整体，达到有效快速凝聚小组向心力的目的。

在绘画与手工环节前，社工事先设定目标与形式，例如熟睡花瓶的制作过程中，社工让组员集体评选各自喜欢的组员作品，绝大多数组员一致指向BS并给予赞赏，令平时较沉默的BS非常高兴，这对其后期的表现有很大促进作用。

（3）音乐强化物。为了调动组员的积极性，鼓励他们继续养成好的习惯，社工通常会通过音乐强化物来促进期待行为的操作。在本次小组活动中，音乐强化物的用途在于：第一，减少成员的不稳定情绪和不良行为的出现；第二，鼓励组员完成任务，完成作业后予以奖励；第三，保持组员对本小组的认同度和兴趣度。具体会综合采用即时强化、间隔强化和组合强化等手段。

（二）冥想式音乐训练：驱散杂念，初尝放松体验

1. 基本内容

第一节旨在建立小组关系，组员之间相互熟悉，初步订立小组契约，营

造小组氛围；认识睡眠质量对身体的影响和歌曲与人类情感的联系，通过体验音乐放松训练感受音乐的微妙，初尝压力舒缓。

2. 具体陈述

在初步体验音乐放松训练过程中，社工留意到有4名成员没有全程闭眼睛，其他组员都依照指示。分享时，RL发言比较少，但工作人员澄清了大家的期望，并再次强调、鼓励大家可尝试。最后粘贴任务纸时部分成员能自己动手写上自己的名字，部分成员需要工作人员代为填写。

（三）投射参与式体验：转移注意，笔尖上的情绪宣泄

本次内容需要用两节次完成。尽量维系组员间关系，重温上节内容，总结上周巡视情况与作业完成情况；主要采用接受式音乐治疗中的“投射式”音乐参与形式，配合轻音乐发挥想象，让组员动手画一幅轮廓自画像（睡不着的自己vs熟睡后的自己）。完成后，根据画作各组员简单阐述两者间的区别，分享自身难以入睡的主要原因，产生集体共鸣，提升小组向心力同时助力小组间的沟通与关怀。社工找寻一些典型音乐片段，让组员识别不同旋律音乐所传达的语言，明白音乐对人的影响与作用。随之社工用指导语（第二节）、半指导语（第三节）帮助组员跟随音乐展开想象进入音乐放松训练氛围中，并派发迷你音乐播放机及耳塞，方便组员睡前听歌的同时不打扰同房老人。

（四）肌肉放松训练：集中思绪，学会音乐放松操

老人睡眠质量变差容易引发神经衰弱与精神紧张，因此第四节内容主要集中教授一套简便易学的肌肉放松操，进行肌肉渐进放松训练，令组员边听音乐边跟随旋律感觉自身肌肉的紧绷与松弛。组员从头到脚进行肌肉的拉伸，促进血液的循环，尝试感受肌肉放松后的身心舒畅，并在睡前1小时内加设放松操训练1次，配合15分钟的音乐聆听，改善整体睡眠质量。

（五）投射参与式体验：转移注意，笔尖上的情怀

第五节，回收任务记录册和任务卡，分享组员作业完成情况。继续采用接受式音乐治疗中的“投射式”音乐参与形式，针对已有的改变用20~30分钟作画，用“房—树—人”表达出来（即针对现时状态，听着音乐画出此时此刻的感受），结合画作投射作用与问答交流，反映组员最近的心理、睡眠情况。

（六）参与音乐训练法：发挥想象，熟睡中的花语

本次内容需要用两节次（第六、第七节）完成。链接之前小组形式，循序渐进，从参与式音乐重点用耳升华为动手，对投射影响从绘画转变为创作。延续之前的活动步骤，本次内容为“熟睡花瓶制作”（在印有不同花瓶模样的A4纸上根据自己喜好张贴压花），用于反映自己近段日子的睡眠情况，完成后，作为小组纪念品挂于床边，便于舒缓情绪和提醒。

（七）巩固回顾与分享：强化记忆，搭建习惯网络

第八节为小组活动的结束节次，以PPT形式回顾小组开展的所有活动内容，询问组员们在参加音乐治疗小组活动前后的自我感受，例如经过小组的辅导，其睡眠质量有何改善，压力、情绪等有何变化等。重新将所学到的各种训练内容进行最后的巩固、强化，加深组员记忆。随后将组员自身的期盼和祝福画到指纹愿望树中，组成一幅蕴含满满祝福的集体佳作。随后将小组中派发的所用任务册、讲义、提示纸、夜间自我训练记录卡和照片装订成每人专属的纪念册，方便大家自我检视。

（八）夜间训练：提升睡眠效率，习成音乐习惯

根据每次日间小组活动所学知识，社工会有针对性地录制合适的音乐放置在音乐播放机内，方便组员睡前15分钟聆听。社工应预先按顺序录入音乐，先让组员聆听充满忧伤的音乐令其不良情绪随乐章宣泄释放，再逐渐转换为轻快音乐缓和组员心情，令其脱离先前伤感氛围，在音乐中精神得到放松，最后转化为安然宁静的音乐，不断强化加深这种积极音色的情绪表现直至结束。通过睡前10~15分钟的音乐聆听提升老人的睡眠效率，并于第二天早上巡视时，回访昨天睡眠感受。

五　研究总结与反思

（一）“乐”享梦乡音乐小组总结

1. 小组目标评估

（1）在小组活动期间，完成情绪舒缓与身心放松的任务项目：基本达致。

工作人员通过指导语与音乐的结合，每次小组成员在跟着音乐做放松训练后都反馈身心得到了放松。在调查问卷的反馈中，所有学员都在“我觉得音乐训练对我情绪起到舒缓放松的作用”选项中填写满意，其中75%比较满意，25%非常满意。

（2）成员能从交流中释放自我情绪，并在无须题型帮助下学会呼吸睡眠法：基本达致。部分成员年龄比较大，因此要全部掌握会有一定的难度，但基本掌握相关技巧还是有一定成效的。在调查问卷的反馈中成员在“我学习到了改善睡眠的技巧”选项中的满意度为80%。

（3）共同完成活动纪念册：全部达致。纪念册主要记录的是每天的训练情况，并收录每节课的大概流程和小组活动重点内容，让组员看到自己坚持的成果并方便组员温故知新。

（4）心理、生理上的睡眠改善情况：基本达致。在小组活动期间，工作人员事后跟进发现组员的整体睡眠质量都有不同程度的改善。在调查问卷的反馈中成员在“我感觉睡眠质量有所改善”选项中的满意度为80%。

2. 小组资源运用评估

本次小组采用小组活动性设计，在拟定活动调查方案后，活动总人数为15人，其中10名老人为研究样本，另有1名社工、1名义工、1名心理治疗师、2名医护人员。主要运用音乐治疗（被动音乐治疗－参与式音乐），让小组成员以比较多元的方式改善自身的睡眠质量。无论前期甄选对象，还是形式的编排，都经过考虑与商讨，决定采用任务式，根据对象的喜好和需求来安排治疗所要运用的音乐材料并结合绘画等动手环节选取合适的音乐，教授改善睡眠呼吸法等，在社工及心理咨询师引导下，让老人适时、适量聆听，配以相应绘画活动，帮助其减轻压力，改善睡眠状况，成效明显。

（1）筹备工作。前期筹备工作基本完备，能提前做好场地选定与人员甄选，将纪念册用具、音乐参与式素材等基本准备得当。

（2）内容、形式合适度。班组内容以音乐治疗为主题，针对区内睡眠质量差的老人进行小组服务，切合老人的需求；班组形式多元，除了呼吸训练、冥想训练、肌肉训练等还包含参与式的绘画、动手类活动形式，氛围较好。建议最后一节“愿望树”形式可改善（例如高度的调节，画面感的切换），可以适当增加PPT回顾环节，使老人加深整体印象。

（3）人手分工。人手分工合理，在每节小组活动开始前都会理顺流程，商讨大致形式和具体分工。心理咨询师主要负责第一节呼吸放松带领及第四节肌肉放松环节，社工主要负责整体班组的音乐放松带领及观察、主持等。

（4）工作人员表现。工作人员在小组开组前期准备妥当，开展活动过程中基本能按照方案策划的流程进行，每个环节都根据具体步骤完成，活动结束后也能做好相关跟进事项，并且做好事后总结与评估内容的填写。在满意度调查中，所有人都表示“负责活动的社工表现良好”。建议在人员配备方面，可以安排两个积极的对象入组以起到朋辈促进的作用。整体活动的安排上面也可以再针对具体细节继续细化，尤其是后续跟进部分，由于时效性最强的是开展小组活动的那段时间，小组活动结束后也应该继续定期回访各组员的情况。

（二）整体研究的突破、局限与建议

1. 研究突破性

本研究在改善老人睡眠品质的成效上与前人所做的类似探索有部分相符之处，亦有新的突破。例如，往常对老年人的音乐治疗探索大部分聚焦于自理老人，因此进行音乐治疗的一般流程基本与参考流程相似。但由于本次研究对象为康复区老人，基本是半失能且带基础病的老人，有别于健康长者；另外，研究主体也由往常的临床医生、心理治疗师变为社工。因而，在开展形式与具体操作以及所得成果上，都有新的创新与突破。

（1）社工元素结合音乐治疗带来的多元效能。有别于传统音乐治疗的实验形式，加入社工元素的音乐治疗形式更加丰富。学术上，专家们对团体音乐治疗提升睡眠质量的研究以实验观察为主，形式比较单一，容易忽略被研究者的主观感受。社会工作的小组工作更注重多样化的协调平衡。

（2）针对不同对象，在音乐治疗的灵活内化过程中，加插多种形式，强化组员感官感受，从而刺激组员的积极性，更突出效能性。回顾本次小组主题，在达致提升睡眠品质的过程中，社工采用接受式音乐治疗的多种技巧形式穿插于内，使活动内容既丰富又实在，凸显研究为背景的人文关怀，也证明音乐治疗在行动受限老人群体中的成效明显。

社工通过深化参与式音乐形式，以画、手工作品为媒介，从画面、手工作品引申到成员日常生活，从中以设问、投射方式间接使老人达到自我意愿表达最大化，独创出一套适合院舍老年社会工作的音乐治疗实务研究方法。

2. 研究局限性

（1）方式方法对于研究对象的局限。本次研究实施的对象集中于康复区67～90岁行动受限、患有不同基础性疾病与后遗症但神志清醒的老年人群。

健全老人和存在严重身体障碍的老年人群并未被纳入研究范围，考虑到基础疾病的多样性和复杂性，也并未将专门疾病老年患者纳入研究范围，因此仍然存在一些局限，实践研究方面尚待完善。另外，考虑到小组活动所需投入的人员、时间有限，因此在实务过程中未能组织更多老人进组，一些能够反映老人体征、言语、行为等数据难以全面地被追踪记录并一一做定量分析，相对会造成部分接受式音乐治疗成效数据的流失，并且活动中的某些内容与活动设置采取的方式方法针对性较强，可能不适用于其他领域或人群。

（2）睡前作业对减少夜间醒觉次数的局限。虽然睡前作业对改善整体睡眠质量影响巨大，对睡眠疼痛的改善明显，但对于老人夜间醒觉次数的改变成效较低。老人因尿频尿急、噩梦、太冷太热而醒来的因素个体差异较大，难以统一规范，需要社工具体事情具体分析，以个案视角介入设计更具针对性的方案，再联合医生、康复师定制符合个体的方案。因此该方面难以用小组形式缓解。

另外由于人手有限，对于睡前作业的观察记录只能委托值班护士、护理员执行，社工第二日早上进行回访。因此，具体的数据搜集会比日间小组活动开展的记录少，且体现的数值参考性也不大，主要是口述。

3. 研究建议

（1）音乐材料及相关器材需考虑老人使用情况。首先是音乐材料方面。一般的音乐治疗指导书籍选乐方向偏向古琴等平缓无起伏类，但在实践过程中，却不太受老人喜爱。他们更加喜欢类似《高山流水》这些有情景且旋律轻缓的纯音乐，因此建议在选乐方面，最好事先对被研究群体进行简单询问。例如，老年人往往喜欢悦耳类纯音乐，儿童可能喜欢轻柔的钢琴奏乐等，这些需要社工提前考量。

其次是器材方面，例如本次针对老年人，社工购置了音乐播放器，但没有考虑到老人的学习时间较长，购买了体积不大的音乐播放器，导致一些眼睛不好的老人用起来不太方便，手脚不灵活的老人由于按键不大也容易按错。因此，建议在器材的选取上，需要特别考虑；除此以外，印发的讲义、播放PPT的文字应放大到一号至三号，方便老人观看，音乐播放的音量也应较平时适当调高。

（2）开拓音乐治疗在老年社会工作中的应用。回望社会工作的行业发展进程，中国社会工作事业作为新兴产业从兴起、成长到不知不觉走过第一个十年，如何聚集行业智慧谋求进一步发展，如何寻求本土化创新与突破，值得社工在实务中潜心研究。尤其是在老龄化严重的今天，如何令老年社会工作得到专业化的提升，应是每个社工思考的地方。借此，吸纳多元的治疗手法融入社工实务中，是一个不错的可发展方向。比如音乐治疗，伴随对音乐学科的不断认识，相信将有更多老年人（尤其是长期生活在院舍中的老年群体）希望以人性化治疗手段结合娱乐的治疗模式改善自己的睡眠问题。因此，建议政府以项目形式将音乐治疗下放于社工机构，一来可完善音乐治疗在社会工作实务中的应用探究，形成一套独属社会工作的音乐治疗规范体系；二来能让更多老年人自发参与其中，而非对自身问题采取逃避的处理方法。如此一来，老年群体就会对自己的晚年生活更加充满信心。

A Study on the Effectiveness of Receptive Music Therapy Can Improve the Sleep Quality of the Elderly: Taking the Example in the Rehabilitation Area of GY Nursing Home

Sun Yuan, Chen Jiarui, Zhao Meijuan

Abstract: Receiving music therapy has been recognized as one of the ways to release human stress and relieve individual emotions effectively. And it is widely used in medical clinic and seldom used in social work. This study is an exploration and attempt of music therapy in the field of residential care, which based on the perspective of social work and discusses the effect of receiving music treatment on improving the sleep quality of people in the rehabilitation area of GY nursing home. The results of this study can provide the social workers in the nursing home to face the same situation, help them improve their sleep quality, and improve the quality of life and happiness of the elderly in nursing homes.

Keywords: Receptive Music Therapy; Social Work; Sleep Quality; Nursing Home; Disabled Elder

服装企业女工履行母职及企业社会工作介入设计

方　英　蔡舒琳*

摘　要　服装企业女工在履行母职的过程中会根据其家庭、工作环境和自身观念进行母职建构与调适，根据母职内容的责任主体，母职可以分为包揽型母职、分摊型母职和转移型母职，不同类型的母职面临着不同程度的角色失调。针对女工在履行母职过程中出现的角色失调，本文提出建设育儿友好工厂的观点，通过企业社会工作的方式，提倡工厂提供合理便利的育儿条件，保障女工的生育权益，关注异地女工的育儿困境，推动女工育儿增能，打造出一个育儿友好的用工环境，以此协助女工履行母职。

关键词　女工　母职　企业社会工作

一　绪言

（一）研究背景：女工的职业角色与母亲角色失调

服装企业是指以服装加工为主的生产单位。改革开放伊始，广东省汕尾市海丰县东北部的一个小镇——公平镇兴起个体服装加工的热潮，经历了20年的发展，该镇从过去单一的山区农业经济弱镇一跃成为民营经济强镇和服装生产强镇，簇群效应下的集中生产不仅带动了本地居民就业，更吸引了一大批川渝地区的劳动力前来务工。同时，在“男主外，女主内”的家庭观念还占主流的文化背景下，女性开始走进服装厂，形成服装企业女工群体。

女工在工厂中担任着“生产者”的职业角色，在家庭里担任着“母亲”“妻子”“子女”等家庭角色，其中扮演母亲角色的内容即为履行母职。然

* 方英，广州大学社会学系副教授，研究方向为非营利组织、公益慈善和女性研究。蔡舒琳，广州大学2019届社会学系社会工作本科毕业生。

而，一方面，在工厂层面，女工面临高强度生产、低工资、用工环境恶劣、保险待遇缺失等困境①；在家庭层面，改革开放后女工群体身处社会转型的关键时期，两代育儿观的碰撞、自身文化水平的限制、孩子无法随迁等，使女工群体难以按照传统社会或现代社会的期待来履行母职，产生角色失调问题。另一方面，女工在履行母职的过程中，会根据自己的认识和理解进行角色建构，以适应新的文化背景下社会对母职的期待，以达到其职业角色与母亲角色的平衡，而有些社会资源不足、自身条件有限的女工可能面临长期角色失调的困境，这是本文研究的核心议题。

（二）研究意义

随着中国人口红利的消失，刘易斯拐点的临近，蓝领工人流失问题成为不可忽视的社会问题。自 2012 年服装行业呈现持续低迷状态后，一些服装企业在低利润的情况下惨淡经营，千方百计地降低成本，挽留客户，结果不仅导致原本行业工人流失增加，还阻止新一代工人进入该行业，行业工人出现紧缺状态，各大服装企业用人需求仍呈一定热度增长。已有研究表明，企业社会工作能提升员工福祉，缓解劳资冲突，提高生产效率，并能有效解决蓝领工人流失问题，而在服装企业中男女比例失衡，女性工人占员工中的绝大部分，工作和家庭是女工生活中的重要场景，解决女工在工作和家庭中遇到的困境，有利于提升女工福祉，让女工在工作场景中发挥最大效益，在提高生产效率的同时还能在一定程度上缓解女工流失问题。

本文旨在解决女工工作与履行母职中存在的具体问题，描述女工履行母职过程中所建构和调适出的母职类型，发现其中角色失调的部分及有效的角色调适方法，探究企业社会工作方法介入女工母职失调的具体方案，以缓解女工履行母职过程中的困境，补充现有研究中对女工履行母职问题研究的不足，对未来企业社会工作针对女工履行母职问题具有指导意义，也为未来企业社会工作在劳动密集型企业的展开提供实务意见。

（三）文献综述

现有关于女工的社会工作研究多从女工的健康、抗逆力、社会支持、下

---

① 胡慧、徐倩、顾靖玉：《社会支持理论视阈下的服装企业女工工作状况的分析与研究》，《青春岁月》2017 年第 17 期。

岗后再就业等角度展开论述，而针对服装企业中的女工社会工作仅有胡慧等学者的《社会支持理论视阈下的服装企业女工工作状况的分析与研究》一文，该研究从社会支持理论视角对服装企业女工工作状况进行分析，分别从性别需求和幸福感两个角度分析女工需求，提出建构女工社会支持网络，有利于增强女工的生活自信心，改善她们的工作状态①。

现有关于国内外企业社会工作的研究中已发展出有效的模式来将企业社会工作服务嵌入企业运营之中，也有研究专门针对蓝领员工的流失问题分析其离职原因，并提出具体的企业社会工作介入方案。高钟在《企业社会工作与缓解蓝领员工流失——以苏州工业园区为例》一文中分析道，除了薪酬低、没有得到尊重和缺乏安全感等主要的原因外，一部分以女性员工为主的企业可能会遇到女工适龄婚育问题，容易导致这部分女工留在家里不出来就业的情况②。针对此类问题，可以让企业社会工作充当选择与改变的媒介，影响企业的婚假产假制度等相关规定，使该类型的员工流失减少。

然而，上述研究鲜有专门针对女工履行母职问题的研究。"母职"一词译自英文"MOTHERHOOD"③，也可译为母亲角色，它既包含了母亲所做的怀孕、生育和养育等事，也包含了与之相关的意识形态④。母职并非为母亲天生、自然生成的，而是一个被定义、被规范的角色意识和行为准则⑤。一个女性学习履行母职的过程，就是角色确定的过程。传统的中国家庭倡导密集式母职⑥，表现为母亲在时间上应密集地关爱、照料孩子，全心全意照顾孩子，甚至牺牲个人的利益。加上计划生育政策实施后，家庭对独生子女的培育相较以往期待更高，母职更从传统的生育和养育向教育扩展，责任增重后的职责密集化。随着女性主义的发展，从20世纪70年代中期开始，女性主义不再只去强调母职限制妇女的那一面，而是去寻找母亲角色的正面意义，并指

① 胡慧、徐倩、顾靖玉：《社会支持理论视阈下的服装企业女工工作状况的分析与研究》，《青春岁月》2017年第17期。

② 高钟：《企业社会工作与缓解蓝领员工流失——以苏州工业园区为例》，《社会工作》（学术版）2011年第4期。

③ J. Reger, "Motherhood and the Construction of Feminist Identities: Variations in a Women's Movement Organization," *Sociological Inquiry* 71(2001): 26.

④ 陶艳兰：《流行育儿杂志中的母职再现》，《妇女研究论丛》2015年第3期。

⑤ 吴书昀：《母职意识在社会政策中的应用：以台湾两个世代的女性为例》，《公共行政评论》2010年第5期。

⑥ Murphy E. Risk, "Responsibility, and Rhetoric in Infant Feeding," *Journal of Contemporary Ethnography* 29(2000): 291 - 325.

出母亲们正在不断通过日常生活重新建构母职，即为“母职再造”。从传统的密集式母亲角色转型到职业妇女，女性面临工作与母职失调的难题，学者方英在其《个人调适与社会政策支持：高龄青年女性再生育与工作和家庭平衡研究》[①] 中提出，女性兼顾工作还有家庭的策略有：职业生涯阶段性的重心调整；得到来自家庭系统的支持；对社会支持系统的利用；等等[②]。然而，该研究采用二次文献分析法，从《四十再当妈?》中选取 12 个个案进行分析，从其序言中可知该书的研究对象均为研究者同一社群内的朋友，属于社会中的高知群体，所描述的策略可能难以代表各个阶层女性的观点[③]。本文从女工角度探究女工母职的类型，可以补充女性工作与家庭平衡研究中对女工群体研究的空白。

（四）研究方法

本研究通过访谈服装企业内女工，深入了解女工的工作情况、家庭情况和履行母职相关的行为与态度，通过访谈所得的一手资料，加上笔者的观察记录，描述女工所建构出的母职类型，分析女工履行母职过程中的角色失调问题，运用企业社会工作的方法来缓解其困境，提升女工生活福祉，为企业社会工作解决女工履行母职问题提供途径和建议，激发社会对女工群体具体困境的关注。

本研究搜集资料的主要方法是实地调查和深度访谈。实地调查是笔者通过熟人关系进入公平镇某个服装厂内参与具体的生产工作，观察工人生产情况，与企业主和女工们进行交流。另外，笔者在与几位访谈对象进行初步访谈后，有幸跟访几位访谈对象日常工作和家庭生活场域，了解其工作内容和与家人的交流互动，尤其是与子女的交流互动。深度访谈是笔者在公平镇内通过立意抽样和滚雪球抽样的方式，邀请 10 名来自不同服装企业的女工进行半结构式深度访谈，了解女工的工作状况和家庭基本情况，关注女工履行母职的表现和态度。在征得访谈对象同意后进行录音记录，同时针对拒绝录音的访谈对象，笔者在访谈后及时进行了记录，由此获取第一手访谈资料并引用于本研究中。

---

① 方英：《个体调适与社会政策支持：高龄青年女性再生育与工作和家庭平衡研究》，《青年探索》2017 年第 2 期。

② 方英：《女性类型与城市性别秩序》，社会科学文献出版社，2011，第 65 ~ 68 页。

③ 方英、储冬爱：《四十再当妈?》，广东人民出版社，2016。

二　履行母职的类型：母职内容的责任主体与影响因素

母职建构的内容因人而异，总体上社会对母职所期待的内容多为：料理孩子的日常生活、管教孩子的行为和人际交往、传达给孩子更多的生活常识和情感等在孩子的身体、心理、社会和文化层面的照顾。随着竞争性教育和“家长主义”的盛行造成的母职密集化，母亲角色在教育领域的权重有所增加，社会期待母亲在孩子的教育领域能发挥更大的作用①。女工根据社会与他人对母亲角色的期待，同时加上自己对母职的理解，在履行母职的过程中会进行角色的建构与调适，选择合适的方式履行母职。根据母职内容的责任主体，女工履行母职的类型有包揽型母职、分摊型母职和转移型母职，不同的类型由不同的影响因素构成，笔者根据实地调查和深度访谈，得出以下分析。

（一）包揽型母职

包揽型母职是指家庭中责任主要由母亲一人承担，女工母亲在从事工厂生产的同时负责照顾好孩子的衣食住行。包揽型母职在本地女工中居多，也有外地女工在保证家庭整体生活质量的同时将孩子随迁至工作地，以更全面地照顾孩子。孩子在母亲的身边生活，女工母亲为了配合孩子的上学和生活作息，多会选择弹性计件的方式结算工资，这样有灵活的时间在照顾好孩子的同时兼顾工作。当女工面临生育的时候会选择离职较长的时间，等到孩子可以半自理的时候再重新复职。

包揽型母职由多方面因素构成。在家庭环境方面，受“男主外，女主内”思想的影响，女工配偶更注重对家庭的经济照顾，对孩子的管教与照顾则几乎全部由女工自己完成，严重的甚至出现“丧偶式育儿”，配偶在育儿过程中完全不参与。当笔者询问女工对配偶参与育儿的态度时，本地女工多抱有配偶只要履行好经济职能就行，其他什么都不用管的态度，可见夫妻间的沟通有很明显的障碍。

---

① 金一虹、杨笛：《教育“拼妈”：“家长主义”的盛行与母职再造》，《南京社会科学》2015年第2期。

他爸爸完全不管家里的事情，每天就在外面，就算平时在家里面也是对着个手机或电视，小孩子学习方面的东西他什么都不知道的。我一个人在家里面就照顾好小孩子的吃穿，然后平时就去上班，上班完之后去接送小孩，基本上都是我一个人来搞定小孩子所有事情的。（XY38）

包揽型母职下的女工家庭支持系统尤其是来自配偶的支持较为薄弱，女工在需要帮助的时候家庭成员难以及时予以帮助，以致女工在育儿过程中需要独自承担全部责任。

在工作环境方面，服装企业针对不同的工艺，设有按月结算与弹性计件两种方式的工资结算形式。按月结算的月工每月工资固定，出勤时间固定，迟到、请假会倒扣工资。而弹性计件工多劳多得、少劳少得，它意味着不仅工厂在工资结算上有很大的变动空间，同时员工在时间上也可以自由把握。许多女工在履行母职过程中，为了配合家庭生活，多会选择弹性计件的形式，以此平衡家庭和工作的时间。

反正在我要带小孩的时间，这些工作都不会受影响，都是靠我们自己自觉，在上班时间内赶紧把活做完了，就不用加班了。做得快呢，就可以早点下班了。（XY38）

由此可见，女工选择弹性计件的结算方式，一方面可以照顾到家庭，履行母职，而另一方面也促使女工提高了生产效率，在更少的时间内完成一定量的工作，这样的结算方式使女工独自包揽母职成为可能，也提高了企业的生产效率。

平时我请假带小妹去打疫苗，跟组长说一声请假，回到工厂之后，还是要把自己额定任务内的那些工作做完，做完了的话就不会扣工钱，请假不会扣工资的，但是就是比别人少赚一些。不过回来的时候再努力一点，多做一点工，因请假被扣的那些钱就可以做回来了。（YSM40）

弹性计件工全年无固定休假，有生意就需要上班或者加班，没有生意时可以长达十几天待业。女工遇到身体不适或者家里有事的时候可以跟管理层请假，不会扣工资，但是当天就没有收入。对于这部分收入的缺口，女工可以通过加快生产、加班等形式补充，不会对家庭收入产生太大影响，但是长期请假的话生活就难以保障了。

在个人的心理方面，女工对母职的期待也促使女工履行母职向包揽型靠近。

> 最理想的妈妈不就是像我妈这样，在家里全心全意带小孩，现在还帮忙带孙子吗？（CLD30）
>
> 我觉得我就是个不合格的妈妈，对小孩的学习真的是一点忙都帮不上，我觉得很亏欠他们，很对不起他们。我也没读那么多书，也没有给他们创造很好的条件，就只是能叫他们去学习而已，其他的什么都帮不上，我觉得非常内疚。（YSM40）

女工自身对母职的期待也属于密集型母职，认为为母者应该花费大量的时间与精力在家庭和孩子身上，不仅在孩子的身体、情感上可以有所照顾，还能在孩子的教育上有所表现。然而，女工受自身文化水平的限制，在儿女行为管教和学习辅导方面欠缺合理有效的方法，也表达出一定的遗憾与内疚感，女工们认为理想的母职应在孩子学业上给予更大帮助，而自身的条件使女工与期待产生角色距离。

母职是家庭中具有迫切性和难以替代性的内容①，包揽型母职符合传统对母职的期待，母亲不仅可以对孩子进行全方位的照顾，还可以在最大限度上与孩子交流沟通，更有利于孩子的身心健康。然而，由于女工本身的社会支持网络不足，当女工在育儿过程中遇到困难的时候，女工的求助途径单一，尤其是当遇到职业角色与母亲角色发生冲突的时候，如突然加班时，女工只能优先安顿好孩子，或者将孩子带到工厂一起工作。女工独自承担照顾孩子的职责，照顾压力大。

（二）分摊型母职

分摊型母职是指母职的部分内容由其他人一起分摊。这些人有的是女工的配偶、婆家亲人，也有的是娘家亲人、邻居朋友等，既可以是同住的人，也可以不同住但是住得很近的人，大家共同成为孩子的主要照顾者。这是一

---

① 方英：《个体调适与社会政策支持：高龄青年女性再生育与工作和家庭平衡研究》，《青年探索》2017 年第 2 期。

种合作型育儿方式。该类型具体表现为：女工在上班的时候，孩子的饮食、出行等方面的需求由其他照顾者负责，当女工下班回到家后，孩子的照顾内容交还给女工，由女工对孩子进行管教、照顾并与之交流互动。

分摊型母职的影响因素更多是由女工的社会支持系统中的家庭系统决定的。当询问起受访者们在遇到困难时的求助对象是谁时，多数回答首先都是祖辈家人，其次是丈夫，再次是邻居、朋友等。本研究调查地中的女工所生活的地区属于三线城市下的一个工业型小镇，不仅没有健全的社会保障机制，没有配套的社区服务，相应社会教育资源也不足。在如此背景之下，女工的支持体系更多的由家庭成员来构建，这些支持不仅包括日常的交流互动和情感支持，还包括与女工分摊母职的内容。

> 跟孩子的爷爷奶奶他们住在一起就给我们很大帮助，孩子的爷爷每天去接送小孩，孩子的奶奶每天在家里面做饭，如果没有他们的话，我们（夫妻两人）都没办法专心工作。（CLD30）

在职业角色与母亲角色产生冲突的时候，女工运用自身的家庭支持系统来平衡工作与母职，将部分母职内容分摊到同住的家人身上也是其中的策略之一。另外，与包揽型母职下女工的配偶不同，分摊型母职下女工的配偶更多地参与到育儿之中。

> 我跟孩子爸爸都会轮流做饭的，我下班在工厂前的菜市场买菜，拿回家后他会一起帮忙做菜，吃完就我来洗碗，然后晚上我会稍微跟孩子玩。（ZJ40）

分摊型母职下女工多为外地女工，育儿中配偶的参与度更高，这与外地女工家庭迁移至本地务工时其他社会支持网络不足有一定关系。夫妻两人带着孩子来到工作地，能够依靠的人只有彼此的时候，父亲会更多参与到家务或者育儿之中。

在个人的心理方面，从受访者的描述中笔者得知，一部分女工在从事工厂工作前，有过销售、经营店铺和务农的经验。女工在从事销售行业的时候，会感觉自己与岗位不匹配，不想参与商业竞争；经营店铺虽然有很大可能性可以赚大钱，却要自负盈亏，或名利双收，或惨淡经营，不稳定的经商不如当一名工厂工人，将经营风险转移到企业主身上；务农靠天吃饭，缺乏充足保障。女工有一定工作经历之后选择来工厂务工，可以看出女工性格中不愿意承担风险，更希望求稳的愿景。在女工看来，在工厂务工生活压力小，是适合自己能力并与自身角色相匹配的工作，这种寻求安稳的倾向是女工长期从事工人岗位的主要性格原因。

> 如果时间能重来，我还是希望以前的自己能勇敢一点，去外面的世界看看，不像现在只能在车间里面对着一台机器，但是当时真的就贪图安稳啊，不敢出去闯。（QXL35）

从 QXL35 的话语中可知，尽管为求稳而在工厂务工在一定程度上变成了女工人生遗憾，但是稳定的工厂工作是符合女工性格的一种理性选择。

女工的工作环境为女工提供了月工和计件工两种结算方式，在家庭成员的支持和女工个人性格的驱动下，分摊型母职下女工在工作上倾向于选择按月结算的方式，虽然出勤时间固定甚至死板，但是每个月有稳定的工资和休假，可以保证每个月的家庭收入和育儿时间。

> 做月工的话一个月还能放假两天，做计件工的话就不一定了。休息的时候呢，就可能休息很久，但是他们工资都不稳定。我做月工的话工资就比较稳，家庭收入也比较有保障，放假的时候就可以在家里陪小孩，做他们喜欢吃的，和他们一起做手工，平时太忙都没办法好好陪他们，有放假的话就可以了。（CLD30）

分摊型母职使女工既能专注于工作，在家的时候也能履行好母职，即使两者发生冲突的时候女工也有家庭成员帮忙分摊母职，此类型女工的照顾压力最小。

> 有时候他吃饭想看电视的，然后一直哭，他爷爷奶奶会拿手机给他，但是我觉得不能这样从小惯坏小孩子，跟他爷爷奶奶吵过好多次。他哭的时候我就把他带到外面让他站墙，等他不哭了再继续跟他说话。（HYX28）

由于母职的分摊者多为孩子祖辈，两代人的育儿观差异，导致孩子在适应两代照顾者时容易出现规则混乱，尤其是在学龄前期，孩子在白天接受学校教育，并在祖辈的行动规则下行动，晚上母亲回到家后孩子要接受母亲的行动规则，在祖辈照顾者与女工没有足够沟通的情况下，两代人育儿观念差异容易使儿童产生混乱，不知道按照哪种规则行动符合成人的期待。再者，祖辈在照顾孩子的时候，除了考虑孩子的基本生理需求之外，当孩子发生行为问题时，倾向用传统的打骂的方式来进行管教，或者使用“权宜之计”来安顿孩子，如让孩子看电视、玩手机，满足孩子的所有要求，对孩子的溺爱容易导致孩子出现更多的行为问题，也使女工对孩子的管教难度增大，女工面对两代育儿观念的冲突也容易发生角色不清的情况。

（三）转移型母职

转移型母职是指母职内容完全由女工之外的照顾者来承担，具体表现为孩子留守在老家由祖辈照顾，或者将孩子托管给其他照顾者照顾，每个月或每周见一次。无论是哪种形式，女工都会与孩子保持联系，进行情感或生活交流，并给予经济支持；但是女工不与孩子同住，不会在孩子身边照顾孩子身体。

> 到了热天生意比较少的时候我就回老家十几天，就是在老大小学暑假的时候吧，会过去陪陪他，带他在四川老家到处玩一下。（QXL35）

转移型母职主要受女工家庭经济状况的影响。工厂为工人们提供了两种工资结算方式，月工的工资稳定，但是工资的涨幅低；弹性计件工工资不定，当生意好的时候收入跟着变多，而生意不好的时候收入也随之减少。

> 我是计件工，生意很好的时候一个月可以有6000多到7000多块钱的工资，生意最不好的时候，我三个月里的收入只有2400块钱，每个月就几百块钱，夏天时没什么人穿衬衣，厂里就没什么生意，就没人没货，也就没钱了。（XY38）

受访者XY38是本地女工，曾遇到了因为生意减少而工资减少的情况，但因为还有其他家人的工作收入，所以受工厂工作影响还较小。孩子在户籍地的公立学校免费读书，所以家庭在孩子的教育方面的开支不算多。而在大部分受访的外地女工对家庭收入的描述中，最具有代表性的是受访者 QXL35 的表述：

> 我们这边也是赚多少花多少，其实精打细算还是能过日子的。但如果让老大过来其实还是不太方便的，如果赚得多的话我当然希望老大能来这边的学校上学，但是现在只能供一个小孩嘛，老大在老家那边读的话就不用太多钱。（QXL35）

外地女工家庭基本上都是双职工家庭，夫妻两人都需要外出工作，这样才能维持家庭整体的正常生活。而在开销方面，外地女工如果选择将孩子带在工作地的话，主要的花销都在孩子的学费以及家庭的房租费用上，消费结构单一，也较少有储蓄，这意味着夫妻双方只要有一方不能工作时，或者遇到工厂生意不如意时，收入减少，正常的生活就难以维持下去。而如果孩子留在老家的话，不仅有来自祖辈的照顾和支持，而且孩子在老家上学和生活的费用相较于工作地也低很多。因此，女工在工作地可以选择工资涨幅更高的弹性计件工来做，在生意好的时候能为家庭带来更多的收入，而在收入少的时候对家庭整体尤其是孩子的影响更小，确保了家庭整体的生活质量。

转移型母职下的女工获得来自户籍地的家人支持或者其他人的支持，将母职的内容转移到其他照顾者身上，这样一方面可以专注于工作，即使工作量大的时候也可以掌握工作节奏，不会因需要照顾孩子产生太大的照顾压力；另一方面，让孩子与祖辈等其他照顾者生活在一起，不仅可以让孩子更早掌握独立生活的技能，还能让孩子在情感上学会照顾和孝顺祖辈或者其他照顾者，孩子的生活能力相较于同期在父母身边长大的孩子更强。然而，这种形式的母职也给孩子带来不可逆的陪伴缺失。每当过年的时候母亲回到孩子身边，照顾孩子，与孩子共享母子时光，而当年过了后就分居两地，女工专注于工作，孩子则留在老家成了留守儿童，只能通过电话的方式与母亲简单联系，有的时候甚至长期都没有联系，或者不知道该如何交流。女工母亲角色中断，母职内容完全交给其他照顾者，长此以往，孩子与母亲之间亲密关系的建立会存在困难，孩子易形成独立而孤僻的性格，在出现问题行为的时候管教难度增加。

> 他高中的时候就跟别人学坏了，成天去网吧上网。当时他爸爸就请假回老家十几天，到处找他。后来他回到家了，他爸跟他说一些道理后，

他就很懂事，就跟他爸爸说他知道了，不会再去网吧了，就叫他爸赶快回来这边做工，他爸爸就听他的话回来了。后来听他爷爷奶奶说他五天没去网吧，但是五天后班主任打电话过来说他没有上学，应该又是去网吧了。本来他爸是要回老家的，但是想着也没什么用了，就不管了。(LJ50)

这一部分的留守儿童即使长大之后，与母亲之间的情感也容易出现隔阂，孩子面对人生选择的时候偏向于独自作出决定。

我们（和儿子）一起做工，我都不知道他有女朋友，后来在他谈了一年多女朋友的时候，其他人告诉我才知道这个小子有了女朋友了。他们谈了一年半的时候就结婚了，现在小孩都已经五六岁了。(ZDJ53)

在遇到学业方面出现问题，留守儿童更容易作出弃学、在外游荡和外出打工的决定，而祖辈对孩子的学业和问题行为也少有介入。

我们都没人管小孩学习的，不过小儿子就不爱读书，初中就跟我们一起过来这边打工。大女儿就比较会读书，她很想上大学。哎呀，家里供不起啊，反正看看吧，她真的想要读的话，我们也尽量去想办法凑钱，让她去上大学吧。以前他们在上小学的时候，爷爷奶奶也不怎么管他们的，我们在这边做工也顾不上他们。他们都比较自觉，都自己搞定学习那些东西。(WJ45)

上述三种母职类型是女工根据个人心理预期、家庭环境与工作环境等因素作出的角色调适，以达到其职业角色与母亲角色之间的平衡。然而一些社会资源不足、自身条件有限的女工依然长期面临角色失调的困境，这些困境表现为：①完全包揽型母职导致工作与育儿发生冲突时，女工面临职业角色与母亲角色间的冲突，这时候只能以牺牲一方为代价；②理想母职与现实个人条件不符合导致的角色距离，女工对自身能力的否定与自责；③分摊型母职使照顾者增多，照顾者之间观念差异导致角色不清；④转移型母职使亲子长期分离，角色中断，不仅导致孩子产生各方面的问题，女工个人在情绪上也容易处于分离焦虑之中。

女工与困境作斗争，在角色失调之中寻找平衡的方法。在这个过程中，笔者发现，部分女工有将放学的孩子接到工厂临时看护的做法，有的会在工厂上班时间内与孩子通话，还有的女工会利用工厂暑期生意减少的机会回到老家与孩子相聚。女工在工厂中工作，同时也在工厂中育儿，至此，本文提出建设育儿友好工厂的企业社会工作介入设计方案。在女工已有实践雏形之上，本文尝试探寻在女工实践的基础上提出更完整的企业社会工作介入方案，解决女工在履行母职过程中发生的角色失调问题。

三　企业社会工作方向：育儿友好工厂建设

企业社会工作是社会工作在企业当中秉承专业价值观，运用专业手法和技巧，在以企业为主的多方主体合作下，旨在帮助员工解决困难，维护员工合理权利的一种工作手法①。前文所述育儿友好工厂建设，一方面是指工厂为女工提供合理便利，使女工能在工厂内育儿，弥补其社会支持不足或解决其角色冲突导致的育儿困难；另一方面主要涉及不同层面的主体帮助女工提升其个人能力、解决家庭问题和链接社会资源，以完善员工福利保障，在工厂能力范围内提供友善的育儿条件来解决女工因角色冲突出现的矛盾。用企业社会工作方法缓解女工履行母职的角色失调问题，可以从以下几个方面入手。

（一）积极倡导企业参与女工育儿，提供合理便利的育儿条件

在访谈中，不乏受访者反映会把放学后的孩子带到工厂来，等到下班后一起回家。

> 这个工厂离学校很近，以前二女儿放学了会过来，我就拿张凳子让她坐在隔壁，她就坐着等我下班，不过她后来都觉得无聊，现在她更多时候都是直接回家的。（ZJ40）

将孩子安置在工厂里，等到下班时间一起回家不失为一种平衡角色冲突的方法。女工在车间做工时可以利用这段时间与孩子交流，也可以让孩子在工厂里参观或者完成作业。这种做法最大问题就在于孩子的安全问题。首先，

① 周沛主编《企业社会工作》，复旦大学出版社，2010，第1页。

工厂内遍布大型生产机器，若没有看护好孩子，容易发生安全事故。其次是车间内的环境问题，一天生产下来车间内有大量的布绒和灰尘，孩子如果长时间暴露在这样的环境内的话身体健康也难以保证。再次就是工厂内的噪声也不适合孩子在此长期停留。

针对此种情况，厂方可以专门提供一个育儿友好的生产车间或者生产区域，为育儿女工提供合理便利。无论是采用厂内模式、项目购买模式还是社区模式来获得企业社会工作的帮助①，均可以通过专门的企业社会工作者协助厂方进行需求调查，将有此类育儿需求的女工安置在车间内相对僻静的位置工作，让孩子在放学后不仅可以与母亲交流，还可以在相对安全的地方自由活动，或者与其他儿童交流、玩耍。对有需要的女工孩子进行登记后，企业方或者企业社会工作者给使用者进行专门的安全教育和规则说明，使女工和孩子们都能在工厂内安全充实地度过“放学后一小时”，打造出一个育儿友好的工厂。而将有同样需求的女工聚在同一车间内相近的位置工作，女工间可以互相交流育儿经验，形成女工群体内的育儿支持系统，企业社会工作者在针对该群体开展活动时也可以在此进行实地调查，与女工交流沟通，发现普遍存在的育儿问题，开展小组乃至社区活动，以此帮助女工群体解决问题。

企业社会工作者还可以联合区域内工厂，在工厂区内成立社区儿童活动中心。中心的启动资金有多种途径可以获得，如利用潮汕本地和外地实业家“回报家乡”的情结和工厂区内服装企业主的赞助，可以筹得一笔可观的资金，建立工厂区内的儿童活动中心。儿童活动中心可以将区域内的女工子女集结起来，设置放学后自习室、放学后兴趣小组，开展集体活动等，丰富儿童的课外生活，达到放学后安置儿童的目的。

（二）努力保障女工的生育权益，关注异地女工育儿困境

随着现代女性地位提升，女性在生育上有了更多主动权，表现为可以选择早孕或晚孕、是否生二胎等。然而，这样的生育主动权在女工群体中似乎没有得到很好体现，女工的生育更多地由文化背景和家庭成员所左右，鲜有体现个人的生育意识。

---

① 卢磊、张默：《我国企业社会工作发展的模式、路径和策略》，《社会福利》（理论版）2017年第6期。

> 我生了女儿后就继续去工作了，不过家里催生儿子很紧，后面怀上孩子后我做工做到怀孕六个月的时候就在家里养胎了，我自己也想快点生个儿子就解放了，不用想着继续生。（CLD30）

CLD30 家庭成员深受宗族繁衍的思想影响，即使受访者在生育二胎时表现出不情愿，其公婆仍要求其必须生儿子。笔者曾试问 CLD30 有何反抗时，她回答道：

> 家公家婆想要孙子也很正常啦，我们这边哪有不生儿子的，说出去家里都觉得不好了，不过爷爷奶奶也很疼孙女，我就觉得还好，反正他们都会帮忙带，多生一次也无所谓了。（CLD30）

从这个回答中，可以看出受访者自身也受到了地区文化影响，认为生育儿子是必然的事情。而根据访谈整理，笔者发现，重男轻女的思想不仅在潮汕地区的女工家庭中占主流，部分外地女工在生育观念上也有同样的想法：

> 别人有儿有女，反正我当时生四个女儿时，也想着一定要生个儿子，你看我现在终于生到一个儿子了。（YJ49）
>
> 我们怀三胎的时候就想生个儿子，但不允许查胎儿性别嘛，生了才知道，结果生三个还是没有生到儿子。现在不能再生了，家里养不起了。（ZJ40）

生育多胎成了文化压力下女工被动的选择，加上一些私营服装企业不为女工提供合法的劳动保障和生育保险，女工在选择生育的时候就意味着职业角色的中断，生育等于失业或停业，这样的生活要持续到女工找到分担母职的其他照顾者或者等到孩子能够上学后才能得到改善，中间空白的三到四年只能依靠丈夫，或者其他亲人的接济。女工随后想要填补生育期间家庭收入的缺口就要靠更多的劳动，因此倾向选择工资上涨空间更大的弹性计件工来做工，劳动量要看工厂当年的生意，因而家庭收入难以得到保障。异地女工在综合考量家庭整体生活水平后，只能将孩子留在老家交给祖辈照顾。

对女工的这类困境必须从法律层面着手予以救济。女工收入与待遇全看企业当年的生意，生意好的时候收入多，生意不好的时候收入难以保证，所以更加有必要通过政府强制的政策与法规，呼吁用人单位签订劳动合同，强制实行社会保险制度，尤其在女工的生育保障方面，实行社会统筹的生育保障制度，减轻企业因为女工没有劳动还需要付薪酬的负担，确保女工在生育停工期间的收入，也能体现社会对于女性生育价值的肯定。这对保障女工的就业可以产生积极作用，不仅可以缓解女工因生育带来的经济压力，还可以降低蓝领工人中女工的流失率。另外，实行产假和夫妻双方的育儿假期制度，使父亲更多地参与到育儿之中，不仅能分摊女工的育儿压力，还能避免因为生育带来的职场歧视，实现在生育制度上的男女平等。

在此之上，还需要从政策层面介入女工生育。过去的独生子女生育政策，在一定程度上改变了重男轻女的思想观念，尤其是在城市地区。然而在大城市之外的其他地方，仍有人愿意通过罚款等方式钻政策的漏洞，为了生儿子而超生，这些漏洞也导致女工无法自主选择生育。全面二孩政策虽然打破了过去独生子女生育政策，但仍是国家力量引导下的计划生育政策，仍需强制执行，如此才能保障女工在政策内的生育，避免非自愿的超生，也能避免女工因为生育多次导致职业角色中断而带来的经济压力。

针对女工与子女分居的情况，企业社会工作者可以联合关爱留守儿童的公益组织，开展留守儿童和异地妈妈的关爱计划。现在已有很多研究讨论留守儿童的成长弱势和社会工作介入的必要性，在社会工作领域也有很多成熟的项目针对留守儿童展开，比如著名的“小雁子计划”，此类项目利用暑期将留守儿童接到父母工作地，由此展开一系列亲子活动。夏季正值服装生产业首次低潮，生意减少，女工一天的工作时数减少，自由时间相对增多，而孩子也正处于暑期，这增加了暑期亲子项目在服装企业女工家庭中实现的可能性。企业社会工作者可以组织并配合此类留守儿童项目，协调企业方和公益组织方在暑期开展亲子活动，增加女工陪伴孩子的时间。对于孩子从异地迁移到工作地的费用，企业社会工作者可以联系针对留守儿童的相关公益组织与基金会，由其赞助儿童的交通费，联系留守地的志愿服务者将孩子护送来工作地。而无论是本地子女还是异地子女，都可以参加企业社会工作者组织的企业暑期育儿活动。在白天，企业社会工作者可以在工厂区儿童活动中心针对儿童开展暑期活动，如工厂参观活动、小镇猎奇活动、暑期兴趣小组等，也可以让孩子坐在女工身边，与女工交流。到了晚上女工下班时，企业社会工作者可以组织广场露天影院、家庭厨房等亲子活动，丰富母亲与孩子间的活动形式，促进双方互动和交流。

除了利用暑期增加亲子交流的机会之外，留守儿童与异地母亲长期面临的分居困境仍需恒常有效的介入。针对留守儿童成长过程中的母职缺失已有学者提出社会工作母职替代的方案，旨在帮助留守儿童重构家庭关系，引导留守儿童规划未来，发掘自身兴趣，加上社会工作者的陪伴，以替代留守儿童成长过程中缺失的母职①。而针对女工长期与孩子分离的焦虑感还没有有效的介入研究，在此，本文提出异地母亲关爱计划。该计划通过企业社会工作者的辅导，疏解女工因角色失调产生的焦虑情绪和遗憾感，解构女工对传统母职的认知，建构新的母亲角色认知和形式，鼓励女工尝试新的方式承担育儿责任，弥补留守儿童缺失的陪伴，以此缓解转移型母职女工的角色失调。

（三）全面推动女工育儿增能，营造良好的育儿环境

在访谈中，不乏女工对育儿表现出无力感：

> 反正小儿子在叛逆期，就是对着电脑打游戏。他近视1000多度，怎么说都没有用，我们就拔他的电脑，也没有用，他就是有办法弄到电脑，后来他开始打篮球就很少玩了。孩子的叛逆期总会过的了，家长也没办法管太多，管不了啊，也没办法管对不对？（YJ49）
>
> 对于这个问题我跟他老师都很头痛，都不知道该怎么办。老师跟我说来说去都是这个问题，我这边也不知道该怎么办呀！（WJ45）
>
> 我先生是完全没有管事的，小孩有什么问题的时候他顶多就说一两句就没了。（XY38）

女工育儿的无力感不仅缘于自身能力和育儿知识技巧的不足，更有家庭和社区环境的障碍因素，这些使个人难以顺利地履行母职。在管教孩子的过程中重复无效的行动、负面的经历和女工对自身的负面评价都造成了女工育儿过程中的无力感。家庭成员间的沟通不畅、两代育儿观念冲突以及配偶对育儿责任的逃避等也造成了女工在家庭育儿过程中的无力感。社会一方面期

① 聂飞：《留守儿童“母职替代”的社工介入可行机制探索》，硕士学位论文，沈阳师范大学，2017。

待女工能培育好下一代，打破阶层壁垒；另一方面又期待女工能在工厂工作创造更多的社会价值，而相对应的社区服务配套设施却没有跟上，社会环境中存在的障碍也加重了女工育儿的无力感。

面对此种情况，企业可以引进企业社会工作解决女工在育儿过程中因个人、家庭和社会因素造成的无力感，为女工增能，以此缓解女工的角色失调，提升员工福祉，从而提高生产效率。女工自身积极的生活态度是化解女工生活压力重要的抗逆力保护因子①，企业社会工作者应发掘女工身上的优势，通过有效的互动增强女工的自我价值感。针对女工育儿知识不足和技巧欠缺的情况，可以开办教育经验小组，企业社会工作者在工厂内探访女工的过程中，把有类似困境的、身为母亲的女工聚集在同一个小组内进行育儿经验的交流互动。当工厂区内相关的需求达到一定量时，企业社会工作者可以发掘外部教师资源，开展家长教育论坛，为女工进行育儿培训，增强女工的育儿能力。

家庭和社区是女工重要的生活场景，家庭和社区内的人际互动是女工自我价值感的重要来源，角色间相互的沟通配合是女工扮演母亲角色的关键。家庭和社区也是企业社会工作中重要的服务客体，针对女工家庭问题，可以开展家庭个案研究，为个别家庭进行辅导，解决家庭沟通、观念差异等问题；还可以开展亲子小组活动，增加家人之间的交流互动。当某类家庭问题在社区内普遍存在，成为社区问题的时候，社会工作者需要评估问题、设计服务方案、评估服务成果，通过开展社区专项来解决普遍存在的家庭和社区问题，为女工营造更好的家庭和社区育儿环境。

四　结论

生育是女性在一生中所经历的重要阶段，一名女性从个人转变成母亲，从职业角色进而转变为母亲角色，需要女工个人之外社会各方的支持。女工在工厂中工作，是工厂中重要的成员。随着人口红利的消失，企业更加需要在员工福利上增加投入，留住工人，吸引新一代青年加入工人队伍中。为此，针对服装企业中女性员工比例较高的情况，企业更需要为女工分担一定育儿责任，为员工提供合理便利，缓和女工因工作环境产生的角色失调。政府需

① 李敏、刘乐璇：《城市外来女工抗逆力保护因素分析——基于外来女工的个案研究》，《社会工作与管理》2017 年第 5 期。

要进一步加强社会保障，使她们能得到经济和社会等充分的安全保障。而无论是男性员工还是女性员工，都应该推动社会的生育保障，让男性参与到分担母职的队伍之中，体现男女平等。企业社会工作是社会工作在具体场景中的工作手法，当国家的政策和企业的发展带动一部分人向更好的生活前进时，难免有“掉队”的人，企业社会工作者应及时帮扶这类人，为他们提供社会资源，朝着大家所奔跑的方向前进。

The Research of Female Workers in Garment Enterprises Performing Their Motherhood and the Involvement of Enterprise Social Work

Fang Ying, Cai Shulin

Abstract: In the process of motherhood, female workers in garment enterprises will construct and adjust their mother's duties according to their family, working environment and their own ideas. According to the subject of responsibility for the mother's duties, motherhood can be classified as: taking all of the responsibility by mother; sharing part of the responsibility with other caregivers and transferring the responsibility to other caregivers. Different types face different degrees of role imbalance. In the view of the role imbalance of female worker, this paper present the views of building child-rising-friendly working factories. Through the method of enterprise social work, we advocate the factory to provide reasonable and convenient child-rearing conditions; to protect the rights and interests of female workers in childbirth; to pay attention to the plight of female migrant workers; and to improve the ability of female workers to raise children. So that we can create a child-rising-friendly working environment to help female worker have a good motherhood.

Keywords: Female Workers; Motherhood; Enterprise Social Work

社区服刑人员再犯风险的实证研究及对策建议

甘燕娴*

摘　要　对社区服刑人员再犯风险及社会危险性进行科学有效的调查评估，可以为管控社区矫正风险奠定基础，也对社区矫正工作中预防和减少社区矫正人员重新违法犯罪的工作目标的实现有着重要意义和作用。广州市以“实证为本、科学评估、循证矫正”为原则的再犯风险测评，为对社区服刑人员进行分级分类监管、开展因需因境社会适应性帮扶、一人一档个性化矫正服务提供了科学的依据。本文通过对广州市11个区的同一社区服刑人员多次测量数据的比较，根据社区服刑人员再犯风险变化趋势，探寻造成差异的影响因素，并分析显著性影响因素，进而得出后续匹配性对策。

关键词　社区服刑人员　再犯风险　循证矫正

一　前言

（一）概念

社区矫正是与监禁矫正相对应的一种刑罚执行方式，是一项具有中国特色的重要的非监禁性刑罚执行制度，是将管制、缓刑、假释、暂予监外执行的罪犯置于社区内，由专门的国家机关在相关社会团体、民间组织和社会志愿者的协助下，在判决、裁定或决定确定的期限内，矫正其犯罪心理和行为恶习，促进其顺利回归社会的刑罚执行活动。社区服刑人员再犯风险和需求测评（以下简称“再犯风险测评”）是广州市司法社工项目库中一项重要服务内容，指在司法所接收到社区服刑人员之后，专业社会工作者协助对社区

* 甘燕娴，助理社工师，广州市广大社会工作服务中心社工，广州大学公共管理学院2018级在职研究生。

服刑人员再犯罪风险和服务需求进行全面系统的评估分析，并为设计个性化社区矫正方案提供专业指引。

（二）政策背景

2003 年 7 月，最高人民法院、最高人民检察院、公安部、司法部《关于开展社区矫正试点工作的通知》明确了社区矫正的定义、意义、适用对象、任务等重要问题，同时明确在北京、天津、上海、江苏、浙江和山东 6 个地区进行试点。2005 年 1 月，最高人民法院、最高人民检察院、公安部、司法部又印发了《关于扩大社区矫正试点范围的通知》，决定将河北、内蒙古、黑龙江、安徽、湖北、湖南、广东、广西、海南、四川、贵州、重庆等 12 个省（区、市）列为第二批社区矫正试点地区①。2009 年在全国全面试行，西藏、贵州等西部地区全部参与，2014 年全面推进社区矫正工作。

2016 年 12 月《中华人民共和国社区矫正法（征求意见稿）》中指出：需要对社区矫正人员的社会危险性和对社区的影响进行调查评估。上海、北京、天津等地在先行试行量化社区矫正风险测评后，广东、江苏等地也陆续开始试行社区矫正工作。

近年来，中国上海、北京、江苏、广东等社区矫正发达地区，开始初步探索对社区服刑人员进行有效的再犯风险测评②，编制社区矫正人员心理和行为矫正评估问卷③，以提升社区矫正工作开展的科学性和有效性。而广州作为中国社区矫正试点省市的"先行者"，在十多年的社区矫正工作开展过程中，在创新社区矫正管理、工作模式的过程中，通过大力培育发展司法社工队伍、建立政府购买司法社工服务模式、搭建司法社工服务发展平台中不断引入专业力量，推行司法社工服务项目品牌化战略，积极引进社会工作理念和手法，将专业矫正人才引入社区矫正工作之中，推动司法社会工作人才队伍建设④。

2015 年 1 月，第十二届第 150 次广州市政府常务会议审议通过《司法社

① 何明升：《司法社会工作概论》，北京大学出版社，2014，第十四章"中国司法社会工作的现状与未来"。

② 杨学峰、张金武：《以 LSI－R 为量具的缓刑犯违规风险评估实证研究》，《中国刑警学院学报》2017 年第 4 期。

③ 陈红燕：《社区矫正人员心理矫正评估问卷的编制》，硕士学位论文，云南师范大学，2017。

④ 葛炳瑶、单云生：《对预防和减少重新犯罪的再思考》，《法治研究》，2009 年第 11 期。

工项目方案》，确定按照社区服刑人员与专业社会工作者 20∶1 的比例和社工购买服务经费 10 万元/(人·年) 的标准，由市、区两级财政购买专业社会工作服务，建立专业社会工作介入社区矫正的长效保障机制。

从 2012 年至 2018 年 9 月，共计对超过 10000 名广州市社区服刑人员开展再犯风险测评，并就每名社区服刑人员形成与评估相对应的个性化社区矫正指导方案。2012 年，广州市社区服刑人员再犯罪率为 0.1%，在广州市司法行政机关接收社区服刑人员逐年激增的情况下，广州市社区服刑人员再犯罪率持续保持在较低水平，社区矫正实现持续安全稳定。再犯风险测评的开展，为广州开创新时代社区矫正新局面打下了坚实的基础，积累了丰富的大数据资源，提供了科学的社区矫正指引。

（三）文献综述

社区矫正工作在国内开展十几年来，有关社区服刑人员再犯风险的研究已有些许研究成果，通过文献检索发现，以“循证矫正”“社区服刑人员”“再犯风险”等为关键词，在中国知网、万方、维普等知名网站上检索，共检索到相关研究篇目十余篇。

在研究降低社区服刑人员重新犯罪风险之策略方面，陈文峰早在 2011 年就提出重新犯罪有四大方面的主要影响因素，并就预防、接收和解矫等程序提出针对性、科学性的对策[①]。2018 年，陈珊、童峰等学者通过文献检索从统计分析角度得出认知行为治疗能有效降低再犯率的结论[②]。基于循证证据，许疏影通过对 2012 年浙江省发生的 106 起社区矫正人员案件的统计分析和对 19 起犯罪案件的拓展研究，分析了影响社区矫正人员重新犯罪的因素并讨论出五大对策[③]。在采取定量研究方法开展社区矫正人员风险评估与防治措施研究上，国内外均涌现了不少学者的研究成果。在理论研究和宏观分析层面，也有一些研究资料，但是鲜有运用定量研究方法进行社区服刑人员再犯罪风险分析的。2015 年有运用美国艾奥瓦州社区矫正人员重新犯罪风险评估表对

---

① 陈文峰：《降低社区矫正对象重新犯罪风险之策略——基于社区矫正风险评估的角度》，《河南司法警官职业学院学报》2011 年第 4 期。

② 陈珊、童峰、齐铱、张婷婷：《认知行为治疗降低社区服刑人员再犯率有效性的系统评价》，《中国卫生心理杂志》2018 年第 9 期。

③ 许疏影：《社区矫正人员重新犯罪调查报告——以浙江省为例》，《青少年犯罪问题》2015 年第 1 期。

上海市三个区的社区矫正人员进行重新犯罪风险评估，该研究采取统计分析方法对人口统计学特征、社会行为特征与社会态度特征不同的社区矫正人员之间重新犯罪风险差异进行检验分析①。因此，本文以“循证矫正”为理论依据，采用定量研究方法，通过对社区矫正人员再犯风险进行评估，检验不同要素对社区服刑人员再犯风险的影响差异，期望通过评估与检验结果提出预防社区服刑人员再犯风险的针对性对策。

二 实证研究设计

本研究以“循证矫正”理论为指导，运用“靶向矫正”的思维，通过科学实验设计，在一年时间内，以广州在册的社区服刑人员为样本框，运用科学抽样，通过专业评估量表进行定量数据测试，对社区服刑人员进行历时性再犯风险测评追踪，考察其再犯风险动态变化情况。

本研究为纵向追踪研究（panel study），即对同一批社区服刑人员随着时间推移其再犯风险所发生的变化进行重复测量，对同一社区服刑人员两次测量数据进行前后对应。社区服刑人员在入矫时进行第一次再犯风险测评，其后在一个统一时间段内对其进行第二次测评，对两次测评数据进行比较。依据两次测评数据的比较差异，分析社区服刑人员再犯风险变化趋势，探寻造成差异的影响因素。

研究依托广州市司法项目进行，开展时间为2017年1月至2018年12月，在广州市内11个行政区内进行。由于各社区服刑人员进入社区矫正程序时间不同，故第一次再犯风险测评在社区服刑人员入矫后一个月内完成，并无统一时间。2018年11～12月，在对第一次测评数据进行初步归整统计的基础上，通过随机抽样从中抽取一定数量的社区服刑人员，在此时间段内统一进行第二次再犯风险测评。

（一）研究对象

本文研究对象为社区服刑人员，总体样本框为2017年1月至2018年12月广州市所有在册社区服刑人员。2017年1月至2018年10月，广州市所有

① 李光勇：《社区矫正人员重新犯罪风险评估与预防——基于上海市三个区的问卷调查》，《中国人民公安大学学报》（社会科学版）2013年第5期。

新入矫的社区服刑人员皆参与第一次再犯风险测评。2018 年 11 月至 2018 年 12 月，被抽取的社区服刑人员参与第二次再犯风险测评。社区服刑人员第一次再犯风险测评数据中的个人特质部分（性别、年龄、犯罪类型、服刑类型等），作为本研究的基准数据，与被抽取参与第二次再犯风险测评的社区服刑人员同类型变量进行比较，以显示本研究发现的可推广性。被抽取参与第二次再犯风险测评的社区服刑人员需同时满足以下条件：①已经参与完成第一次再犯风险测评者；②在 2018 年 12 月 31 日之前，正在进行社区矫正、社区服刑期尚未结束者；③有详细的联系方式和居住地址，确保能联系到社区服刑人员本人；④未有出现因身体、精神等方面原因而不适宜进行再犯风险测评者。

（二）研究假设

本研究采用结构化调查问卷的形式，通过两次历时性问卷调查的形式收集相关数据资料。

本研究核心因变量为社区服刑人员再犯风险水平。对再犯风险水平的测量运用加拿大刑法改革与刑事政策国际中心所编制的《服务级别目录—修订版》（Level of Service Inventory-Revised，以下简称“LSI-R”）量表。LSI-R 量表分 54 个条目，围绕十大维度构建而成，包括犯罪历史、教育/就业、经济、家庭/婚姻、居住环境、休闲、同伴、酒精/毒品问题、情绪问题、犯罪态度/倾向性。各维度分数可单独使用，亦可加总代表受访者总体再犯风险。在 LSI-R 量表的基础上，本研究增加了两个维度的测量，分别为社会排斥感知和人生规划，以更加适应中国社区服刑人员的实际情况。

本研究结局变量为社区服刑人员服刑情况——是否出现再犯行为。由于广州市社区服刑人员重新犯罪率非常低，仅为千分之一，且社区服刑人员一旦出现重新犯罪即可能会被撤销社区矫正而收监，故本研究中关于社区服刑人员是否出现再犯行为的信息收集，不仅包括是否重新犯罪，还包括是否有违反社区矫正规定的行为。

本研究自变量包括：①社区服刑人员人口社会学信息，如编号、姓名、性别、年龄、婚姻状况、目前状态；②社区服刑信息，如犯罪类型、服刑类型、社区矫正期限、已服刑时间；③与司法行政人员关系信息；④社工服务信息，如对社工的认识、是否有社工提供服务、社工提供了哪些服务及其满意度、与社工整体关系、主动向社工求助意愿。自变量中，社工服务信息为实验刺激变量，依据研究目的在本研究中重点进行考量。

本研究为纵向定组研究，在第一次再犯风险初始测评时调查问卷包括：LSI-R 量表和社区服刑人员人口社会学信息、社区服刑信息；第二次再犯风险测评时调查问卷包括：除犯罪历史维度外 LSI-R 量表其他 9 个维度（社区服刑人员犯罪历史为静态因素，在社区服刑期间无变化的可能性，故在第二次测评时删除）与司法行政人员整体关系信息和社工服务信息。

两次再犯风险测评阶段调查问卷详细结构和测题见表 1。

表 1　调查问卷结构

第一次再犯风险测评（初始评估）			第二次再犯风险测评（2018 年 11 ~ 12 月）		
内容	变量	备注	内容	变量	备注
人口社会学信息	编号、姓名、性别、年龄、婚姻状况、目前状态		人口社会学信息	编号、姓名、婚姻状况、目前状态	编号、姓名为纵向追踪标识
社区服刑信息	犯罪类型、服刑类型、社区矫正期限（月）		社区服刑信息	已服刑时间（月） 社区服刑情况（重新犯罪 + 违规违纪）	自编
LSI-R 量表	犯罪历史、教育/就业、经济、家庭/婚姻、居住环境、休闲、同伴、酒精/毒品问题、情绪问题、犯罪态度/倾向性	自编：社会排斥感知和人生规划	LSI-R 量表	除犯罪历史外，其他 9 个维度测题	自编：社会排斥感知和人生规划
—	—	—	与司法行政人员关系	李克特 5 分量表	自编
—	—	—	社工服务	对社工的认识、是否有社工提供服务、社工提供了哪些服务及其满意度、与社工整体关系、主动向社工求助意愿	自编

（三）研究优势与局限

研究数据来源于笔者与其他工作人员在司法项目一线工作的基本情况，在追踪统计数据后相关技术支持由广州某高校教师提供。笔者所在工作团队不直接参与各区社区矫正中社工服务的提供，仅从第三者中立的视角收集相关研究数据，确保了数据的公平性、保密性。此外，研究数据中的社区服刑人员人口社会学信息和社区服刑信息，经广州市司法局授权，与其卷宗存档信息进行核对，确保数据的真实性，而笔者作为第三方统一进行汇总，严格遵守保密原则，在整个数据追踪过程中未向他人提供社区服刑人员个人情况。

本研究对社区服刑人员再犯风险及服务需求的测量主要基于社会学习理论展开，通过运用专业评估量表，对其进行定量数据测试。本研究的开展期望能有助于掌控全市社区矫正工作动态，制定科学的社区矫正工作政策，更好地发挥司法行政机关的指导和监督职能；有助于社会学习等犯罪社会学理论和循证矫正理论的实践运用，为日后开展更为系统和全面的定组研究提供有益的指引和借鉴。

广州目前已初步积累社区服刑人员再犯风险测评大数据，但以往再犯风险测评项目的开展，仅对社区服刑人员进行一次入矫时的初始评估，不可避免地存在难以追踪掌握长时间在矫社区服刑人员动态的情况，无法应用科学有效的手段呈现社区矫正的专业成效。因此，本研究期望通过一年数据调查，摸清广州市社区服刑人员总体再犯风险和服务需求及社区服刑表现情况，追踪社区服刑人员再犯风险变化情况，了解其总体变化趋势，指出影响社区服刑人员在服刑期间情况变化的显著性因素，提出推动广州市社区矫正工作科学化、精准化、实证化发展，提升社区矫正工作成效的对策建议。

三　社区服刑人员再犯风险描述性统计分析

（一）社区服刑人员基本特征

2017 年 1 月 1 日至 2018 年 10 月 31 日，参与并完成第一次风险测评人数为 3287 人。2018 年 11 ~ 12 月，开展第二次再犯风险测评，截至 2018 年 12 月 31 日，尚在社区服刑期内者为 1599 人，以 1599 人为第二次再犯风险测评样本框，运用 SPSS 24.0 个案随机筛选功能，随机抽取 300 名社区服刑人员，通过一对一访谈方式开展第二次再犯风险测评。300 名社区服刑人员中，共有 56 人被排除，其中 31 人无法联系，20 人拒绝参与，5 人所提交问卷存在大量缺失值。第二次再犯风险测评最终回收有效问卷 244 份，第二次再犯风险测评问卷有效回收率为 81.3%。本研究纵向定组最终有效参与人数为 244 人（见表 2）。

表2 社区服刑人员基本特征

	第一次再犯风险测评（$n=3287$）		第二次再犯风险测评（$n=244$）		χ^2/t
	频数	占比（%）	频数	占比（%）	
人口社会学信息					
性别					$2.325^{n.s.}$
男	2897	88.1	207	84.8	
女	390	11.9	37	15.2	
年龄	39.20（10.732） 14（Min）～83（Max）		39.20（11.014） 15（Min）～69（Max）		$-0.006^{n.s.}$
婚姻状况					$1.233^{n.s.}$
婚姻中	2398	73.0	170	69.7	
非婚姻关系	889	27.0	74	30.3	
单身	589	17.9	47	19.2	
离异/丧偶	300	9.1	27	11.1	
目前状态					$0.009^{n.s.}$
在职/在读	2375	72.3	177	72.5	
失业中	912	27.7	67	27.5	
所在区域					23.001^{*}
番禺	463	14.1	27	11.1	
海珠	201	6.1	13	5.3	
荔湾	168	5.1	18	7.4	
越秀	159	4.8	14	5.7	
天河	299	9.1	34	13.9	
花都	336	10.2	20	8.2	
白云	454	13.8	31	12.7	
黄埔	360	11.0	12	4.9	
南沙	257	7.8	19	7.8	
增城	352	10.7	30	12.3	
从化	238	7.2	26	10.7	
社区服刑信息					
犯罪类型					102.594^{***}
侵犯人身权	364	11.1	47	19.3	
故意伤害/强奸	314	9.6	40	16.4	

续表

	第一次再犯风险测评（$n=3287$）		第二次再犯风险测评（$n=244$）		χ^2/t
	频数	占比（%）	频数	占比（%）	
其他	50	1.5	7	2.9	
侵犯财产	191	5.8	24	9.8	
盗窃	105	3.2	6	2.5	
抢劫/抢夺	28	0.9	6	2.5	
其他	58	1.8	12	4.9	
危害公共安全	1395	42.4	28	11.5	
交通肇事/危险驾驶	1342	40.8	24	9.8	
其他	53	1.6	4	1.6	
妨害社会管理秩序	569	17.3	46	18.9	
寻衅滋事/聚众斗殴	182	5.5	18	7.4	
其他	387	11.8	28	11.5	
贪污贿赂/渎职	353	10.7	40	16.4	
破坏市场经济秩序	415	12.6	59	24.2	
服刑类型					15.548**
缓刑	3243	98.7	233	95.5	
假释	32	1.0	8	3.3	
管制	6	0.2	2	0.8	
监外执行	6	0.2	1	0.4	
社区矫正期限					71.309***
1年以内	2168	66.3	97	39.8	
1~2年	690	21.1	98	40.2	
2年以上	412	12.6	49	20.1	
已服刑时间	—		8.70（3.093） 3（Min）~21（Max）		

注：n.s. 表示无显著；*，**，*** 分别表示在 $p<0.05$，$p<0.01$，$p<0.001$ 水平上显著。下同。

对社区服刑人员的人口社会学信息、社区服刑信息等基本情况进行统计分析，有利于充分了解该群体的实际总体状况。

1. 社区服刑人员人口社会学特征

根据第一、二次再犯风险测评数据可得如下信息。①性别构成。男性均占大多数，第一次测评频数为2897，占88.1%，第二次测评频数为207，占84.8%；第一次测评女性频数为390，占11.9%，第二次测评频数为37，占15.2%。②年龄结构。第一次测评年龄段为14～83岁，第二次测评年龄段为15～69岁，最小值差1岁，最大值差14岁。③婚姻状况。已婚的占大多数。④目前状况。社区服刑人员在职/在读的占大多数，第一次测评频数为2375，占72.3%，第二次测评频数为177，占72.5%；失业状态的第一次测评频数为912，占27.7%，第二次测评频数为67，占27.5%。⑤所在区域。除南沙区第一次测评频数与第二次测评频数均占7.8%外，其他区域社区服刑人员抽样比例相差不大，较为均匀。

2. 社区服刑人员社区服刑特征

①犯罪类型。第一次测评危害公共安全中的交通肇事/危险驾驶占比较高，第二次测评与第一次测评相比，各犯罪类型占比没有第一次占地差值大。②服刑类型。缓刑占比均超过95%，假释、管制、监外执行等类别占比极低。③社区矫正期限。1年以内的第一次测评比重为66.3%，第二次测评比重为39.8%；1～2年的第一次测评比重为21.1%，第二次测评比重为40.2%；2年以上的第一次测评比重为12.6%，第二次测评比重为20.1%。

（二）社区服刑人员再犯风险预测及变化情况综合分析

本实证研究通过对广州市11个区的同一社区服刑人员多次测量数据的比较，根据社区服刑人员再犯风险变化趋势，探寻造成差异的影响因素，并分析各影响因素的效力。总体来看，社区服刑人员再犯风险受家庭、经济、居住环境等因素的影响，也受到专业技术因素如社会工作专业服务、心理矫正等方面的影响，还受到社会外界等多种相关因素的制约。社区服刑人员第一次再犯风险测评结果、预测能力、风险等级见表3～表5。

表3　社区服刑人员第一次再犯风险测评（$n=3287$）

	第一次再犯风险测评			
	分值		等级	
	M	SD	低（%）	中+高（%）
犯罪历史	0.24	0.639	98.2	1.8
教育工作	1.99	2.221	67.2	32.8

续表

	第一次再犯风险测评			
	分值		等级	
	M	SD	低（%）	中+高（%）
经济	0.56	0.523	45.5	54.5
家庭和婚姻	0.42	0.791	89.1	10.9
居住环境	0.16	0.404	84.7	15.3
休闲娱乐	1.28	0.495	2.1	97.9
同辈群体	0.19	0.635	94.8	5.2
毒品和酒精	0.14	0.706	97.9	2.1
精神情绪	0.26	0.619	94.8	5.2
罪行态度	0.06	0.317	98.5	1.5
再犯风险总得分	5.33	3.849	76.3	23.7

表4 再犯风险测评预测能力

	第一次再犯风险测评				χ^2
	低		中+高		
	频数	占比（%）	频数	占比（%）	
无再犯	163	92.1	40	59.7	36.471***
有再犯	14	7.9	27	40.3	
总计	177	100.0	67	100.0	

表5 整体再犯风险等级变化情况（$n=244$）

第一次到第二次整体再犯风险	频数	占比（%）
降低	143	58.6
不变	30	12.3
增加	71	29.1
总计	244	100.0

由表5可知，第一次到第二次整体再犯风险频数降低及不变的占比为70.9%，有可能增加再犯风险的有71人，占比29.1%。而在表4中，无再犯风险比例平均值约为75.9%，有再犯风险比例的平均值约为24.1%。通过以上数据可知，针对社区服刑人员再犯风险及预测效能的综合评估，可以得出目前广

州市社区服刑人员再犯风险属于较小类型的基本结论。

将第一次再犯风险测评分数与是否出现再犯行为进行交互分类分析（见表6），萨默斯相关系数 dy =0.324（x^2 =36.471，p <0.001），用再犯风险测评分数在一定程度上可以预测社区服刑人员是否会出现再犯行为。

表6　再犯风险变化情况（n =244）

	再犯风险				差值	t
	第一次		第二次			
	M	中+高（%）	M	中+高（%）		
犯罪历史	0.31	1.6	0.31	1.6	-	-
教育工作	2.23	38.5	1.99	29.9	0.24	1.413 n.s.
经济	0.59	57.4	0.58	55.3	0.01	-0.100 n.s.
家庭和婚姻	0.46	11.5	0.43	11.9	0.03	0.544 n.s.
居住环境	0.18	18.4	0.17	16.4	0.01	0.437 n.s.
休闲娱乐	1.27	98.0	0.75	59.4	0.52	<0.001 ***
同辈群体	0.21	5.3	0.42	11.9	-0.21	-2.574 *
毒品和酒精	0.09	0.8	0.10	0.8	-0.01	-0.213 n.s.
精神情绪	0.28	5.3	0.16	3.7	0.12	2.76 *
罪行态度	0.09	2.5	0.06	1.2	0.03	1.238 n.s.
整体再犯风险	5.73	27.5	4.98	25.0	0.75	3.054 **.

由表6数据得出，各因素的效能差异不大。将第一次与第二次再犯风险测评比较发现，休闲娱乐方面明显变好，同辈群体交往再犯风险增加，整体再犯风险下降显著。

（三）社区服刑人员专业服务匹配程度

由表7可知，社区服刑人员接受专业服务匹配程度较高的有法制教育、组织参加公益活动、心理情绪辅导、政策咨询及社会交往引导。第一次与第二次风险测评比较中，休闲娱乐方面明显变好，同辈群体交往再犯风险增加，整体再犯风险下降显著，不排除社会工作者开展专业服务的正面影响。

表7　专业服务匹配程度

	有		无	
	频数	占比（%）	频数	占比（%）
法制教育	190	77.9	54	22.1
组织参加公益活动	185	75.8	59	24.2
心理情绪辅导	153	62.7	91	37.3
政策咨询	136	55.7	108	44.3
社会交往引导	124	50.8	120	49.2
加入义工组织	114	46.7	130	53.3
节日慰问	112	45.9	132	54.1
法律援助	111	45.5	133	54.5
改善家庭关系	105	43.0	139	57.0
休闲娱乐	45	18.4	199	81.6
就业帮扶	30	12.3	214	87.7
临时住宿	15	6.1	229	93.9
医疗救助	13	5.3	231	94.7
其他	13	5.3	231	94.7
经济援助	11	4.5	233	95.5
社工服务整体	214	87.7	30	12.3

四　预防社区服刑人员再犯对策及建议

基于社区服刑人员再犯风险变化情况与显著特征，本文提出以下几条关于预防社区服刑人员再犯的对策与建议。

（一）分级分类监管中加强对中高风险群体的关注

由表5可知，第一次到第二次整体再犯风险频数降低及不变的占比70.9%，有可能增加再犯风险的有71人，占比29.1%。社区服刑人员有再犯风险的群体更是集中于中高风险群体，为此，××县在分级分类监管中，从社区服刑人员出发，根据其自身特点，结合实际情况，采取多元的矫正方式（社区服刑人员生理－心理－社会的多元模式）。

（二）拓展多样化专业服务，不断完善重点需求服务

通过表6再犯风险变化情况数据得出，经第一次与第二次再犯风险测评比较，休闲娱乐方面明显变好，整体再犯风险下降显著。表7显示，社区服刑人员接受专业服务匹配程度较高的有法制教育、组织参加公益活动、心理情绪辅导、政策咨询及社会交往引导。由于法制教育和公益活动在广州市11个区均全覆盖，社区服刑人员在服刑期间均需要完成两项内容每个月不低于8小时的时数。应依托各区、街道、居委会（村级）等社区资源，通过政府购买项目，发挥社会工作的专业优势，依据社区服刑人员再犯风险影响因素，拓展多样化的专业服务，不断完善重点需求服务。

（三）链接社会资源，搭建多方社会支持网络，加强社区服刑人员家庭和社区等系统的支持，促进共融

社区服刑人员在解矫后普遍感到认同度低，人们对社区服刑人员普遍冷漠与歧视[①]。在搭建社区服刑人员社会支持网络，促进社区服刑人员的社会融入基础上，再加强社区服刑人员家庭和社区（尤其是朋辈支持网络）等系统网络的支持更是重中之重。链接社会资源，搭建多方社会支持网络，加强社区服刑人员家庭和社区等系统的支持，增进广大社区居民对社区服刑人员的理解，促进社会融合和平等接纳，使其顺利回归社会。在第一次风险测评中，大多数社区服刑人员的休闲娱乐水平都有极大的提升空间，引导社区服刑人员充分利用好休闲娱乐时间，对降低其再犯风险有重要作用。

Empirical Study on the Risk of Recidivism in Community Prisoners

Gan Yanxian

Abstract: how to investigate and evaluate the reoffending risk and social risk of community prisoners scientifically and effectively, so as to lay a foundation for con-

---

① 林洪浩、李天研：《区一级社区矫正社工组织缺资金或关闭——社区矫正面临资金、编制和法律等多重困境》，2011年12月19日，http://gd.sohu.com/20111219/n329466549.shtml。

trolling and controlling the risk of community correction. It is of great significance and effect to achieve the goal of preventing and reducing the reoffending of community correctional personnel in community correction work. In 2012, the recrimination rate of community prisoners in Guangzhou was 0. 1%, and Guangzhou was "empirical-based". Scientific assessment, evidence-based correction as the principle of risk assessment of recidivism, for community prisoners to carry out classification supervision, social adaptation to the needs of the help, one individual and one file of personalized correction services provide a scientific basis. This empirical study based on the comparative difference of the data measured by the same community service personnel in 11 districts of Guangzhou, the influence factors of the difference are explored according to the change trend of the recidivist risk of the community service personnel, and the follow-up matching countermeasures are also analyzed.

Keywords: Community Prisoners; Recidivism Risk; Empirical Evidence; Evidence-based Correction

·调查研究·

城中村外来流动人口聚居区的社区认同

——以广州石村为例

蓝宇蕴　苏振浩　黄晓丹　刘秋玲　林晓婷*

摘　要　广州外来流动人口主要聚居在城中村，城中村由此成为外来流动人口聚居区与独特的城市社区。本研究以广州城中村石村为例，针对外来流动人口对其聚居区的认同状况展开调查，在此基础上从功能认同和情感认同维度编制量表，并就社区认同度及影响因素进行分析。研究表明，外来流动人口对其聚居区的总体认同度偏低，与其邻里互动和社区参与稀缺相关。而整体认同度低、邻里互动与社区参与匮乏又与年龄差异、从业状况、户籍性质、城市居住时长及形式、婚姻与文化程度等因素有关。提升外来流动人口社区认同度的主要对策思路是，在关注宏观及微观制度改变的同时，改善聚居区的生态环境，加大多元社会组织尤其是社会工作机构的介入，拓展邻里交往与社区参与渠道，推动形成友好型的外来流动人口聚居区。

关键词　城中村　外来流动人口　社区认同

一　研究背景与问题的提出

中国大规模城市化，是近四十年来最宏大的社会变迁。据国家卫计委发布的《中国流动人口发展报告2017》，至2016年，中国流动人口达2.45亿，大致占总人口的18%，相当于每六人中就有一个是流动人口，且此人口群体

* 蓝宇蕴，华南师范大学教授，社会学博士，博士生导师。苏振浩、黄晓丹、刘秋玲、林晓婷，华南师范大学政治与行政学院2015级社会工作本科生。

与诸多宏观微观的社会问题相关，深度影响中国社会治理的整体格局。① 在未来20年内，中国城市化仍处在较快发展阶段，庞大流动人口及其相关问题的存在依然是不容回避的事实。

城中村作为城市外来流动人口聚居区，主要是自发演化而来的低成本生活区。在其由“乡村社区”向城市“外来人口聚居区”转型的过程中，城市元素不断增加，但有些变化并不利于居民的社区归属感及认同感的形成与维系。例如，随着城中村聚居区人口异质性与流动性的加强，居所越来越成为“临时宿舍”。由于与流动人口自身的社会经济特征相关，也与滞后的公共管理服务体制相关，城中村聚居区在城市空间结构急剧分化背景下，至少在相当时期内仍会以“问题集聚化”的形态存在，并由此决定了对其进行持续关注的必要性。

十多年来，中国一直致力于推进社区建设。在多样化的社区建设中，如何在日益陌生化的邻里关系中构筑更具有居民认同度的温情生活、如何在日益离散的人际互动中培育更具归属感的生活共同体，是所有社区建设共同关注的主题。那么，相对于城中村聚居区而言，外来流动人口对其社区的认同状况如何？主要影响因素是什么？如何营造更具有认同感的社区生活？这些问题正是本研究的核心关注点。

二　相关研究综述与主要分析视角

（一）相关研究综述

在本文中，城中村与外来流动人口聚居区基本同义，特指城市化过程中，随城郊村在地域上逐步成为城区，但在其土地权属、行政管理乃至本土居民户籍等方面仍保留或部分保留乡村治理的社区单元。城市外来流动人口特指，由外地进入城市居住、生活与就业，但由于没有流入地的户籍等而不享有诸多市民权益，并形成独特生活状态的特定社会群体。在广州，城中村成为外来流动人口聚居区（以下简称“城中村聚居区”）与独具特点的城市社区。关于城中村聚居区的相关研究很多，在既有研究的回顾与梳理中，主要选择与本研究主题相关度较高的，如关于聚居区及其外来流动人口之社会融合的研究、聚居区居住模式及其改善策略的研究，并进行简要概述。

① 中国流动人口发展报告编委会：《中国流动人口发展报告2017》，中国人口出版社，2017，第10～105页。

首先，关于聚居区及其外来流动人口社会融合之研究。有学者认为，聚居区外来流动人口之社会融合主要应从社会关系、经济、心理和文化融合四个层面进行考察，且发现该群体总体的社会融合度不高，并依上述四层面逐次降低。与此研究相关，还有研究就进一步认为，此状况是与城市外来流动人口聚居的社会空间状况高度相联系的①。当然，关于群体融合度低的缘由，探讨性的解释不少，如有人认为，外来群体的流动性与异质性程度高、社会保障制度残缺、人际网络的非正式关系主导是关键②；也有人认为，空间私有化及公共空间有限性才是主要影响因素③；还有研究认为，流入地户籍制度充当汲取外部资源与防止内部资源外溢的工具，这才是核心问题④；等等。这些观点虽有各自的解释能力，但可以确定的是，城市外来人口的社会融入度低是由其在社会结构中的“原子化”状态等多重原因造成的，而这一非整合状况，又会反过来制约其对聚居区的认同乃至社会融合的进一步推进。

其次，关于聚居区及其外来流动人口居住模式与其社区认同及社会融合之研究。不少相关研究指出，城中村聚居式的居住方式会引发不同程度的社会隔离，并成为城市及社会融入的障碍。如有研究认为，外来群体在城市边缘或其他较低质空间居住与生活，无论是聚居或散居都易引发身份认同感的弱化⑤，而且，“准社区”型、进入社区型或未进入社区型的居住方式，均存在一定“非居民化”的居住特征⑥，甚至有些聚居区在外来群体寻找经济机会的过程中发展成为产业聚居地，并同时建构出功能混杂的社会空间⑦。在更关注功能分化的现代城市空间中，这种聚居区不利于促进社会融合与社会认同。此外，有研究指出，政府政策忽略外来群体的社会融合，也是外来人口

---

① 汪明峰、程红、宁越敏：《上海城中村外来人口的社会融合及其影响因素》，《地理学报》2015年第8期。

② 李培林：《流动农民工的社会网络和社会地位》，《社会学研究》1996年第4期。李培林、李炜：《农民工在中国转型中的经济地位和社会态度》，《社会学研究》2007年第3期。

③ 〔美〕张鹂：《城市里的陌生人》，袁长庚译，江苏人民出版社，2014，摘自其中的“中国流动人口的空间、权力与社会网络的重构”部分。

④ 赵燕菁：《经济转型过程中的户籍制度改革》，《城市规划汇刊》2003年第1期。魏立华、丛艳国：《“自利性”户籍制度对中国城市社会空间演进的影响机制分析》，《规划师》2006年第6期。

⑤ 康雯琴：《大城市流动人口非居民化居住特征研究——以上海浦东新区为例》，《西北人口》2005年第6期。

⑥ 林蓉：《从北京的“浙江村”看农民工在城市的社区融入》，《消费导刊》2009年第5期。

⑦ 王汉生、刘世定、孙立平、项飚：《“浙江村”：中国农民进入城市的一种独特方式》，《社会学研究》1997年第1期。

难以产生社区认同的主要原因，而政府如能借鉴国外的阶层混居模式则有助于缓解阶层之间的隔膜①，更可避免社区之间极端分化的问题②。只是关于此也有研究发现，阶层混居模式具有精英主义的倾向，而重构社区组织，把外来群体纳入正式社会治理系统，并以社区服务等推进利益共享，聚居区各种问题（包括社会融合与社区认同问题）均可逐步得到化解③。这些聚焦于聚居区居住方式的相关研究，从不同角度阐述了聚居区及其外来人口生存状态、居住方式的相关问题，但就这些问题与外来群体对其聚居区认同的关系则并未给予特别的关注和解释。

最后，关于改善聚居区及其外来流动人口生存状态之研究。探讨大多是在描述与分析聚居区及其外来人口相关问题的基础上且主要从公共管理、社区治理与社区工作等视角进行的，如有提出要以社区工作带动聚居区外来群体的社会与社区融入的④，有提出要以社区管理促社区融合的⑤，有提出要以发展外来群体主体意识以促进社区认同的⑥。有的认为，由于现阶段城市外来群体的社区身份认同不具备社会结构的基础⑦，改进基础设施、倡导多元文化与提高本地文化认知度是提高他们对其所在城市与社区认同的可能路径⑧。也有研究认为，城市是社会生态圈，“共生”才能共荣，为此构建底层社会网络很重要⑨，这是他们获得向上流动机会及能力的基本保障⑩。其中，还有学者

① 徐琴：《论住房政策与社会融合——国外的经验与启示》，《江淮论坛》2008 年第 5 期。赵晓罡、薛继亮：《城中村改造、伪“逆城市化”与社会分层》，《经济体制改革》2010 年第 6 期。

② 袁媛、许学强：《广州市外来人口居住隔离及影响因素研究》，《人文地理》2008 年第 5 期。

③ 冯晓英：《对北京市流动人口聚居区治理的再思考》，《北京社会科学》2016 年第 6 期。

④ 关信平、刘建娥：《我国农民工社区融入的问题与政策研究》，《人口与经济》2009 年第 3 期。刘建娥：《乡—城移民社会融入的实践策略研究——社区融入的视角》，《社会》2010 年第 1 期。

⑤ 董章琳、张鹏：《城市农民工社会融合的影响因素分析——基于重庆市 1032 名农民工的调查》，《重庆理工大学学报》（社会科学版）2011 年第 2 期。

⑥ 马良：《构建和谐社区和外来居民主体角色的定位——对杭州市江干区三叉社区的实证分析》，《中共浙江省委党校学报》2007 年第 1 期。张江龙、章晓：《流动人口聚居区社区融合的主体选择》，《管理学刊》2010 年第 5 期。

⑦ 宋国恺、王起：《流动人口的社会融合研究综述》，《广州大学学报》（社会科学版）2012 年第 8 期。

⑧ 刘望保、谢丽娟、张争胜：《城中村休闲空间建设与本、外地人口之间的社区融合——以广州市石牌村为例》，《世界地理研究》2013 年第 3 期。

⑨ 包路芳：《北京市“城中村”改造与流动人口城市融入》，《新视野》2010 年第 2 期。

⑩ 高云红、尹海洁：《城市底层空间：想象与实践——西方底层空间研究述评及对国内相关研究的启示》，《甘肃行政学院学报》2014 年第 5 期。陈菊红：《浙江流动人口再组织化的政府创新研究》，《杭州电子科技大学学报》（社会科学版）2016 年第 3 期。

指出，原乡村网络复制移植对外来群体的归属感与社会融入至关重要[①]；此外，还有研究指出，草根组织重构可增强人的行动能力和强化有意义生活世界的建设，同时还能消解原子化张力与提升管理服务效果[②]；等等。这些研究表明，促进聚居区外来流动群体的社会融入和社区认同，没有多元化思路或策略的介入是难以达到目的的。

概之可发现，在城中村聚居区及其外来人口主要相关问题的研究中，无论是理论解释还是对策梳理，均具有很强的针对性，并提出不少有价值的观点或对策思路，但总体而言，这些研究存在“碎片化”的问题，并且几乎忽略了城市外来流动人口对其聚居区的认同议题。此外，就目前有关社区认同的主流研究看，基本都聚焦在普通农村社区与城市社区上，但改革开放以来的城乡结构已发生巨大变化，产生了大量介于城乡社区之间的城中村聚居区，由此凸显出主流研究的明显缺陷。为弥补既有研究的这一缺失，本文以广州石村为例，围绕城中村外来流动人口对其聚居区的认同状况及影响因素展开调查分析，并在此基础上提出相应的对策思路和建议。

（二）主要理论分析视角

就理论层面而言，本研究主要是社会认同理论视角下的一个透视。社会认同理论由 Henri Tajfel[③] 和 Turner 等人提出，并因对群体间行为所进行的创新性解释而在群体关系研究中很具影响力。该理论认为，群体认同是群体行为的基础，个体基于社会分类而对群体产生认同，并形成对内群体的偏好与对外群体的偏见，且源于内外群体有利的比较而维持对内群体的积极态度。当这种认同面临威胁时，群体或个体往往会采取相应策略以提高自尊，但如过分偏爱内群体与排斥其他群体，则易引发偏见或冲突。由于国内社会认同研究仍处在起步阶段，以社会认同理论研究转型期的社会流动与弱势群体等问题，无疑具有独到的解释能力，特别是关于外来流动人口对其城中村聚居

---

① 王春光：《流动中的社会网络：温州人在巴黎和北京的行动方式》，《社会学研究》2000 年第 3 期。

② 李春南：《发展视角下的社区运动——京郊外来打工者的社区试验》，《社会发展研究》2015 年第 2 期。

③ Henri Tajfel，犹太人［曾名：Hersz Mordche（波兰语名）］，1919 年 6 月 22 日生于波兰的弗罗茨瓦夫，1982 年 5 月 3 日卒于英国牛津。他是一个社会心理学家，闻名于开创性地提出“偏见的认知方面”“社会认同论”。他也是“欧洲社会心理学协会”的创始人之一。

区的认同研究，不仅是涉及社会协调发展的主要议题，也是外来人口更好适应城市生活的重要议题，同时也是社会认同理论得到充实的本土化尝试。但需要说明的是，本文所指的社区认同，特指城市外来流动人口个体或群体，基于利益、情感与价值的缘由而对所居住城中村聚居区的接纳或认可，包括心理或行为上对城中村聚居区在功能或情感上的认可或接纳情形。

市场经济的发展打破了原有的城乡隔离，大量的外来流动人口涌入城市，聚居在城中村。他们离开自己的家乡来到城市，主要是为了自己或家庭的生存发展。因此，他们绝大多数时间都在忙于工作，忙于实现自己的目标，而无暇顾及与社区内其他居民的交往，甚至无暇顾及整个社区的情况。在这种情形下，我们提出：

研究假设1：外来流动人口的社区参与和邻里互动影响其社区认同感。

社区认同又分为功能认同和情感认同。功能认同是指对社区内硬件环境的认同，主要是指对社区功能的认同，如交通、教育、社区管理等；情感认同是指对社区软件环境的认同，是指对社区内的人、事、物的一种情感层面的认同和接纳。大量的外来流动人口之所以远离家乡，一部分原因就是被社区的硬件环境所吸引，而对于社区内的人、事、物，他们更多持一种无所谓的态度。因此，我们提出：

研究假设2：外来流动人口的功能认同高于情感认同。

随着居住时间的延长，个人和家庭对于社区的熟悉程度会逐渐增加，在社区内也会逐渐形成自己的人际网络和一定的事业，对社区的认同感也会相对提高，外来流动人口亦是如此。因此，我们提出：

研究假设3：居住时间愈长，外来流动人口的社区认同感愈高。

三　主要研究方法、石村与问卷对象简介

（一）主要研究方法

本研究由五人组成的调查小组深入社区，并以多种方式取得较为丰富的原始资料。主要采用了如下调查方法。①问卷法。共发放问卷220份，回收问卷206份，有效问卷回收率为93.6%。全部问卷以访问问卷为主，以自填问卷为辅，并于2017年5月至2018年3月间通过现场派发方式完成。在派发

问卷中，对文化程度较低的对象，主要是由调查员询问并据回答情况进行填写；对文化程度较高者则由受访者自己填写，调查员负责相关的解释。问卷主要是在石村老人活动中心、出租屋楼下或楼道中、自行车棚等公共场所完成，并以上下班或周末时间为多。②访谈法。访谈调查以面对面的半结构式访谈为主，访谈对象基于便利原则进行选取，其中还包括与附近街道的家庭综合服务中心与新市民生活馆合作，寻找合适的对象。本研究共访谈研究对象32人，年龄多在20～35岁，半数为深度访谈对象。③观察法。调查人员通过对石村近半年比较深入细致的走访与了解，观察记录了这个城市外来人口聚居区的生活环境与实际生存处境，包括了解与记录人们生活的物理与人文环境等，获取了比较充裕的观察资料。在此过程中，问卷和访谈同步展开，并获得相互补充的研究资料。

（二）石村简介

研究对象石村是为遵循学术惯例而取的学名，亦有遵循传统习惯称谓之意。石村是广州市天河区石牌街属下的城中村，1997年由原行政村通过"村改居"演变而来，目前由逢源社区、绿荷社区、朝阳社区、南镇社区四个居委会社区共同组成整体性的社区治理单元，主要行政社会事务由原集体经济组织改制而来的某企业集团负责。就地理位置而言，石村位于城市主城区，具体位于黄埔大道以北、中山大道以南、石牌东路以西和石牌西路以东，呈不规则的长方形分布，占地面积大约为0.6平方公里。

就二十多年的城中村属性而言，把石村理解为城市外来流动人口聚居区比较准确。目前，石村内有3000多栋私人房屋，宅基地均为集体用地，本土居民与外来人口混居其中，但以外来流动人口为主。在7万左右的总人口中，外来人口就有6万多人，占比达到八成以上。外来人口大量进入并形成阶层化的聚居区，本土居民逐步迁至专门的安置小区或其他居住小区。聚居区内的本土居民主要依托自家宅基地上的出租屋而成为业主并获得租金收益，也依托集体组织和集体经济的支持而成为社区权利关系主体，而外来流动人口由于租屋而居，并基本外在于正式的社区组织体系成为虽然人口数量居多但几乎并不拥有治理权的社区群体，且与本土居民在直接或间接的互动过程中营造出独特的社区生态系统。石村近年的人口结构如表1所示。

表1　石村近年的人口结构状况

单位：人，%

项目	2013 年	2015 年	2016 年	2017 年	2018 年
总人口数	37513	74255	74255	74255	66100
外来人口总数	25941	65123	65123	65123	55946
外来人口占总人口的百分比	69.2	87.7	87.7	87.7	84.6

（三）问卷对象简介

本研究主要是基于206份有效问卷的相关数据展开的。问卷对象构成及其特征对分析把握聚居区外来流动人口的基本状况，特别是对与主题相关的聚居区认同状况之分析具有基础性铺垫意义，在此择要介绍。

其一，性别与年龄结构。一是性别构成。在有效调查问卷中，涉及男性85人，占样本总量比例为41.3%，女性121人，占58.7%，女性略多，符合社区作为居家空间，女性留守更多时间的事实。二是年龄构成。问卷对象的年龄集中在20岁及以下者共有33人，占比16.0%；21～30岁人员有123人，占比59.7%；31～40岁人员有18人，占比8.7%；41～50岁人员有12人，占比5.8%；51～60岁人员有17人，占比8.3%；61岁及以上人员3人，占比为1.5%。此数据显示，聚居区外来人口中，21～30岁年轻人最多，61岁及以上老年人最少。这与进入城市的打工者以青壮劳力为主，而老年人更多地留在家乡的一般情况相吻合。

其二，户籍、婚姻与教育程度。一是户籍状况。在问卷对象中，农村户籍者144人，占比69.9%，城镇户籍者62人，占比30.1%，农村户籍者占多数，表明石村外来人口以进城农民工为主。二是婚姻状况。调查样本中有70人已婚，占比34.0%，有134人未婚，占比65.0%，另有2人是丧偶者，显示未婚者占大多数。三是教育状况。拥有小学教育程度者11人，占5.3%，拥有初中教育程度者38人，占18.4%，高中教育程度者52人，占25.2%，接受过高等教育者105人，占51.0%。超半数有大学教育经历，表明石村外来人口的整体教育水平较高。

其三，收入、居住时长及居住形式。一是收入状况。问卷对象多有较固定职业，占比达57.8%，但收入以中低水平为主，其中109人（占比约53.0%）的月收入在4000元以下，少数6000元以上者为高学历白领以及打多份工者。二是居住时长。石村外来人口到广州不足一年者占比21.4%，1～3年者占比

35.4%，10年以上者占比14.6%，过半数在广州的居留时间不足3年。再从石村居留时间看，41.3%的人员表示在此租住不足1年，3年以下者占56.8%，表明外来人员的流动性高，但也有11.2%的人员在石村居住达10年以上，甚至见证了这个城中村的发展历程。三是居住形式。问卷对象中有独居者48人，占比23.3%，与家人合住者91人，占比44.2%，与陌生人合租者4人，占比1.9%，而与熟人合租者占比26.7%，其他居住形式者占比3.9%。这表明合租者多，且与家人或熟人合租更多。

四 邻里互动、社区参与和社区认同情况的调查与分析

社区认同是本研究的核心概念，为更具体直观地进行描述说明与论证，在此将从具有操作性意涵的邻里互动与社区参与入手，其主要依据是，邻里互动、社区参与既是构成也是引发社区认同的关键因素，同时还是透视外来群体对其聚居区认同的重要显示点，然后再进入更核心的社区认同层面进行更深入的调查分析，以求获得更多数据的支持与更多层面的解释。

（一）关于聚居区邻里互动和社区参与情况的调查与分析

1. 邻里互动和社区参与的总体情况

关于邻里互动与社区参与整体情况，本研究使用简单评价指标进行衡量，即将邻里互动和居民参与分为“从不”“偶尔”“经常”选项并分别给予1、2、3的不同分值，分值越高表明邻里互动和社区参与越多。从调查结果看，聚居区外来人口在邻里互动和社区参与上的平均得分为1.76分和1.33分，行为频次在“偶尔”层次，意味着邻里互动和社区参与的行为整体在“从不”与“偶尔”之间，且邻里互动比社区参与稍多一点。该调查结果提示，聚居区外来人口缺乏基本的邻里互动与社区参与。构成社区的基本要件是居民基本的互动和参与，就此意义而言，石村这个城中村聚居区甚至缺乏成为社区的基础要件。

在邻里互动与社区参与方面，邻里互动与社区参与动机薄弱，实际表现及效果亦相当不尽如人意。当被问及日常主要交往人群时，受访者表示，主要是与自己工作或学习相关的人交往，且以外地人为主，与当地人交往仅限于交房租时与房东联系。而在关于社区参与的访谈中，有受访者就表示，社

区活动多是针对本地人开展的，针对外来人员的很少，就算有也没听说，自己也不感兴趣。

2. 邻里互动与社区参与的不同情形

（1）不同年龄层的邻里互动与社区参与

从表2知悉，就因变量“邻里互动”而言，整体检验的F值为3.464（$p = 0.005 < 0.05$），达到显著水平，因此需拒绝虚无假设，接受对立假设，表示聚居区不同年龄层的居民在“邻里互动”上有显著差异存在。

运用LSD法进行事后检验发现，就因变量“邻里互动”而言，31岁及以上人员的邻里互动显著高于30岁及以下人群，其中邻里互动最少的是20～30岁年龄段者，61岁及以上年龄段者互动较多。越是老年人，在社区或出租屋居留的时间越长，邻里沟通也会多些。如在石村内有个比较大型的文化活动中心，每天在此休闲娱乐或聊天的老人都有50人以上。

表2　不同年龄外来人口邻里互动与社区参与差异比较的方差分析摘要表

		平方和	自由度	均方	F	显著性	事后检验LSD法
邻里互动	组间	5.111	5	1.022	3.464	0.005	A > B、C > A
	组内	59.025	200	0.295			D > C、E > D
	总计	64.136	205				F > E
社区参与	组间	0.922	5	0.184	0.960	0.443	
	组内	38.403	200	0.192			n. s.
	总计	39.325	205				

注：n. s. 表示 $p > 0.05$、20岁及以下（A）、20～30岁（B）、31～40岁（C）、41～50岁（D）、51～60岁（E）、61岁及以上（F）。

（2）不同居住形式的邻里互动与社区参与

从表3知悉，就因变量“邻里互动”而言，整体检验的F值为9.420（$p = 0.000 < 0.05$），达到显著水平，因此需拒绝虚无假设，接受对立假设，表示不同居住形式聚居区居民在“邻里互动”上有显著差异。

运用LSD法进行事后检验表明，就因变量“邻里互动”而言，和家人一起居住群体显著高于独居群体、和陌生人居住群体，和陌生人居住群体显著低于和熟人居住群体。石村外来者与老乡同住或靠近的情况较多，因有些是由老乡带入的，当然也与有事方便找老乡帮忙的因素相关。同住或靠近居住有助于增加邻里互动。

表3　不同居住形式外来人口邻里互动与社区参与差异比较的方差分析摘要表

		平方和	自由度	均方	F	显著性	事后检验 LSD 法
邻里互动	组间	7.872	3	2.624	9.420	0.000	A < B
	组内	56.265	202	0.279			B > C
	总计	64.136	205				C < D
社区参与	组间	1.335	3	0.445	2.366	0.072	n. s.
	组内	37.990	202	0.188			
	总计	39.325	205				

注：n. s. 表示 p > 0.05、独居（A）、和家人一起住（B）、和陌生人一起住（C）、和熟人合租（D）。

（3）聚居区不同居住时长的邻里互动与社区参与

从表4知悉，就因变量“邻里互动”而言，整体检验的F值为6.399（$p = 0.000 < 0.05$），达到显著水平，因此需拒绝虚无假设，接受对立假设，表示不同居住时长聚居区居民在“邻里互动”上有显著差异。

运用Tamhane's T 2法进行事后检验发现，就因变量“邻里互动”而言，居住时长1～3年群体显著高于居住时长1年以下群体，居住时长3～5年群体显著高于居住时长1～3年群体，居住时长5～10年群体显著高于居住时长3～5年群体，居住时长10年以上群体显著高于居住时长5～10年群体。

通过对广州不同居住时长者与聚居区不同居住时长者的调查分析可知，两者在社区参与上没显著差异，参与度都低。聚居区居住时长是影响邻里互动的关键。在同一聚居区居住时间越长，邻里互动越频繁，邻里关系越紧密。

表4　不同石村居住时长者的邻里互动与社区参与比较的方差分析摘要表

		平方和	自由度	均方	F	显著性	事后检验 Tamhane's T 2 法
邻里互动	组间	7.245	4	1.811	6.399	0.000	A < B、B < C
	组内	56.892	201	0.283			C < D
	总计	64.136	205				D < E
社区参与	组间	0.483	4	0.121	0.624	0.646	n. s.
	组内	38.842	201	0.193			
	总计	39.325	205				

注：n. s. 表示 p > 0.05、1年以下（A）、1～3年（B）、3～5年（C）、5～10年（D）、10年以上（E）。

（二）关于聚居区认同情况的调查与分析

1. 量表的相关说明

（1）有关项目分析的说明

项目分析重在检验编制量表或检验个别题项的适切和可靠性程度。通过对量表题项加总以及高低分组后进行决断值的求取与相关性分析、同质性检验，最后得出量表，此表为项目分析摘要表（表5），从中可看出社区认同各题均符合每项的判断准则。

表5 社区认同量表项目分析摘要表

题项	极端组比较决断值	题项与总分相关	校正题项与总分相关	同质性检验项已删除的Cronbach's Alpha值	公因子方差	因素负荷量	未达指标数	备注
很认可社区管理水平	8.627	0.699**	0.624	0.877	0.496	0.704	0	保留
社区休闲公共空间令我满意	10.895	0.696**	0.611	0.878	0.486	0.697	0	保留
社区环境令人满意	12.222	0.744**	0.699	0.873	0.556	0.746	0	保留
社区能满足孩子教育需求	9.500	0.669**	0.582	0.880	0.443	0.666	0	保留
社区有家的感觉	10.587	0.757**	0.689	0.872	0.589	0.767	0	保留
对社区有特殊情感	11.023	0.748**	0.678	0.873	0.573	0.757	0	保留
社区与自己息息相关	8.524	0.654**	0.563	0.881	0.424	0.651	0	保留
希望长期居住	12.211	0.732**	0.639	0.876	0.517	0.719	0	保留
认为自己是其中一员	11.886	0.765**	0.688	0.872	0.579	0.761	0	保留
社区治安很好	7.515	0.588**②	0.494	0.885	0.343	0.586	0	保留
判断准则	≥3.000	≥4.000	≥4.000	≤.888①	≥.2000	≥.450		

注：① 0.888 为社区认同量表的 Cronbach's Alpha 值。② ** 表示显著性（双尾）P 的数值 <0.05，表示两个变量之间的积差相关达到显著。

（2）有关因素分析的说明

在项目分析完之后，为检验量表建构效度，需要进行因素分析，而因素分析能够求出量表的建构效度。表 6 为社区认同量表因素分析摘要表，从中可看出社区认同主要区分为两个维度，即情感认同和功能认同维度，这与设计问卷时的维度划分相符合。

表 6　社区认同量表的因素分析摘要表

题项变量及题目	最大变异法直交转轴后的因素负荷量		共同性
	情感认同	功能认同	
社区有家一样的感觉	0.811	0.075	0.642
认为自己是社区一员	0.799	0.251	0.702
对社区有特殊的情感	0.749	0.301	0.651
社区环境令人满意	0.723	0.344	0.657
希望长期居住	0.682	0.318	0.567
很认可社区管理水平	0.240	0.785	0.673
社区休闲公共空间令我满意	0.256	0.756	0.637
社区能满足孩子的教育需求	0.115	0.745	0.449
社区与自己息息相关	0.339	0.737	0.663
社区的社会治安很好	0.441	0.505	0.569
特征值	3.291	2.919	6.21
解释变异量（%）	32.912	29.189	62.101
累积解释变异量（%）	32.912	62.101	

（3）有关内部一致性信度的说明

因素分析完后，需继续进行的是量表各层面与总量表的信度检验。从表 7 中我们可以看出，社区认同总量表的克隆巴赫 α 系数为 0.888，功能认同和情感认同两个维度上的 α 系数分别为 0.820、0.856。这说明社区认同量表以及两个维度都具有良好的内部一致性信度。

表 7　可靠性统计量

项目	Cronbach's Alpha 值
社区认同总量表	0.888
功能认同	0.820
情感认同	0.856

2. 有关聚居区认同情况的总体分析

在社区认同量表中，设置“非常不同意”“不同意”“一般”“同意”“非常同意”五个选项，计分依次为1、2、3、4、5分，得分越高表示承诺越高。操作中，通过求总分并进行高低排序，找出高低分组上下27%处的分数，前27%为高分组，后27%为低分组。从高低分组统计看社区认同度的高低。在社区认同分组中，高分组少，低分组占比大，表明认同度总体偏低。但情感认同和功能认同的高低分组占比相同，高分组占32.5%，低分组占27.2%，结合认同总分的分组分析，表明部分人存在情感认同度高但功能认同度低的情况，表明外来人员中，部分人的情感认同和功能认同呈两极分化倾向。总之，石村聚居区外来人员的社区认同度整体偏低，归属感弱，但功能认同与情感认同并不一致。

无论在功能还是情感认同上都反映出偏低的认同水平，融入意愿不强，并影响其他层面的认同。石村生活便利与地理位置优越，这是吸引外来人口进入的主因，也是产生功能认同的主要依据。但对其他方面（包括物理环境）则呈现低认同状况。外来人员的内群体认同倾向及家乡情结也影响到社区认同。当问及将来打算时，受访者大多表示将来打算回老家，预期留在石村发展的意愿不强，其中，落叶归根与有房才算有家被多次提及。外来流动人口浓厚的家乡情结与向往家乡生活，也制约了其对社区的认同。

3. 有关聚居区认同情况的具体分析

石村不同外来群体由于各自情况与角度不同，对所居住社区会有不同的认知并形成不同的社区态度，自然也会体现在社区认同上。本研究主要从年龄、婚姻特征、户籍属性、文化程度、居住形式与居住时长等维度进行差异性分析，并在此基础上就外来人员对其聚居区的认同状况及其缘由进行具体论述。

（1）不同年龄层的社区认同情况分析

由表8可知，功能认同、情感认同、社区认同分别为$p=0.009<0.05$、$p=0.034<0.05$、$p=0.007<0.05$，均达显著水平，即不同年龄者在情感认同、功能认同、社区认同方面有显著差别。

以LSD法进行事后比较，31～40岁者的社区认同度最高，21～30岁者的社区认同度最低。这表明年龄增长有助于提升社区认同度，当然，这与居住时长也有关系，聚居区外来人口随居住时间的增加，逐渐会产生更多的社区情感和认同。

显然，石村聚居区的外来群体具有年轻化的特点，其中，31～40岁年龄层的社区认同度最高，21～30岁年龄层的认同度最低。这与石村地处城市繁华区，能吸引年轻人在周边就业有关。一方面，他们认同城中村聚居区带给自己的种种便利，但另一方面，他们又认为，这种社区生活，缺乏基本的归属感，因此，内心还是会向往落叶归根的生活状态。

表 8　不同年龄层的功能认同、情感认同、社区认同差异比较的方差分析摘要表

		平方和	自由度	均方	F 检验	显著性	事后比较 LSD 法
功能认同	组间	182.372	5	36.474	3.182	0.009	A > B
	组内	2292.502	200	11.463			C > B
	总计	2474.874	205				E > B
情感认同	组间	183.290	5	36.658	2.468	0.034	
	组内	2971.201	200	14.856			C > B
	总计	3154.490	205				
社区认同	组间	692.756	5	138.551	3.266	0.007	A > B、C > B
	组内	8483.423	200	42.417			D > B
	总计	9176.180	205				E > B

注：20 岁及以下（A）、21 ~ 30 岁（B）、31 ~ 40 岁（C）、41 ~ 50 岁（D）、51 ~ 60 岁（E）、61 岁及以上（F）。

（2）不同居住形式的社区认同情况分析

由表 9 可知，功能认同、情感认同、社区认同分别为 $p = 0.063 > 0.05$、$p = 0.020 < 0.05$、$p = 0.017 < 0.05$，其中，情感认同和社区认同都达显著水平。

再以 LSD 法进行事后比较发现，从功能认同看，独居认同度显著低于跟家人一起住及跟陌生人合住，与熟人合租的认同度显著低于跟家人一起住；从情感认同看，独居认同度显著低于跟家人住；从社区认同看，独居认同度显著低于跟家人住及跟陌生人合住。关于此，访谈中就有独居者表示，“如果在这里是和家人或情侣一起住，可能认同感就会很不同”。

表 9　不同居住形式者功能认同、情感认同、社区认同差异比较方差分析摘要表

		平方和	自由度	均方	F	显著性	事后比较 LSD 法
情感认同	组间	149.793	3	49.931	3.357	0.020	
	组内	3004.697	202	14.875			A < B
	总计	3154.874	205				
功能认同	组间	87.526	3	29.175	2.469	0.063	A < B
	组内	2387.348	202	11.819			A < C
	总计	2474.874	205				B > D

续表

		平方和	自由度	均方	F	显著性	事后比较 LSD 法
社区认同	组间	451.081	3	150.360	3.481	0.017	A < B
	组内	8725.099	202	43.194			A < C
	总计	9176.180	205				

注：独居（A）、和家人一起住（B）、和陌生人一起住（C）、和熟人合租（D）。

(3) 不同居住时长者的社区认同情况分析

有关居住时长的问题，主要可以分别从进入所在城市广州和进入所在社区石村的居住时长两个维度进行分析，且两者均对聚居区的认同状况造成不同影响，有必要就此差异进行具体分析。

以 LSD 法进行事后比较可知，就功能认同而言并没差异；从情感认同看，1 年以下者认同度显著低于 3～5 年、5～10 年或 10 年以上者，1～3 年者的认同度显著低于 10 年以上者；就社区认同而言，10 年以上者的认同度显著高于 1 年以下和 1～3 年者。其中，居住达 10 年以上时，外来人员的聚居区认同度显著增高。

表 10　广州不同居住时长者功能认同、情感认同、社区认同差异方差分析摘要表

		平方和	自由度	均方	F	显著性	事后比较 LSD 法
功能认同	组间	47.033	4	11.758	0.973	0.423	
	组内	2427.840	201	12.079			n. s.
	总计	2474.874	205				
情感认同	组间	200.015	4	50.004	3.402	0.010	A < C、A < D
	组内	2954.475	201	14.699			A < E、B < E
	总计	3154.490	205				
社区认同	组间	408.421	4	102.105	2.341	0.056	A < E
	组内	8767.758	201	43.624			B < E
	总计	9176.180	205				

注：n. s. 表示 $p > 0.05$、1 年以下（A）、1～3 年（B）、3～5 年（C）、5～10 年（D）、10 年以上（E）。

五　社区认同与邻里互动、社区参与的相关性分析

就邻里互动而言，虽然它与社区功能认同不存在显著相关（p = 0.224 >

0.05），但是，它与情感认同呈显著正相关，相关系数是0.222（$p = 0.001 < 0.05$），且与社区总体认同呈显著正相关，相关系数是0.174（$p = 0.012 < 0.05$）。就社区参与而言，它与对聚居区的功能认同不呈显著相关，相关系数为0.128（$p = 0.066 > 0.05$），但与社区情感认同呈显著正相关，相关系数是0.222（$p = 0.001 < 0.05$），且与社区认同呈显著正相关，相关系数是0.197（$p = 0.005 < 0.05$），见表11。

概之，城中村聚居区外来群体的邻里互动与情感认同、社区认同均呈显著正相关，即邻里互动越多，社区情感认同和社区认同度越高；社区参与也和情感认同、社区认同呈显著正相关，即社区参与越多，社区情感认同和社区认同度越高。石村的廉租屋功能在相当时期内具有稳定性，其功能认同与邻里互动及社区参与几乎无关，但有利于提升社区认同度。在对全职妈妈与年轻未婚者的访谈中也发现，前者的邻里互动和社区参与较多，在社区情感认同和社区认同度上都较高，后者的认同度则较低。

表11　相关矩阵表

	邻里互动	社区参与	功能认同	情感认同	社区认同
邻里互动	1				
社区参与	0.484 p = .000	1			
功能认同	0.085 p = 0.224	0.128 p = 0.066	1		
情感认同	0.222 p = 0.001	0.222 p = 0.001	0.635 p = 0.000	1	
社区认同	0.174 p = 0.012	0.197 p = 0.005	0.891 p = 0.000	0.916 p = 0.000	1

六　主要研究结论与对策思路和建议

城中村外来流动人口的高流动性与群体及个体的高度异质性，日常交往的表面化与功利化，以及外来流动人口局限于谋生型生活的定位等，都促成了城中村聚居区极其独特的社区属性，且共同决定了这种居民群体难以有足够的意愿与时间去营造邻里关系和参与社区的相关活动，反过来又进一步促成了人际淡漠与认同度的低下。事实上，城中村不尽如人意的社会与生态环境，也难以唤起这些居民主体在情感或行为上的积极投入，这实际也是导致社区认同度低下的重要原因和基础。

（一）主要研究结论

其一，对城中村聚居区，虽然外来流动人口在功能认同与情感认同上有所区别，但总体认同度低，同时，由于年龄差异、从业状况、户籍性质、城市居住时长及形式、婚姻与文化程度等因素的影响，无论在邻里互动与社区参与上还是在社区认同上，都存在程度不等的差异性。

石村地理位置优越，位于城市中心区域，生活配套设施完善，交通便利，生活及就业环境良好，这是吸引外来流动人口入住与形成功能认同的主因，但诸如物质空间结构与人文状况并不合意，社会对其也存在比较多的偏见或负面评价，这些因素的叠加存在，让外来流动人口难以形成对其聚居区的高度认同。

其二，邻里互动和社区参与较少，是总体认同度低的主因，同时也是其结果。由于聚居区外来流动人口之间，以及与本土居民之间均存在较大异质性，加之在石村开展的有些活动是设有门槛的，其中有些活动专门是为本地居民所独享的，外来人口无法参与，外来人口易认为社区并没有自己参与的活动。所在街道的家庭综合服务中心和新市民生活馆不时都有社区活动，且对外开放，但大多外来人口并不知道，即使知道也会因参加者主要是本地居民而退缩，这与外来群体自身特质以及本地居民存在偏见有关。外来人口很少参加社区活动，这又反过来加剧了邻里隔阂与社区认同度低的问题。

其三，关于居住时长及居住形式对聚居区认同有显著影响的发现，具有独特意义。在城市各社会群体中，石村外来流动人口的经济收入大多处在低水平，但研究表明，收入差对社区认同程度的影响不大，反而居住时长和居住形式会对所在社区的认同产生比较明显的影响。外来流动人口工作忙碌，彼此互动少，即使有限互动也是多在与家人、亲人或熟人的共同居住中形成的，由此逐步产生较强的社区认同感，且不自觉地影响到他们对社区的认同性评价。特别是，在城中村聚居区的居住时间越长，对社区环境的适应性越强，所积累的人际关系资源越多，进而会强化对其聚居区的认同感和归属感。

其四，“制度性排斥”与高生活成本，是制约外来流动人口对其聚居区认同的关键因素。外来流动人口以家庭为单位在城市生活，相对于该群体的经济收入而言，所承担的生活成本仍属“高消费”的范畴。长期以来，户籍制度在就业、住房、教育、医疗等领域形成内外有别的状况，对没户籍的外来流动人口形成制度性的排斥，无形中推高了城市生活的经济成本。

（二）主要对策思路和建议

社区主体是人，外来流动人口则是城中村聚居区的居民主体，且因此而形成独特的社区风貌。虽然提升居民主体的认同感与满意度是提高人们生活质量的根本，但相对这种社区特质而言，难度很大。社区认同感和归属感的培育与形成，既来自社区物质环境与社会评价的状况，也来自日常邻里互动或社区参与的情形。特别是在房价与租金高企，外来流动人口大多只能选择租住城中村的条件下，培育城中村聚居区外来群体的社区认同意识，理当要有具体举措才能实现。

1. 通过推动顶层制度创新，培育外来人口对其所在城市和社区的认同感与参与愿望

政府制度创新在提升和建构城中村外来人口的社区认同中具有无可替代的特殊作用，是提升城市认同并进而通过城市认同促进社区认同的主要方式。众所周知，外来流动人口在异地的城市生活，社保、就医与子女教育等都存在诸多制度及政策障碍，如因户籍限制，子女往往难以享受当地公共教育资源，且往往自己无力改变。通过制度及政策层面的改变，才能保障外来人口在城市生活中的基本权利，如在剥离户籍制度附着的相关利益时，需要赋予外来务工及其子女平等的教育权利等，包括规范与落实如外来务工子弟学校的政策优惠，让他们接纳所在的城市，并逐渐培育起社区认同，激发更大的社区参与动力。

2. 推动多元社会组织共同参与，提升社区参与和社区认同水平

就外来群体而言，城中村聚居区只是一个暂居地，难以形成“社区感”。应让多样化社会组织深入社区，并在社区中开展相关活动，让外来人口更多地进行邻里互动和社区参与，进而促进外来人口接纳社区与认同社区。如加强社区出租屋市场的治理，就是缓解或减轻外来群体生存压力的关键，如多手房东问题是城中村比较独特的问题，一般是二房东低价租下整栋或几栋出租屋后，重新装修或添置家具后加价分租以谋求差价，甚至出现三房东或四房东现象，房租随之增加，就给外来人口带来经济压力。而诸如此类问题的解决，就需要多方力量的参与。那么，多样化社会组织参与社区治理，就成为增强社区认同的有效途径。

3. 加大社工组织的介入，以社工服务促进社区认同

在化解城中村聚居区各种问题的组织化路径中，强化社会工作组织的相关功能尤为重要。如果从宏观的制度及政策层面看，社工组织可在服务中接触到实际情况，从而向相关部门提出制度或政策性的建议，进而推动宏观社会结构的改变。社会工作者可运用专业方法开展各种社区活动，不仅能够重塑城中村的社会认知，而且可以通过链接或利用社会中的相关资源和条件，拓宽外来群体的社会网络，提升群体性的社区或社会适应能力与互助能力，增强社区认同感与归属感。

4. 通过公共环境的改善提升社区认同

社区社会与物质环境是保障生活质量与塑造良好社区形象的基础，也是提升居民满意度与社区认同感的根本。城中村很容易因“脏乱差”标签被社会污名化，自然也很难让生活在其中的人获得基本的认同感和自豪感。随着社会经济的快速发展与外来流动人员生活水平的提升，城市及聚居区居民都会对社区环境提出越来越高的要求。而改善基础设施，整治社区的物质与社会环境，建设符合人居需求的生活环境，是城中村聚居区“拴心留人”并培育高社区认同度的重要条件。

A Study on Community Identity in Migrant Settlements in Urban Villages：Take Shicun Village in Guangzhou as An Example

Lan Yuyun，Su Zhenhao，Huang Xiaodan，Liu Qiuling，Lin Xiaoting

Abstract：The floating population in Guangzhou mainly live in urban villages, and the urban villages become the settlements of the floating population and the unique urban communities. Taking Shicun village, an urban village in Guangzhou, as an example, this study conducted an investigation on the identification status of migrant population in their residential areas. On this basis, a scale was developed from the dimensions of functional identification and emotional identification, and the community identification degree and influencing factors were analyzed. The research shows that the overall recognition degree of migrant population is low, which is related to the scarcity of neighborhood interaction and community participation. However, the low degree of overall recognition and the lack of neighborhood interaction and community participation are also related to different ages, employment status, household registration nature, length and form of urban residence, marriage, education and other factors. Promote foreign community of the floating population is the main countermeasures on esteemed, focusing on the macroscopic and microscopic system change at the same time, improve the ecological environment of the region, increase the pluralistic society organizations especially the intervention of social work agencies, expand the neighbors and community participation channel, promote friendly migrant population centers.

Keywords: Urban Villages; the Settlements of the Floating Population; Community Identity

社会融入过程中随迁老人角色失调的表现及应对策略

——以云南省昆明市D社区为例

袁　娥　岳艳春*

摘　要　面对工作、经济等方面的压力，很多从农村、乡镇来到大都市务工谋生、就职发展且已经定居的中青年人会把父母接到城里来帮忙照看孩子、操持家务，以缓解城市生活的压力。由此，一个新兴群体——“随迁老人”——随之产生。从“熟人社会”迁移到“生人社会”的随迁老人，在融入迁入地生活的过程中存在角色失调问题。文章在实证研究的基础上，凝练了随迁老人角色失调的表现，并提出相应的策略以促进随迁老人的继续社会化。

关键词　社会融入　随迁老人　角色失调

一　问题的提出

改革开放的浪潮带动了大量农村剩余劳动力进城务工就业并定居生活，与此同时随迁老人这一新群体也随之形成。他们或被动或主动地跟随子女来到随迁地。其目的是减轻子女在角色扮演上的紧张压力，缓解子女的疲劳感，帮助子女照料孩子，这样做，也是为了家庭团聚，能够享受天伦之乐。这不仅是中国随迁老人离开故土来到随迁地的原因，而且是随迁老人选择随迁生活的基本模式。

随迁老人群体作为一个新兴群体，从具有熟悉社会记忆的迁出地来到陌生的迁入地，在生活融入中存在文化、经济、心理等多方面的不适应，任何

* 袁娥，云南大学民族学与社会学学院社会学系教授，博士，主要从事社会问题、性别社会学、家庭社会学研究。岳艳春，云南大学民族学与社会学学院社会工作专业硕士，现就职于深圳市社联社工服务中心，从事社区服务工作。

一方面的不适应都会影响老人随迁生活的满意度，降低其晚年生活的质量和幸福感，这与国家提倡的“积极老龄化”“健康老龄化”理念是相悖的。近些年来，随迁老人的数量还在日益增多并引起了学界的广泛关注。

D社区是一个占地面积269875平方米的封闭性高档小区，共有300家住户，小区住户以高校老师为主，流动性比较小。据不完全统计，D社区有150多位随迁老人，这些随迁老人主要来自云南省境内的地市州县，另一部分则多来自贵州省、河南省。笔者通过偶遇抽样及滚雪球的方式招募到二十几位随迁老人作为研究对象，运用个案访谈、参与观察的方法对随迁老人的角色失调问题进行研究并提供相应的服务。通过调查发现，笔者在D社区接触到的随迁老人多数是为了帮助子女照顾孩子从农村或乡镇随迁至昆明生活的。在昆明生活期间，由于他们无法适应和面对陌生的生活环境、生活方式，从而出现角色失调的问题。因此，笔者在角色理论、认知行为理论、需求理论的指导下并结合实际情况，通过帮助随迁老人认清在迁入地和迁出地扮演角色的差异和变化以及转变角色认知并付诸实践的方式协助随迁老人解决角色失调的问题，帮助其适应角色转变并尽快融入迁入地的生活中。

二　随迁老人角色失调的表现

随迁老人在随迁生活中普遍存在角色失调的问题，其程度深浅不一。大部分随迁老人是从发展速度较慢的农村或乡镇随迁到发展速度较快的昆明这样的大城市。两地的生活水平、生活方式、生活节奏、社区文化、思维方式等方面都存在差异，这些差异对不同地区同一角色的扮演要求和期望都有所不同。随迁老人面对陌生的环境和人群，不仅受到人际、社区、思想观念等多方面因素的影响，同时还面临着角色变化的挑战，这使得随迁老人在适应随迁生活中存在很多困难。首先面对的就是对新身份、新角色的认知，了解迁入地对新角色扮演的要求和期望，以便对自己进行合理的定位和调整。自我角色认知不清、不能客观看待自己的角色并对其进行调适，就会出现角色失调的现象。角色失调是随迁老人在适应随迁生活中面临的一大难题，协助随迁老人解决角色失调的问题对于促进其更好更快融入随迁地生活是必要且重要的。

（一）角色集规模缩小，成就感、获得感降低

角色集将处于特定社会关系和社会地位中的个体同其他个体紧密联系在

一起。在社会环境中，每个个体都要承担多种角色，承担的角色与更多的社会角色相联系，构成个体的角色集。随迁老人在家乡生活已形成稳定、成熟的角色集，来到随迁地，面对陌生的环境和人群会产生新的角色集，随迁老人在随迁地的生活呈现“家庭—学校—菜市场”三点一线的特征，与老家相比角色集无疑是缩小的，扮演的主要角色也会有所变化。随迁老人角色集的缩小可以从纵向和横向两个维度进行说明。从纵向来看，随迁老人从中年期进入老年期，不仅身体形态上表现出与其他生命阶段明显不同的特征，其社会角色、社会地位与家庭角色也在发生着变化①。他们由于身体机能、年龄等原因退出工作岗位，职业角色停止，祖父、祖母、同事等角色的影响力在不断地弱化。从横向来看，随迁老人从一个熟悉的村庄或县城随迁至一个陌生的环境，所扮演的角色会发生相应的变化，或是同一角色的认知、期待在两地的生活中存在巨大的差异，且扮演的重要角色也会有所改变，如在老家主要扮演村主任的角色，来到随迁地主要扮演爷爷或外公的角色。

笔者在D社区的访谈中了解到大多数随迁老人在迁出地扮演的公共领域角色多于家庭角色，而来到随迁地扮演的主要为家庭角色，普遍面临着角色集规模缩小的现象。角色集规模的缩小会减轻扮演角色的压力，使其更好地适应角色变化，但对于随迁老人来说忙碌的日常生活使其可自由支配的时间少之又少，减少了随迁老人与其他人联系的机会，加之其他因素的共同作用，随迁老人对随迁角色的认知和实践遭遇阻碍。

> 来到这边之后没有熟识的朋友，听不懂当地话，我也不会说普通话，无法与当地人进行交流，当地人也无法与我们进行交流。老伴身体不好，抱不动孙子，大部分时间都是我一个人抱着孙子在小区里转悠。这孩子太淘气，需要大人一直跟着，带着他也去不了其他的地方。来这边一年多了，就在小区和小区周围的地方转过，没去过其他地方。照顾孙子很累，跟媳妇多多少少有些不和，若不是为了看小孩，我和老伴就想待在老家，不想在这待。（访谈者A，男，64岁，农民，随迁时间6个月）

> 我认为在××（老家地名）过得是最幸福的，儿子不让我带孩子，我有很多自由时间，也不用做一大家子人的饭，自己想吃什么就做些什

① 黄耀明：《老年社会工作理论与实践》，吉林大学出版社，2008，第51～52页。

么。早起约着朋友去逛街，在我们老家逛街很方便，走路十几分钟就到街上了，特别近，不像昆明一点都不方便，要走很远的路才能找到逛街的地方，坐公交车又不方便。中午回来睡会午觉起来去打牌，打牌回来煮晚饭，吃过之后领着小区里的老妈妈们跳广场舞。我不出来她们就不跳。晚上回去瞧瞧电视，就睡了。我理想中的老年生活就是这样的。（访谈者B，女，72岁，个体户，随迁时间24个月）

随迁老人从一个熟人社会直接进入生人社会，在迁出地与他人的互动是一种建立在“熟悉度”上的默认交往，如费孝通的“差序格局”，与他人的人际关系一层层向外扩散。在迁入地，可以说随迁老人在这些波纹的最外层。与原先社会的突然断裂，带给随迁老人的不只是角色集的缩小，还有异地生活的陌生感和不适感。狭窄的社交圈，与家人少有的深度交流，导致随迁老人的情感交流和交际活动的缺乏，进而导致其成就感、获得感的丧失。

（二）角色行为固化，继续社会化困难

社会角色是社会期望产生的行为方式，社会关系体系中的社会角色根据社会环境的期待逐步形成相应的行为方式，这些由特定的权利和义务构成。对于随迁老人而言，迁出地和迁入地是两个截然不同的生活环境，他们在迁出地的生活时长远远超过迁入地，在迁出地已经形成了与生活相适应的角色行为。经过长时间的认知和实践，这一角色行为已经与随迁老人融为一体，很难改变。迁入地对随迁老人来说是一个新的生活环境，随迁家庭的生活方式对随迁老人来说是一种新的生活方式，在随迁老人身上已经固化的角色行为模式在很大程度上阻碍着随迁老人的社会融入。

笔者在D社区提供服务中有很多随迁老人诉说自己在昆明生活不太习惯，生活方式跟老家很多地方都不一样，有时还会埋怨子女不理解自己。随迁老人在老家形成的生活习惯和模式对随迁生活造成了很大的影响，对此他们时常感到很烦恼、很苦闷。

在老家就我和老伴两个人，我和老伴都比较喜欢吃清淡的饭菜，想吃什么就做点什么。在这边女儿和女婿的口味偏重，每当做饭的时候就很苦恼，做的口味重了我吃不下，口味轻了他们又吃不习惯，也不能只顾着自己，还要顾着他们，感觉很为难。（访谈者E，女，72岁，企事业

单位退休职员，随迁时间 24 个月）

> 儿子再三请求让我来照看孩子，不然我就不来。在这边很多时候都不方便，我们老了，一些想法跟孩子不一样，生活习惯和年轻人也有或多或少的差别，在生活中总会有一些摩擦，就像每次饭后若还有剩下的饭菜，我会留到下一餐的时候热热再吃，儿媳就嫌弃这嫌弃那。怎么就不能吃了？我们在老家都是这样的，剩的时间长了实在不能吃就会喂家里的狗，在这里又没有养狗，扔了多可惜。（访谈者 Y，女，68 岁，农民，随迁时间 12 个月）

在 D 社区的随迁老人当中，像以上两位老人由于生活方式不同在家庭里与子女发生摩擦的情况很常见。有一些老人为了避免这种摩擦，在条件允许的情况下单独居住，子女会定期看望。老人和年轻一辈的生活背景、生活理念、生活环境都存在很大的差异。来到随迁地，尤其是从一个发展比较缓慢的地方到一个发展比较快速的地方，在生活方式、生活习惯上必然存在较大的差异。子女白天上班忙于工作，晚上回来很疲惫，已经没有多少精力与老人进行有效的沟通了。老人在家乡长期生活形成的生活习惯不可能在很短的时间内改变，久而久之就会产生矛盾。

> 还是老家好，老家熟人多，跟他们相处得都很好，出门打招呼，家里有事需要帮忙时和大家说一声就好了。在这里和邻居不会深入交流，更谈不上帮忙了。要是老伴在的话，还能跟老伴说说心里话；老伴不在了，有时候一些话又没法与孩子说，怕跟他们说了不起作用，还会让他们为我担心。（访谈者 F，女，67 岁，农民，随迁时间 18 个月）

> 在老家特别好，吃过饭就去串门，一胡同的邻居坐在胡同口唠嗑，一上午很快就过去了。在这里，谁也不认识谁，我已经来大半年了，还不知道对门住的是谁，天天都关着门。（访谈者 D，女，71 岁，农民，随迁时间 9 个月）

从以上两位随迁老人的描述中可以看出随迁老人更喜欢待在老家，他们已经习惯了与家乡邻里之间的相处方式。相处方式体现着迁入地和迁出地的价值观念和行为规范的差异，这些差异和其他因素阻碍着随迁老人与迁入地邻居、朋友之间的深度交往及相处。与人交往是日常生活中的普遍社会性活动，通过交往人们可以获得他人和社会反馈的信任，从而更多地了解和接触社会；同时也是人们学习、社会化的重要途径，随迁老人也不例外。随迁老人来到一个陌生的环境，面对生活节奏快速的城市及陌生的人群，无法或很难进行深度的交谈。对于老人来说，邻居间的交往能够缓解紧张情绪及压力。随迁老人在缺乏深度交往的情况下，其郁闷情绪很难得到缓解，难免会焦虑、苦恼、烦闷，从而影响身体健康和心理健康。

（三）权威角色的弱化或丧失

在工作领域和生活中都有权威的存在，权威的背后意味着自我价值的实现，自我的成就感、获得感及满足感，拥有着一定的权力和资源。无论是退休的老人还是从熟悉社区迁入陌生社区的老人，离开扮演权威者角色的环境，在新的环境中很难在短时期内树立威信、树立权威者的形象，或者根本不具备扮演权威者角色的条件。在这种情况下，权威者的角色和地位就会弱化或丧失，比如说家庭权威的弱化或丧失，职业权威的弱化或丧失，领头人权威的弱化或丧失等；权威的弱化或丧失会导致随迁老人存在很大的心理落差，进而导致角色失调，对在迁入地所扮演的角色意识模糊，角色技能得不到强化或提高，难以领悟现在所承担角色背后的行为期待，需要经过长时间的慢慢调适。

笔者在访谈过程中，有不少随迁老人讲述自己在老家时的风光和获得的成就感，但是，来到迁入地之后，之前的主体角色变为从属角色，主体角色带给他们的成就感、获得感消失或降低，获得的社会价值感下降，人际关系圈也在不断缩小。

> 在老家我是整个家族中最有权威的人，在村子里也很受欢迎，不管是家族里还是村里的人有事就会过来找我帮忙。每当给人把事情办好了、办成了，我就特别高兴。每天都比较忙，过得很充实，感觉实现了我的价值，走到哪里都会有人主动跟我说话。来到这边，没有人找我帮忙，我也很少跟其他人交流，感觉不是一类人，没有什么可说的。大部分时间都感到很孤独很失落，想着把孙子照顾到能够上学的时候，我就回老家。（访谈者C，男，70岁，农民，随迁时间11个月）

在我们家那边，我管着整个小区的水电费，一个人住很大的房子。我会针灸，按摩穴位，经常有人来找我。基本上我们那边有高血压疾病的我都给他们按摩过，给他们按摩过之后会好一些。我还教他们怎么按摩，他们经常会送些东西来家里。在这边因为腿脚不方便，除了接送外孙上下学、买菜等一些必须外出的行为，基本上都是一个人待在几十平方米的小屋子里，平日里也不会有人来，除了看电视消磨时间，就没什么事情可做了。（访谈者 H，女，72 岁，教师，随迁时间 36 个月）

在和随迁老人的交谈中可以发现，随迁老人十分怀念、享受在老家扮演的权威者角色，享受角色背后的自我价值实现以及成就感、获得感。在随迁生活环境下，这些自我价值感在大幅度降低或完全消失，他们对此感到失落，不知所措。他们由于帮忙照看孙辈等原因不得已留在昆明，在面对新环境、新人群的时候，显得被动而无助。他们停留在已经形成权威的意识层面，希望回到老家生活。他们意识不到为何会有这样的变化，也不知道该如何调整自己的心态去适应这个新环境，对从主体角色到从属角色转变的适应，对随迁老人来说是一个极大的挑战。

三 随迁老人角色失调的应对策略

（一）随迁老人角色失调的自我调适策略

从社会层面来说：任何一种角色的产生和存在都是社会历史文化的积淀，同时这种角色也是根据社会生产和生活发展需要而演变的，不同的社会角色行为产生于不同的社会需要也满足不同的社会需要[①]。任何一种角色行为的产生，在很大程度上是由他所处的文化背景和社会位置所决定的。社会角色是指一个人在社会和团体中的身份、所占的地位，这个地位和身份是经过学习和工作获得的，主要学习两点，一是学习角色的义务和权利，二是学习角色的态度和情感，不断改变不符合那个角色的行为方式，巩固好的行为方式[②]。

① 吕世辰、蒋美华：《社会学概论》，高等教育出版社，2014，第 151 ~ 152 页。

② 姜德珍：《老年心理与自我调适》，安徽科学技术出版社，1998，第 113 页。

一个人想成为合格的社会成员，就必须学会角色扮演①。随迁老人生活的两个地方——迁出地和迁入地，是两个具有不同社会历史文化的小社会，对老人所扮演角色背后的行为期待有很大的差异性。迁出地是随迁老人生于斯长于斯的地方，价值观念以及行为规范已经深深地渗入随迁老人的血液之中，举手投足之间都彰显着所在地区的文化；随迁地，是一个陌生的或完全没有接触过的世界，在这个世界中的人们也形成了自己的文化。在这里随迁老人是一个外来者，不仅是迁入地的原有居民，包括随迁老人自己也一致这么认为。随着生活环境和社会身份的改变，社会对随迁老人的角色期待存在很大的差异性。

1. 正确认识角色转变，了解新角色期待

清楚地认识在迁入地的角色转换，了解新角色的期待，是适应新角色首要面临的问题。笔者在D社区调查发现，D社区的随迁老人对于“更习惯在老家的生活方式”这一观点持同意意见的占76%，其中32%表示非常同意，44%表示同意；持一般意见的占18%，只有6%的老人持不同意的观点。也就是说，大多数的随迁老人更习惯迁出地的生活方式及所扮演的角色。他们对于迁入地的生活方式及所扮演的角色是陌生的、不了解的，也意识不到自身的角色发生了怎样的转变，应该如何适应新角色。对于随迁老人来说，通过对比迁出地和迁入地的生活方式、时间的支配比例、活动的范围等其他方式，认识到在迁入地扮演的是一个怎样的角色，通过学习来了解这一角色期待并对其进行实践是很有必要的，是缓解随迁老人角色失调的必经之路。

2. 改变固有的思想行为习惯

认知角色转变之后，随迁老人清楚地知道了自己在迁入地所扮演的角色，需要通过调整其思想和行为习惯来更好地实践新角色。对于随迁老人来说，接受新的思想，改变几十年来形成的行为习惯是一件困难的事情。随迁老人自身要有意识地改变自己的认知和行为来适应新角色，同时家庭成员要从中协助老人进行改变，如结合新的角色期待和老人的特点探索老人适应新角色的方法，在适应过程中给予老人更多的鼓励、支持和关怀，让老人感到家庭的温暖和团结的力量。

（二）随迁老人角色失调的外在调适策略

随迁老人是生活在城市社区的新兴群体，自身存在很多劣势，如身体机

① 奚从清：《角色论——个人与社会的互动》，浙江大学出版社，2010，第80页。

能的衰退、已形成的行为习惯等，这都使其在城市生活中更加处于劣势地位。在角色失调方面，由于生活环境、文化环境、社会环境等的差异性，他们不清楚自己在迁入地和迁出地所扮演的角色，也不知道所扮演角色的期待是什么，在融入过程中存在很多困难。这一问题的解决不能只依靠个人，还需要家庭、社区、非政府组织等很多方面做出努力，共同帮助随迁老人解决角色失调的问题。

1. 正视老年人的价值

衰老是个体必经的生命历程，但个体的社会价值并不因为衰老而丧失。我们应该正视老年人的价值，辩证地看待老年人，既要看到老年人的劣势，还要看到其优势。老年人走过一生，积累了丰富的人生经验，阅历丰富，为社会、家庭做出一辈子的奉献，社会中的每一个个体都应尊重老年人，肯定老年人发挥余热的价值，而不是将老年人视为弱者一味地同情或轻视。

2. 完善社会支持网络

从家庭方面来说，家庭是随迁老人在随迁地的主要生活场所和精神寄托，家人的关心对随迁老人解决角色失调问题十分重要。首先，在生活上，子女应多包容老人与现家庭不同的生活方式，耐心引导老人改变，多肯定老人的价值及为家庭做出的贡献；其次，多关注老人的心理变化，给予更多的陪伴和关怀，多倾听老人的心声，开导老人在异地生活的郁闷情绪，让老人对新家庭产生归属感和满足感；最后，子女可协助老人一起了解社区的文化环境、人际交往方式，帮助其搜集社区活动的信息，鼓励其经常参加社区活动，结交朋友，扩大交往圈。从社区层面来讲，社区是老年人的主要活动场所，也是同辈群体相互支持的重要平台，更是随迁老人角色适应的重要保障。但是随迁老人作为外来群体，无法得知社区活动的相关信息，很少参与到社区活动中，邻里之间的交往也比较少。在这种情况下，社区应发挥积极作用提供社会支持，为随迁老人提供参与社区活动的条件和帮助，主要是提供基础设施和创建人文环境。基础设施包括完善的健身器材、带有桌椅的活动室、棋牌室等。创建人文环境主要是为随迁老人营造一个温馨的社区环境，如设立本地生活咨询台，在社区内的橱窗里分享、更新社区的动态，展览本社区的活动成果等；设立关爱随迁老人的公益组织，由本地老人带领随迁老人了解社区的文化，熟悉社区周围的环境等，促进随迁老人与本地老人的交流与互动，鼓励随迁老人参与到社区活动中，定期举行有助于随迁老人融入社区的活动，表示对随迁老人的关心和关怀。

3. 建立随迁老人自助互助组织

建立随迁老人自助互助组织能够有效地促进其积极主动适应当地生活，进而融入当地生活。随迁老人远离家乡来到异地，面对陌生的环境和新生活方式，大多数都存在不适应的问题。随迁老人自助互助组织由一群年龄、兴趣爱好、适应问题等相似的同辈群体组成，正是由于这些相似性，他们之间会有更多的话题交流，达到情感的共鸣，有助于弱化对随迁生活的不适应带来的消极影响并发挥主观能动性实现自我价值。社区应密切关注随迁老人，为其提供更多的支持和帮助。比如说，让更多具有专业社会工作知识和经验的社会工作者进入社区居委会，协助随迁老人建立自助互助组织，促进其更好更快地融入当地生活，提升随迁老人对其晚年生活的满意度和幸福感！

The Disorders of the Old Man's Roles in the Process of Social Integration and the Coping Strategies: Taking Community D of Kunming, Yunnan Province as an example

Yuan E, Yue Yanchun

Abstract: Faced with work, economic (economy) and other pressures, many young and middle-aged people who have come to the metropolis from towns and towns to make a living, work and develop, and have settled, will send their parents to the city to help them look after their children and do housework to ease urban life. As a result, an emerging group – "the elderly with the move" will follow. The old people who migrated from the "acquaintance society" to the "living society" have problems in the process of integrating into the life of the immigrants. On the basis of empirical research, the article condenses the performance of the old man's role disorder, and proposes corresponding strategies to promote the continued socialization of the elderly.

Keywords: Social Integration; Trailing Elders; Role Disorder

基于扎根理论的社会工作本科毕业生非对口就业过程与路径

刘　颖　程小雅*

摘　要　本研究运用扎根理论方法，通过半结构访谈的方式收集了广州5所高校的15份访谈资料。利用NVivo12Plus软件进行资料整理和编码，最终建构了社会工作本科毕业生非对口就业过程与路径的一个扎根理论模型。研究发现，社会工作本科毕业生非对口就业并不是一个完全逃避社会工作行业经济限制的行动结果，而是感性与理性交织下主体性较强的动态性选择过程。在这个过程中，他们探索并打破了原有社会工作对口就业的范围与限制，开拓新的就业路径以期获得更好的职业发展。针对以上发现，本文提出两个建议：第一，倡导更加开放性的对口就业观念；第二，主动性学习探索更有助于学生建立科学的职业观，形成更加成熟的职业规划；第三，政策支持对社会工作职业化、专业化发展至关重要。

关键词　社会工作　本科毕业生非对口就业　扎根理论　过程与路径

一　前言

（一）研究缘起

在中国，社会工作作为一个专业学科，已经走过了30年的历程。1988年北京大学、中国人民大学等四所高校开始招收社会工作专业本科学生，标志着中国社会工作专业教育正式出现①。然而，中国社会工作的发展路径是专业化先于职业化。职业化与专业化之间的落差引起了众多专家学者的关注，其

* 刘颖，广州大学公共管理学院社会学系讲师、香港中文大学社会工作学系博士、博士后。程小雅，深圳大学社会工作专业2019级研究生。

① 王思斌：《社会工作概论》第3版，高等教育出版社，2014，第398页。

中，社会工作本科毕业生就业和对口就业状况就是备受关注的内容之一。

从现状来看，研究者们普遍得出社会工作专业的对口就业率低，大量社会工作本科毕业生选择从事非对口工作的结论，并且给出高重复性的解决对策。然而，曾守锤等人曾对中国2014年以前关于社会工作毕业生就业的学术研究进行文献回顾，发现其中大部分研究没有将社会工作本科毕业生的就业问题与中国大学生群体的就业问题关联起来，在这样的情况下提出社会工作对口就业率低的观点或许有失偏颇。此外，他们发现，研究者们对于社会工作的专业对口率的定义是不清晰、不一致的，而且这些数据一般属于二手数据或者是调查问卷数据，仅仅能得知毕业生在某一时间段上的就业情况，缺乏动态性的了解。笔者在百度学术和知网中继续回顾2014年至2018年的相关研究，发现仍然存在以上的一些问题。最后，他们提出了今后研究可以运用扎根理论的方法建立社会工作本科毕业生就业路径理论模型的期望①。

建构主义理论认为，社会现实是由文化成员间一代一代、日复一日的互动所建构的。而这些社会现实是由语言所建构的，现实就是借着我们叙说的故事才得以保存生机②。用毕业生的非对口就业经历来理解当前社会工作对口就业的现状，更具有生动性和说明性。因此，基于曾守锤等人的研究启发，笔者认为，采用扎根理论的方法建立社会工作本科毕业生的就业过程与路径的“理论模型”，不仅能够丰富学术界对于社会工作就业问题的研究和理解，而且对于全面深入认识社会工作非对口就业问题具有重要现实意义。

因此，本研究希望在明确社会工作专业对口与非对口就业定义的基础上，采用扎根理论的方法收集一手资料，深入了解：从事过非对口工作的社工本科毕业生的就业经历是怎样的，他们如何建构和认识自身非对口就业经历，社会工作本科毕业生在什么样的情况下选择了非对口就业，以及社会工作专业就业误解是否存在。

（二）文献回顾

1. 社会工作毕业生就业的相关研究

目前国内外的研究主要集中在社会工作本科毕业生对口就业的状况、原因和对策三个方面。极少数是对于这些研究进行批判性的综述和回顾，没有

① 曾守锤、黄锐、李筱：《社会工作本科毕业生就业问题研究：一个批判性回顾》，《华东理工大学学报》（社会科学版）2014第6期。

② 许莉娅：《个案工作》第2版，高等教育出版社，2013，第244页。

专门针对社会工作本科毕业生非对口就业的相关研究。

从社会工作发展现状来看，有学者认为社会工作毕业生的对口就业率很低，大部分毕业生并没有从事和社工相关的职业。这导致教育资源的浪费，也阻碍了社会工作的发展①。刘秀英以中原工学院 2009～2012 年社工专业本科毕业生为调查对象，通过问卷调查、文献法、访谈法等获取该学院毕业生就业问题状况的资料，得出毕业生对口就业率低的成因是专业认同度低、培养模式不健全、岗位薪酬低、社会认知不足和政府支持不足②。王德强通过对社会工作专业毕业生就业状况的调查研究，分析了社会工作专业毕业生的就业状况，得出其影响因素为岗位缺乏、前景不好、工资低，并提出提高社会认可、转变传统就业模式创业、人才培养方案等建议③。王文晶和甘颖通过对中国不同地区 7 所高校中的 210 名 2015 届社工毕业生进行调查，分析了影响毕业生择业的各类因素，包括专业认同、薪酬、晋升激励机制、教育以及专业化④。金超然运用质性研究方法，从学校培养目标、培养方案、学生对社工的理解三个维度探究影响社会工作本科毕业生职业选择因素，发现毕业生就业难的重要原因包括社会对于社会工作者的能力需求、高校培养以及学生主观建构之间的差别⑤。

国外有学者认为，经济补偿、工作条件、顺利从学校过渡到社会工作实务、获得资深从业者培训以及提供高质量的在职培训是社工毕业生坚持从事社会工作的原因。他们提出社会工作教育者要与实务工作者密切联系，帮助学生过渡并将国内新社会工作者的实践经验纳入课堂等建议⑥。Mi 等人对社会工作者的研究表明，换工作的动机是工资增加、工作更有趣、责任更大、声望更高⑦。

综上所述，目前国内外的相关研究注重社会工作对口就业率和人才维持与流失的问题，积极寻找原因并给出合理建议和对策。但是近年来这类研究的结论都高度重叠，社会工作毕业生对口就业问题仍然存在。因此，需要采

---

① 韩冬：《社会工作专业毕业生的就业选择研究》，硕士学位论文，东北财经大学，2016。

② 刘秀英：《社会工作本科毕业生就业问题及成因分析——以中原工学院为例》，《科技创业月刊》2017 年第 20 期。

③ 王德强：《吉林省社工专业毕业生就业状况》，《现代交际》2016 年第 24 期。

④ 王文晶、甘颖：《高校社会工作专业毕业生就业问题研究》，《现代教育科学》2016 年第 7 期。

⑤ 金超然：《高校社工教育与社工毕业生职业问题分析——基于结构社会工作的视角》，《广东青年职业学院学报》2015 年第 3 期。

⑥ M. C. Yan, J. G. Gao, C. M. Lam, "The Dawn is Too Distant: The Experience of 28 Social Work Graduates Entering the Social Work Field in China," *Social Work Education* 4 (2013): 538 – 551.

⑦ J. C. Mi, P. Urbanski, A. E. Fortune, et al., "Early Career Patterns for Social Work Graduates," *Journal of Social Work Education* 3(2015): 475 – 493.

用新的视角和方法来理解这一问题。

通过对社会工作对口就业领域范围进行梳理和归纳，可以发现本专业的对口选择有更加广阔的空间。然而在实践中很多对口领域是目前社会工作本科生所没有涉足和了解的，相关的研究也缺乏对社会工作专业与其他专业就业状况的对比，无法给学生们提供总体性的就业图景，这就造成了学生对社会工作行业就业状况不佳的普遍性误解。此外，社会工作的专业教育本身对学生就业选择和就业体验也有一定的影响。本研究希望通过深度访谈调查这些影响的具体内容，从而对社会工作本科毕业生的职业生涯有更加全面的认识。因此，本研究试图抛开将社会工作专业对口就业率低问题化的思想认知，以“无前提探索—寻找故事经历—发现新路径—提出新建议”为主要思路来研究社会工作本科毕业生的对口就业问题。

2. 社会工作非对口就业范围的界定

由于目前缺乏关于社会工作非对口就业的相关概念解释，因此本文通过归纳国内学者对中国社会工作对口就业界定的观点，尝试推导出目前我国社会工作非对口就业的范围。

如果从行业系统的角度衡量专业对口，那么进入某行业系统就是专业对口。例如，毕业生进入民政系统，扶贫、困难和脆弱人群服务系统工作。但是，也可以从岗位角度来衡量是否对口①。凌文豪和张玲认为，目前中国社会工作专业的对口就业领域主要包括六大类。第一类是社会工作行政性质的机构，如民政部门、共青团、工会、妇联等；第二类是院舍照顾机构，如福利院和敬老院等；第三类是发展性的社会工作服务机构，如青少年活动中心；第四类是街道办事处、居委会等社区服务中心；第五类是医疗、戒毒所等服务机构；第六类是救助站类的服务机构②。王文晶和甘颖认为，社会工作毕业生主要的对口岗位包括公务员系统，开展社会服务或从事社会福利保障的事业单位、民间组织或社工机构、街道办事处以及社区居委会等相关岗位③。Weiss 和 Gal 认为，社会工作本科毕业生可以选择在公共政府部门内的社会服务机构工作，也可以选择在第三部门的志愿组织工作。此外，他们还可以在为个人提供有偿服务的营利性企业中寻找工作，或者作为国家资助的外包服

① 王思斌：《社会工作的专业对口与素质教育》，《中国社会工作》2017 年第 25 期。

② 凌文豪、张玲：《基于就业导向的社会工作专业教学改革的思考》，《社会工作》2014 年第 3 期。

③ 王文晶、甘颖：《高校社会工作专业毕业生就业问题研究》，《现代教育科学》2016 年第 7 期。

务的一部分，或者他们可以建立自己的企业①。

可见，对于社会工作对口就业的定义，学者们各有说辞，没有形成一个官方统一的标准定义。因此，在研究中引用不同学者的调查结论，说明社会工作毕业生对口就业率低缺乏一定的严谨性和科学性。为了提高研究的科学性和严谨性，本研究有必要在清晰社会工作专业对口与非对口定义的基础上进行一手资料的实证调查。综合上述几位学者的观点，结合广州高校社会工作本科毕业生就业现状，本研究对社会工作非对口的初步理解为：社会工作毕业生在社会工作行政性机构、院舍照顾机构、社会工作实务机构以及社区服务中心四大领域之外参与就业。

二　研究设计

（一）研究方法

本研究选择采用扎根理论的研究方法。扎根理论方法由格拉斯（Glaser）和施特劳斯（Strauss）于1967年共同提出。它是一种发现和建立理论知识的方法，在系统收集和分析资料的基础上，寻找反映和体现社会现象的核心概念，然后在这些概念之间建立逻辑联系并形成理论②。本研究试图运用严格的扎根理论方法，通过半结构访谈了解研究参与者从事非对口工作的经历和过程，以及他们对这段经历的理解和认识乃至这些经历反过来对他们的就业选择产生的影响，寻找非预期性的理论，从而提出初级命题；在接下来的访谈中开始验证和确认已提出的命题；最后形成对研究现象的理论概括。在持续访谈的过程中不断掌握新的资料，同时对先前形成的认识进行质疑或确认，最终达到理论饱和，形成理论模型。

（二）抽样方法

本研究采用目的性抽样方法。由于本研究的调查对象已经毕业进入社会从事各项工作，寻找和联系的过程存在一定困难，因此在目的性抽样的原则下，结合滚雪球抽样的方法，通过师兄、师姐和老师介绍来寻找合适的访谈对

① I. Weiss, J. Gal, "Social Work Graduates and Welfare Economy Sector Preferences," *Administration in Social Work* 3－4(2004):201－216.

② 陈向明：《质的研究方法与社会科学研究》，教育科学出版社，2000。

象。研究对象的选取标准包含三个内容：首先，研究对象必须是社会工作四年本科毕业生，并且未接受社会工作专业硕士及以上教育；其次，愿意接受半小时至一小时的面对面访谈；最后，有从事社会工作非对口行业的工作经历。

研究最终选取了曾就读于广州市A、B、C、D、E五所开设社会工作专业本科高校的15名社会工作本科毕业生作为研究对象，其中A大学8名，B大学2名，C大学2名，D大学2名，E大学1名；男性5名，女性10名，年龄分布在24~33岁，毕业时间分布在2007~2018年。表1为研究参与者的访谈信息汇总。

表1　研究参与者访谈信息

序号	被访者编码	性别	本科毕业时间	非对口工作	访谈时长
1	101C	女	2017年	广告公司职员	48分钟
2	102F	女	2016年	科研助理	40分钟
3	103L	男	2008年	老年大学项目经理	53分钟
4	104M	女	2017年	教育机构讲师	45分钟
5	105F	男	2009年	台资企业市场开发	50分钟
6	106Z	男	2011年	广告、保险职员	53分钟
7	107X	女	2017年	教育机构讲师	75分钟
8	108F	男	2018年	公务员	40分钟
9	109C	女	2011年	中石化（人事）	43分钟
10	110W	女	2018年	电商运营职员	50分钟
11	111L	男	2011年	首汽东莞分公司运营主管	32分钟
12	112H	女	2007年	公务员（党史）	44分钟
13	113Z	女	2014年	企业（文案策划）	30分钟
14	114Y	女	2018年	国企（党务工作）	38分钟
15	115Z	女	2015年	银行职员	50分钟

（三）资料分析方法

访谈中收集到资料以及录音在访谈结束后及时进行整理，并转录成文本。采用主题分析法对文本资料进行分类归纳，最后运用NVivo12Plus软件对文本进行编码。具体编码过程分为开放式编码、主轴编码和选择性编码。在编码过程中不断地对资料和概念进行比较分析，系统地探寻与概念有关的生成性理论问题。为了更加便利和直观地归纳文本资料，本文中运用了大量的编码符号，其代表意义如表2所示。

表 2　编码符号表

符号	代表意义
BSWG	社会工作本科毕业生
110W、115Z	被访者的代号
a_1	开放式编码中对于原始文本资料概念化的编码
A_1	开放式编码中对于某几个概念范畴化的编码

1. 开放式编码

开放式编码阶段是一个通过仔细全面分析案例资料帮助研究者梳理庞杂原始资料的阶段，是整个三级编码中的基础。开放性编码第一步是将原始文本资料进行逐句或逐段概念化，概念化的用词要能反映该句话的本质内涵。概念化的词语来源可以是相关的学术文献中的定义概念，也可以是被访者的鲜活用词。第二步对概念化的语句进行归纳，再用一个新的范畴来总结这些概念。本研究通过开放式编码，最终从原始访谈资料中提炼出 121 个概念和 30 个范畴。本研究中开放性编码过程举例见表 3。

表 3　开放性编码举例

案例资料	概念节点	范畴化
第二是我也不太喜欢这个行业，你看我也不喜欢我现在的工作内容嘛，但是人家出的价格高啊。社工我不喜欢，但是它的薪酬还很低，现在我看的是领导的脸色、同事的脸色，但是做社工的话，我看的是我辛辛苦苦为他工作的服务对象的脸色，却要受到他们的冷脸对待。a_4 第一个是因为这个专业比较冷门，第二整个社会对它的认可度是很低的，很多人没听过不知道他是做什么的，第三这不是一个高大上的职业，另外就是这个专业学完出来找工作不是很容易。a_6	a_4社工职业不受尊重 a_6专业冷门认可度低	A_1实践不认同[a_4a_6]
因为那边的条件有点恶劣，工作环境。因为他深居居民楼里面，然后又是在负一楼，会有一股味道，它以前是停车场改造的，工作环境感觉不是特别好。a_3 因为其实做社工的大部分都是大专，也会有一些本科来，但是我刚开始工作也不是说看学历，我觉得起码是想和一些很厉害的人一起，可以多学习他们的一些东西。a_7 而且那时工作环境在基层，其实还是蛮不舒服的，觉得自己是底层人，女孩子都爱美嘛，有这种感觉其实正常。a_8 但是就是工作的环境、硬件设备肯定是没有珠江新城写字楼好的，然后他的福利待遇也不能和这里相比吧，然后工作的强度又比较大，其实做社工挺累的，责任也大。a_9	a_3硬件环境不好 a_7学习环境不足 a_8基层工作 a_9物质环境与需求比匹配	A_2职业预期错位[$a_3a_7a_8a_9$]

2. 主轴编码

主轴编码是指研究者分析发现范畴之间的逻辑关系，从范畴中抽象归纳出主范畴的过程①。逻辑主线是将开放性编码中不同的范畴化概念串联起来的关系线。本研究中运用的是因果条件→现象→脉络→中介条件→行动/互动策略→结果这一典范模型，对开放式编码中产生的范畴化概念进行串联，从而帮助理解概念之间的逻辑关系②。本文在这一经典逻辑线的基础上根据具体的资料内容进行了适当的调整。

3. 选择性编码

选择性编码与第二步的主轴编码大致相似，主要是探讨主范畴之间的相互关系，形成最后的故事线并建构初步的理论框架。选择性编码在分析的层次上更为抽象。这是一个系统地联系并归纳出核心范畴和其他范畴，验证它们之间的关系，并把概念化尚未发展完备的范畴补充完整的过程③。

本研究严格遵循以上三种编码规则，对所收集的原始资料进行编码分析。此外，备忘录在扎根理论分析中也扮演了重要的作用，写备忘录能够帮助研究者捕捉对资料的分析性思考，记录当时访谈情境细节使研究者对研究参与者的非语言反应保持敏感性，从而促进思维，激发分析智慧④。因此在分析的过程中，笔者还对访谈时与访谈后所做的备忘录进行整理与分析并将其融入以上的三级编码中。

三　研究发现

通过运用三级编码对文本资料进行分析，本研究最终构建了社会工作本科毕业生非对口就业过程与路径的扎根理论模型（见图1）。该模型从扎根理论的经典分析框架演变而来，而本研究根据实际情况对该框架做了进一步修改调整。本章主要内容就是对该模型的具体分析，主要分为五个阶段、六个内容：第一阶段为BSWG选择非对口工作的因果性或基础性条件，主要由实

---

① 孙默：《基于扎根理论的学术型企业家能力研究——一个本土的典型案例分析》，《中国商论》2018年第13期。

② 李兴旺：《蒙牛公司快速成长模式及其影响因素的研究》，《管理科学》2006年第3期。

③ 潘慧玲：《教育研究的取径：概念与应用》，华东师范大学出版社，2005，第290页。

④ 〔美〕约瑟夫·A. 马科斯威尔：《质的研究设计：一种互动的取向》，重庆大学出版社，2007，第74页。

习体验反差、专业认同矛盾、职业岗位缺乏和政府政策支持两个类别、四个方面组成；第二阶段为因果性条件导致的中心现象，即 BSWG 毕业后首先选择非对口就业和毕业后首先选择对口就业；第三阶段为情境性因素，表现在非对口和对口工作中存在的困境；第四阶段为 BSWG 的职业选择策略与行动，在情境性因素的影响下产出四类策略过程，包括坚守与迷茫、回流计划、脱离社工和专业坚守；第五阶段为历程结果，即职业现状。

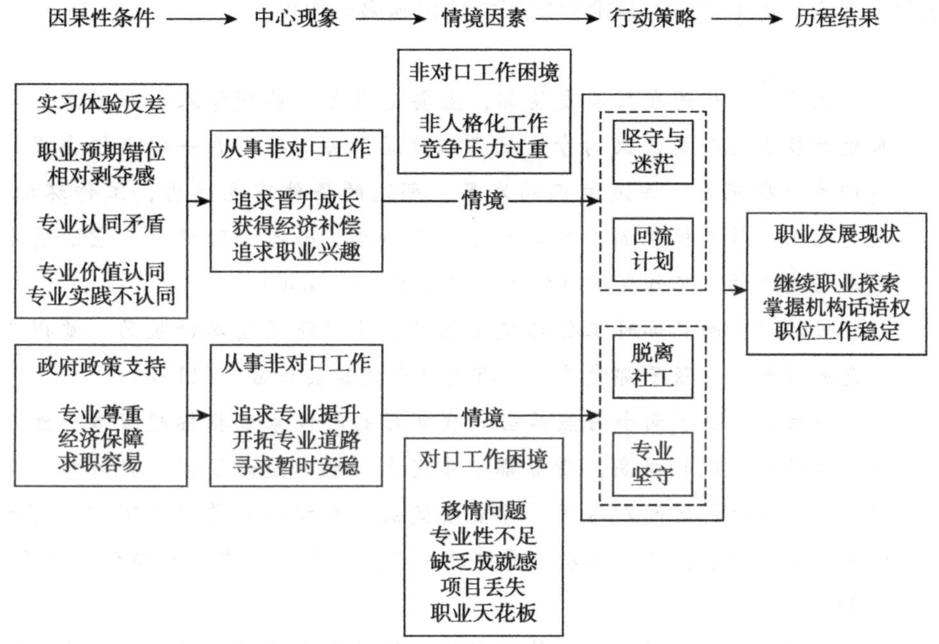

图 1　社会工作本科毕业生非对口就业过程与路径理论型模型

（一）社会工作本科毕业生非对口就业过程的因果性条件

对原始资料的分析，浮现出两类因果性条件。第一类为支持性因果性条件，包括实习体验反差、专业认同矛盾。在这一类条件基础上 BSWG 毕业后首次选择非对口就业。第二类为负性因果性条件，即政府政策支持。在这类条件基础上 BSWG 毕业后的首次工作选择对口就业。需要指出的是，两类条件存在时间差异，第一类是 2012 年至 2018 年社会工作职业化普遍发展阶段，第二类是 2008 年至 2012 年广东社会工作职业化起步阶段。

1. 实习体验反差

实习体验反差表现为学生在机构中产生职业预期错位和相对剥夺感。职业预期错位是指 BSWG 理想中的社会工作职业形象和工作状况与实际情况有差距。在校专业实习是社会工作学生接触社会工作职业的第一次体验和尝试，通过到各个社会工作机构担任实习生，参与个案、小组、社区活动的策划与实施，可以达到学以致用的目的。但是在真实实习的过程中他们逐渐发现，实际情况不同于书本中备受尊敬、专业助人的高大社会工作者形象，工作内容单一、物质环境不佳、服务对象不理解等一系列问题逐渐出现在他们眼前，这样的图式给学生带来的是消极的实践认识和第一印象。

被访者：我是在社区发展部，主要是服务一些残障人士和长者。比如说开展小组个案，机构旁边就有工疗站，去工疗站开一些小组去提升他们的一些能力，促进他们的发展。那边的条件有点恶劣，工作环境。因为他深居居民楼里面，然后又是在负一楼，会有一股味道。它以前是停车场改造的，工作环境感觉不是特别好。(110W)

被访者：而且那时工作环境在基层，其实还是蛮不舒服的，觉得自己是底层人，女孩子都爱美嘛，有这种感觉其实正常。(113Z)

被访者：去了两个月然后当时我实习的时候家综指标超级多，然后社工人数少，流动率高，指标都很难完成。也不是说很累，当时就感觉做不完。一个社区的人很多，你要去完成那个指标感觉就做不完。有时候一直在弄文书，开完活动也要整理文书，光小组的文书就写到要吐血。(104M)

被访者：我觉得社会工作的实习应该是像香港那样的，但是实习的时候就感觉有很大的不同。(115Z)

BSWG 难以接受社会工作职业环境现状，在他们的职业观念中，身为一个本科毕业生尤其是女生，在社会基层工作似乎有些不太体面。而且社会工作需要工作者着装朴素，能够吃苦耐劳，融入平凡世界，这些要求似乎无形中压抑了年轻人发展个性、追求品质的愿望。普遍的职业观认为，工作是为了给自己创造更美好的生活，然而社会工作需要延迟满足，这是很多毕业生不愿意接受的。

相对剥夺感方面。一般而言，人们不会依据绝对客观的标准来评价他们在生活中所处的位置状况，而是根据他们相对周围的人所处的位置来进行相应评价。因此，他们用以和自己比较的一群人便是他们的参照群体。如果比较的结果是自己处于较低地位，便会产生相对剥夺感。这种感觉出现以后，他们就会对事物产生负面评价。BSWG 在比较自己身边的同学所获得的薪酬待遇、职业发展空间和工作环境后发现存在一定的差距，因此他们对社会工作就业评价就会持有消极态度。简单来说，与身边同学朋友相比，他们认为自己的很多权利都被剥夺了。

被访者：我也不太喜欢这个行业，你看我也不喜欢我现在的工作内容嘛，但是人家出的价格高啊，社工我不喜欢但是它的薪酬价格还很低，还要处处看别人脸色，这就让我非常不喜欢。因为有同学在那边投了简历，然后告诉我他们那边的待遇，我感到非常失望，所以我一开始就没有考虑往这方面发展。（114Y）

被访者：不同于社工的工作环境，感觉不必深挖人的思维和背景，做好工作上的事情就 OK 了，可以穿漂漂亮亮的高跟鞋上班，还随意大浓妆都是没有问题，这样自然工作得更愉快了。（113Z）

被访者：说未来的发展不一样，但是起点是一样的，所以我们其实也会有一些顾虑，觉得很不值。自己读了那么多年本科，最后大家的起点是一样的，这就导致我们不是特别愿意去从事一线社工。（110W）

对于 BSWG 来说，薪酬低、工作不受尊重、不能打扮漂亮、学历与工作待遇不匹配，都算是一种权利的剥夺，这让他们感觉到不公平。

2. 专业认同矛盾

专业认同是学生对所学专业的认同与认可。通过对资料的分析，它体现在对专业实践的兴趣和专业价值的肯定上。在社会现实中，社会工作毕业生遇到了情怀与现实对立的状况，即他们在专业价值认同和专业实践认同上有对立的看法，而目前这种状况是难以调适的。访谈中发现，被访者对于专业价值十分认同，他们认为社会工作的价值伦理能够完善个人的认知行为，提升个人修养水平，对于社会中的每个人都是有帮助的。但是这仅仅是一种情怀，是每个人对于温馨和谐社会生活的向往。回归实际，经济与精力支持不足是他们一致的体会和感触，BSWG 在面对生活压力、服务对象的不美好经历和社会不尊重时，显得有些无法适从。因此在专业认同上，价值上的认同并不等于实践上的认同，在他们看来，现实会打败情怀。以下四位被访者的经历具有代表性。

被访者：我非常认同这个专业，而且我非常敬佩做这个专业的同学，然后可能因为我家庭的原因，就不太想接触这么低沉的情绪吧，所以就觉得不太适合做。(113Z)

被访者：我是比较喜欢这个专业的，虽然我觉得自己学得不够好，但是我觉得这种专业对我的影响，它一些核心价值观和理念对我的影响还是蛮大的，就人生观、社会观都会有影响的。(108F)

被访者：我其实还挺喜欢社工这个职业的，但是我觉得我自己不适合做这个工作。(104M)

被访者：社工的工作还是蛮有趣的，但是毕竟要生活，我是一个比较现实的人。(102F)

3. 政府政策支持

与上一类因素相反，在社会工作人才政策的大力支持下，2012 年以前的 BSWG 享受到了高度的专业尊重、良好经济保障以及充足的岗位支持。2010 年政府开始大规模购买社会工作服务，使得这一批 BSWG 有很好的专业工作环境和经济支持。他们赶上了中国社会工作发展的春天，借助考取社会工作职业证书的机会选择成为中国社会工作发展的开拓者和领头人。以下两位被访者的经历具有代表性。

被访者：当时在东莞 4300（元）能买房了，当时东莞的房价都还没有这么高。所以我们第一批呢其实还能搭上这个春风，我当时正在东莞的时候，有同事两夫妻都是做社工的，能够买房，都基本上能够在东莞落地生根。因为当时东莞的机构还比较正规，让我们产生了一种归属感，它有一个规定，它除了薪资还算吸引一点点以外，有一个很好的东西就是他们很看重专业，很尊重专业。所以很有归属感。(105F)

被访者：刚刚好那个街道成立了社工所，是那个广州市的其中一个试点，所以的话就机缘巧合吧，就没有说特意去找社工机构，因为确实比较少，那时候。(103L)

被访者：当时毕业后去做社工也是知道有个师姐在东莞那边做社工，当时东莞那边社工的待遇还行吧，说白一点儿，岗位还是希望能够先稳定下来养活自己。(111L)

在社会工作继续职业化发展的过程中，政府为了扩大社会工作人才队伍，开始降低社会工作入职门槛，社会工作应届生能够轻松进入一家社会工作机构，整个社会工作行业对 BSWG 有着较高的接纳度。

被访者：我当时做社工是因为社会工作的学生出来做社工是很容易的，就感觉社工很容易找工作。(101C)

被访者：我们读这个专业的话，它的对口有比较大的一个优势就是它本身这个专业的机会比较多，然后对应届毕业生的那个包容度比较高。(103L)

（二）因果性条件导致的中心现象

实习体验反差和专业认同矛盾两个因果性条件导致 BSWG 毕业后直接选择从事非对口工作，而政策支持因果性条件导致 BSWG 毕业后首先选择从事对口社会工作。

1. 从事非对口工作

专业实践的初次体验使得 BSWG 对社会工作对口就业给出负面的预判，在最初寻找工作的阶段，他们毅然选择跨行业就业，为了给自己的四年本科学习付出找到一个更好的回报与归宿。15 位被访者进入的非对口行业涉及金融、教育、科研、保险、公务员、企业等多个领域。在全新的行业中工作，BSWG 们有了更多的收获，他们认为自己在薪酬待遇方面的需求得到了更好的满足，其次是工作更加充实而且满足感更具体，也不用压抑自己的鲜明个性与爱好，更没有服务对象带来的种种压力。以下三位被访者的经历体现着这一内容。

被访者：很充实，超充实，就是没什么时间看剧啊，没什么时间玩啊，然后处于一种很高压的工作状态，然后压力也挺大的。(103L) 老实说，商业其实是对人的成长，是帮助非常大，基本上你的进步是每个星期都可以看得见。(101C)

被访者：随着工作经验增加，薪酬方面更乐观了，体验到其实可以不必这么累也可以得到更高的回报。不同于社工的工作环境，感觉不必深挖人的思维和背景，做好工作上的事情就 OK 了，可以穿漂漂亮亮的高跟鞋

上班，还随意大浓妆都是没有问题，这样自然工作得更愉快了。(113Z)

2. 从事对口工作

基于对专业职业发展的希望以及社会政策上的大力支持，2012 年之前的 BSWG 毕业后首先选择从事社会工作。追求专业提升、开拓专业道路以及寻求暂时安稳是他们选择对口就业的三个诉求。

被访者：我们以前还有希望，因为我们完全是从零开始的。我们还有一腔热血，因为我们没有参考，我们自己就做一个参考出来，还觉得有一点挑战性。我们以前反正实习就去居委，也没事情做，没关系嘛，也抱着对社工的一腔热血。(105F)

被访者：第一个就是考虑一个专业的一个原因啊，第一份是因为是个街道背景的一个机构，所以专业元素就不是太多，就比较多街道的一些行政事务，所以就去了 b 机构去锻炼自己的专业能力。然后从 b 机构去 c 机构是因为平台的问题，在 b 机构的话就是一个部门负责人，在 c 机构的话呢，就是机构负责人。就平台不一样嘛。(103L)

被访者：因为机缘巧合，当时东莞大量招收社工，刚好有师姐在那边做，然后也了解了。第一份工作嘛，就没有找很难找的，刚毕业出来需要经济收入嘛，肯定先就业再择业嘛，先养活自己嘛，说白了。(111L)

由于当时社会工作职业化身处于初始阶段，这对于 BSWG 来说既是一个挑战，也是一个机遇，如果能好好坚持下去，那么自己的职业发展或许会有更美好的未来。带着这样的憧憬与期盼，他们毅然选择了从事社会工作，努力打拼未来。

（三）情境分析

1. 非对口工作困境

初入非对口行业的 BSWG 体验到了与他们原始认知不同的职业困境。他们认为自己从事的职业表面上光鲜、体面，更能实现经济追求，但是高强度的工作现实给他们带来了较大的精神压力和身体压力。尽管这种压力可以产生前进动力，但是他们觉得自己的身体有些无法承受。以下三位被访者的经历具有代表性。

被访者：我现在的做电商的工作虽然它刚开始的起薪有点高，也不是很高，但是它是那种你越工作，身体越吃不消，到后来有长痘痘，又熬夜。(110W)

被访者：因为我觉得我更喜欢跟学生相处，但是我发现这份工作其实不是，你还要做很多其他的事。要跟家长沟通啊，每节课结束后你还要跟他反馈这些东西，而且那个量还挺大的，然后你要有其他很多额外的工作，像弄一些试题、改试卷，就很多零零散散的事。(104M)

被访者：我起初觉得银行应该是高大上的职业，很光鲜亮丽，但是经历过后发现实际上也很心酸，我有试过一个月没有假期，还有各种应酬、指标工作压力。(115Z)

2. 对口工作的困境

初入社会的BSWG进入社会工作机构后，遇到了一系列的困境，经历了来自个人、服务对象、机构和社会环境四个方面的压力。具体体现在移情问题、机构专业性不足、缺乏成就感和职业知晓度低这四个方面。个人方面表现为难以处理好对服务对象及其遭遇所产生的移情问题；服务对象微弱的改变和成长挫伤了工作者的积极性和成就感；机构薪酬福利待遇较差、职业晋升空间不足；此外还有整个社会的认同和知晓度较低使得工作者难以体验到职业尊重。这“四座大山”给工作者们带来了很重的压力，迫使他们想跳出这个正处于不成熟阶段的行业，继续追寻自己的理想职业。

被访者：很容易会有挫败感，跟服务对象聊得有稍微好一点的时候，他又跟家里闹翻了，就是成就感来的特别的缓慢，然后又特别短暂。(101C)

被访者：我了解到在工资方面还没有达到5000（元），这是让人很失望的，而且在工作中要看服务对象的脸色，感觉没有受到尊重。(114Y)

被访者：整个社会对这个行业的认同是很低的，觉得做这个行业不是很高大上。(106Z)

（四）策略与行动

基于以上两种不同的就业情境，BSWG再一次面临职业发展抉择。通过资料分析，笔者总结出四种BSWG的职业选择策略与行动。

1. 坚守与迷茫

在非对口行业奋斗超过三年的 BSWG，对自己的职业生涯有着清晰的规划，他们体会到，良好的工作能力才是最重要的职业晋升途径。而社会工作知识技能在他们的工作中也扮演了重要的角色，能够为他们所用，以推动他们工作的顺利开展，这也坚定了他们继续坚守在非对口岗位的决心。以下两位被访者的经历具有代表性。

被访者：可能你从事社工相关的工作，那么这个专业背景可能对我的影响会大一点，但是在企业里面这个影响并不是特别大。因为对于企业来说，他只会说我招一个本科生或者是研究生，其实他对专业背景并不是很在意，我觉得更注重的是综合素质与能力。（109C）

被访者：因为我们的工作也是做党史研究，学社会工作的话，那我可能就不自觉地就带入社会学的视角去分析一些问题。第二个不同就是在工作开展的过程中，我觉得学过社会工作的人，他更有人文情怀，或者是他对人性的把握和认识会更通透一些。所以说他的情商是更高的，处理人际关系的时候这种能力是更强的。（112H）

三位刚工作不久的 BSWG 在前阶段的工作中积累了经验，但是在工作的过程中他们又感觉到自己的工作似乎没有进步的空间以及不是自己真正喜欢的，跳槽又需要重新做起，而且他们会担心自己的专业背景无法在应聘中给自己加分。在这样的情况下，他们对于是否还要坚守在当前的工作岗位中感到有些迷茫。

被访者：因为我这个不是公校类的，我的工作时间就不太固定，还有就是我原先以为这个就是教书，然后发现还要去做一些服务的东西，你要去跟家长沟通，就不光是跟学生讲好课就行了，就觉得跟我的预期职业期待不一样。所以，我现在有考虑换一个自己喜欢的职业。（104M）

被访者：我现在的工作我也不是很喜欢，但是我们这个专业很少有合适的工作，所以现在就做着一份自己不太喜欢但是薪酬还行的工作。可能人会比较贪心吧，我未来也考虑再找一个工资更高的工作。（114Y）

被访者：可能自己最近也在想的，就是我考虑再找其他领域的工作嘛，然后这个时候可能也会觉得我这个专业没办法给我加分啊。（107X）

2. 回流计划

有一位BSWG在工作过程中逐渐发现自己更适合沉淀性和能够顾家的工作。她尚处于就业初始阶段，并没有明确的职业规划目标，鉴于仍然存有社会工作的专业知识和技能，最终选择回流到社会工作行业。

> 被访者：我是一个养生的人，就感觉自己（在工作中的）状态越来越糟糕……我喜欢慢慢沉淀的工作，所以我才考虑回流，可能就想尝试一下社工咯……还是觉得做社工以后才能兼顾家庭、孩子。(110W)

另两位BSWG认为，自己的职业规划中可以有回流的计划，但是暂时没有好的契机和机遇让他们选择回流。因此，他们对于专业回流仅仅持保留态度。

> 被访者：我觉得要看机遇吧，因为我当时也有考虑过去基金会工作的，但是他们都不招人了嘛。(109C)
>
> 被访者：岗位变动暂时还没考虑过。社工行业其实也有考虑过去从事，哪怕不是全职而是兼职也好，或者是以其他的形式去参与一些社工相关的项目工作，因为我觉得还是非常有意义的。(112H)

3. 脱离社工

遭遇了社会工作对口就业中的种种困境，如个人无法胜任社会工作任务，看到了社会工作的壁垒与局限，以及遭遇社会工作机构的服务项目丢失，致使身处社会工作行业的BSWG选择暂时脱离社会工作行业去寻找更加适合生存与发展的职业道路。以下三位被访者的经历具有代表性。

> 被访者：那个时候是因为机构的一些变动，我自己也想着说一直在这个行业，也在熟悉的机构一直在做着。但是，这个机构暂时没有了社工的项目，然后就想着说要不出去看看，所以就找了现在这份工作。(107X)
>
> 被访者：因为想试不同领域的东西，因为它是商业的，就是做老年人的一个商业服务，就想接触不同领域的一个挑战吧，当然也有薪酬的原因，因为它有十几万的年薪吧。(103L)
>
> 被访者：首先没有成就感，然后工作和休息的时间很模糊，你有你自己的私人空间，你可以不理他，但是你会担心你不理他，他会怎么样。

就是你会有这方面的担忧，这就导致我感觉好累，整个精神状态很累。（101C）

4. 专业坚守

两位在社会工作机构坚守近十年的被访者对于社会工作行业有着不同的见解：经济压力与职业晋升或许并不是一种阻碍。他们是广东社会工作职业化发展的第一批 BSWG。根据一位被访者的经历，2010 年东莞社会工作者的起薪可以达到 4000 元，而且当时社会工作机构普遍要求专业学历和从业资格证，这对于社会工作本科毕业生来说是一种很大的专业尊重和鼓励。当时社会工作机构并没有铺开，毕业生们对于自己的职业前途感到有些迷茫，但是在政策支持下，他们也愿意拿出自己的热情和专业性去探索社会工作职业发展道路。尽管途中遇到了很多困境，但是最终他们也获得了成长，取得了收获。专业坚守给他们带来了职业地位和薪酬待遇的双升级。社会工作是一个越坚守越吃香的职业。以下两位被访者的回答具有代表性。

被访者：第一是因为政府政策改变了，大规模的购买服务，从 2010 年开始不管是深圳、东莞还是中山、佛山、广州，大规模的购买服务。而我们刚好搭上第一班车。第一班你是开拓者对不对，不管是对自己的价值认可，还是晋升的空间，还是专业的践行，更重要的是我们有专业优势。（105F）

被访者：从前景来说，反正我觉得社工的那个前景会比其他行业要大，因为它目前还处于一个快速发展的过程中，那毕业生如果去到什么保险啊，银行啊，其实这些行业本身系统已经很成熟了，然后你要升上去的话其实不那么容易的。当你做到这个（社工）机构或者是公司的 CEO 的时候，其实你不愁没很高的薪酬了。你要出去做个督导，我们都是按天来算，一千多块钱一天。（103L）

另一位刚毕业的 BSWG 在选择回流的过程中也有相似的看法，她了解到社会工作是一个需要有坚守精神才能有所成就的行业。

被访者：然后他有跟我说在东莞社工分两条道路，你可能刚开始做一线社工慢慢成为督导助理，然后往上就做督导。督导的话工资会往上涨，然后你出去督导一次就会有额外的钱。另外一条线是管理，从一线社工到做机构主任再往上做区的负责人，就觉得社工是一个越做越吃香或者说你工作经验越长你就越值钱的一个工作。(110W)

（五）职业现状

1. 继续职业探索

有两位被访者明确表示，自己目前仍然处于职业探索期。他们没有回流的意向，也没有坚守在当前工作岗位的意向，而是处于继续观望状态，期待找到一个更好的、更适合自己的职业发展方向。

被访者：我对目前的工作环境和公司文化氛围，可能对这个公司的认同度没有很高，所以准备想要换一份工作，但是我现在还不会回流，等我都尝试过了发现不行，那回流就是最后的归宿。(107X)

被访者：我的工作时间就不太固定，还有就是我原先以为这个就是教书，然后发现还要去做一些服务的东西，就觉得跟我的预期职业期待不一样。有可能会往公校那一方面，或者是也想考虑一些技能型的转一下型，就觉得是喜欢或者是轻松一点，时间也会正常一点。我喜欢那种技能性的，反而就不太喜欢那种跟人打交道的。(104M)

2. 掌握机构话语权与职位工作稳定

两位 BSWG 选择长期坚守在社会工作行业，经过近十年的奋斗，他们都成了社会工作机构的管理者和领头人物，在经济地位、职业地位上都有很高的成就，并能够掌握机构的决策权和话语权。以下两位被访者的经历具有代表性。

被访者：2008 年到 2015 年在 3 家不同的社会工作机构担任一线社工、项目主任，然后 2016 年到现在就在青宫社会工作服务中心。现在是处于机构总干事的位置，就已经可以掌握话语权了。(103L)

被访者：我是 2010 年开始去东莞做社工，到现在广州已经有了自己的机构。(105F)

而长期坚持在非对口行业的 BSWG 也获得一定的职业成就，有两位被访者已经成为部门主管，也掌握了一定的组织话语权。

四 研究结论

（一）讨论与结论

本研究采用扎根理论的方法对 15 位 BSWG 进行了半结构深度访谈。尽管这 15 位 BSWG 并不能代表中国所有社会工作本科毕业生的情况，但是从他们的就业经历中仍然可以发现一些值得思考和借鉴的内容。他们就业的过程给我们展现了不同的社会工作毕业生就业路径，虽然不是很完备，但是也基本解答了如何重新认识社会工作对口就业，社会工作应届毕业生如何选择自己的工作的问题，并帮助我们澄清了对于社会工作就业存在的误解。首先，对于社会工作对口就业可以有更为开放性的理解；其次，BSWG 初次择业受到了“先见之明”的影响。

1. 再认识社会工作对口就业与非对口就业

首先，对于社会工作对口就业的新理解在于放开现有职业认知。郭扬认为，社会工作专业对口就业岗位包括政府系统、社会福利服务事业单位、街道居委岗位和群团民间组织的①。王文晶和甘颖也给出相似的界定②。在两人的基础上，Weiss 和 Gal 认为第三部门和营利性机构或者建立自己的企业都可以作为对口就业选择③。本文的研究结果与他们相同的地方，在于 BSWG 对口就业选择可以在以上所说的政府系统、福利服务、街道及民间组织之中。不同之处在于，他们还可以进一步拓展到社会企业公益和人事岗位、统计调查岗位等类社会工作岗位中发挥自己的优势与长处。基于目前广州社会工作专业对口就业状况，基金会组织是一个不错的选择，而营利性的机构也是未来需要倡导的就业领域。

其次，非对口就业并不完全是一个消极负面的结果。在非对口行业中，BSWG 仍然能够利用所学的专业知识和技能助力工作顺利完成。在第三产业

---

① 郭扬：《社会工作专业的低对口就业率与对策探讨》，《法制与社会》2017 年第 20 期。

② 王文晶、甘颖：《高校社会工作专业毕业生就业问题研究》，《现代教育科学》2016 年第 7 期。

③ I. Weiss, J. Gal, “Social Work Graduates and Welfare Economy Sector Preferences, ” *Administration in Social Work* 3 – 4(2004): 201 – 216.

繁荣发展的今天，大量的社会职业岗位需要社会工作专业能力与素养。一方面，服务性的策划沟通与协商工作能够与社会工作专业技能相契合；另一方面，更加精专性的职业能够深化 BSWG 对于社会工作某一服务领域的认识，从而提升其专业能力。因此社会工作良性发展的重点之一，在于学校和社会如何科学引导学生树立全面积极的就业观，以更加开放的姿态去迎接社会工作新发展。

2. “先见之明”导致的对口就业误解

关于影响 BSWG 职业选择的因素，以往的研究认为专业认同、经济补偿、晋升机制和教育专业化是影响社会工作专业毕业生择业的主要原因。本研究与上述结论一致的地方，在于经济补偿和晋升空间确实是 BSWG 选择职业重点考虑的两个因素。除此之外，前期实践体验与评价对 BSWG 初次择业也有重要影响。一方面，研究中的 15 位 BSWG 在毕业之际受到同学和前几届毕业生对口就业情况反馈的影响比较大。他们会根据同专业的以及已经就业几年的毕业生的情况来决定自己的就业选择，即对专业对口就业情况产生“先见之明”。这样的“先见之明”往往指向社会工作行业福利待遇较差、发展空间有限，以及毕业生最好选择其他老牌保守的行业或者继续读研。另一方面，BSWG 有限的实习经历体验反差也使他们对社会工作职业产生了不好的印象。然而，本研究中有三位被访者认为这样的“先见之明”或许存在一些问题，他们认为毕业生对本专业的就业情况存在误解。具体来说，毕业前尽管 BSWG 有很多的专业实习经历，但是他们所接触的机构是参差不齐的，而且也没有在真正意义上接触到实际的社会工作，因此无法真实了解社会工作的职业体制和其他行业的职业体制状况。在这样的情况下，仅仅认为社会工作行业薪酬待遇较差是有失偏颇的。例如职业晋升方面，社会工作机构的晋升渠道有更多拓展的空间，社会工作中级社工师、社会工作督导和未来的高级社工师都是可以选择的晋升渠道。如果不从事纯社会工作对口行业，BSWG 也可以进入基金会、政府、国企和社会企业等领域。通过对 15 位 BSWG 的职业发展总结，笔者认为，工作能力和坚守精神是更加重要的职场制胜武器。

综上所述，针对社会工作非对口就业这一现象，我们需要转变将其问题化的态度，以更加积极和开放的姿态去接纳中国社会工作在新时代的新发展。社会工作对口就业的范围除在社会工作行政性机构、院舍照顾机构、社会工作实务机构、社区服务中心这四类传统领域外，还可以拓展到第三部门和社会企业中的对口岗位，如公益宣传、工会、人事、调查统计以及项目产品策划等。根据被访者的职业经历，目前 BSWG 进入基金会工作也是一个不错的对口就业选择，未来也期待更加专业化的营利性临床社会工作机构的出现。

3. 对策建议

基于以上结论分析，笔者给出三点建议。

第一，学校和社会需要倡导提供一种更加开放性的岗位对口就业选择，而不是局限在社会工作机构就业。尽管很多岗位不属于社会工作行业，但是它们同样也需要社会工作毕业生的专业能力和素养。一方面，高校在培养学生学业能力的过程中需要拓展学生对于社会工作职业的了解范围，引入多样性专业实习，激发学生自主探索能力，鼓励学生寻找感兴趣的社会工作实习项目。只有在全面认识和了解的基础上，社会工作专业学生才能培养积极全面的就业观，更好地把握自己的就业方向。另一方面，社会企业提供更多接纳社会工作专业的职业岗位不仅能够帮助自身创造良好的企业文化和形象，也能推动社会工作提供更加广泛性的专业服务，这是一个双赢的过程。

第二，主动性学习探索更有助于学生建立科学的职业观，形成更加成熟的职业规划。在学校和社会的行动下，学生也需要培养自主钻研和积极进取的探索精神。在充分了解社会工作职业发展的方向与前景后，结合自身能力与兴趣勇敢踏出第一步，专业背景并不会成为毕业生走入职场及收获成长的阻碍，善于扬长避短才是取胜之道。

第三，政策支持对社会工作职业化专业化发展有着至关重要的作用。针对目前社会工作法规、职业晋升和薪酬激励机制等方面的不足，相关政策仍然需要与时俱进，给即将踏进社会工作职业岗位的本科毕业生们更多的信心和坚持的力量。

（二）研究的限制及展望

首先，由于本研究属于定性研究，对于 15 位 BSWG 的故事经历描述仅能体现广州部分高校社会工作本科毕业生的非对口就业过程与路径，因此研究中所选的样本并不能代表全国社会工作本科毕业生的就业状况和就业观念。其次，笔者身为一个未正式参与过社会就业的本科学生，缺乏一定的社会阅历，对于研究参与者的职业生涯经历的理解和认识存在局限。最后，也是最重要的一点，笔者在理论修养方面存在不足。由于笔者尚未完全掌握扎根理论的精髓，在理论抽样过程中无法保持对于原始资料精准理解和把握，使资料的编码和分析结果存在一定的偏差。希望在未来的研究中能够有一位精通扎根理论的研究者将这项研究精细化，并扩大访谈样本的规模，了解更多地区乃至全国的社会工作本科毕业生非对口就业的过程和经历。

A Study on the Process and Path of Non-counterpart Employment of Bachelor of Social Work Graduates Based on Ground Theory

Liu Ying, Cheng Xiaoya

Abstract: In this study, 15 interviews materials from 5 colleges and universities in Guangzhou were collected by means of semi-structured interviews basing on the method of ground theory. This paper uses NVivo12Plus software to code the data, and finally constructs a theoretical model of the non-counterpart employment process and path of bachelor of social work. This study shows that the non-counterpart employment of bachelor social work graduates is not a resultof evading the economic restriction of social work industry completely, but a dynamic choice process with strong subjectivity under the interweaving of sensibility and rationality. In this process, they explored and broke the original social work counterpart employment restrictions, and created a new employment path to achieve better career development. In view of the above findings, this paper puts forward two suggestions. First, to advocate wider professional counterpart employment; second, active learning and exploration is more helpful for students to establish a scientific career view and form a more mature career planning; third, the policy support is crucial to the professional development of social work.

Keywords: Bachelor of Social Work Graduates; Non-counterpart Employment; Ground Theory; Process and Path

S省社会工作专业实习基地建设

周玉萍　杜贞仪*

摘　要　通过对S省7所开设社会工作专业的高校实习基地建设状况的调研，了解到各校实习基地建设总体情况较好，但也存在规范性不足、发展层次不一的问题。针对这些问题，提出应制定社会工作实习基地建设规程以规范管理，加强高校之间的交流学习以推进实习基地建设水平的提高，强化社会工作督导以增加实习基地建设实效性的措施。

关键词　社会工作　实习基地建设

S省社会工作专业始设于2002年，迄今已经有7所院校设立了社会工作本科专业，2所院校拥有社会工作专业硕士学位点。在全国高校社会工作教育中，S省属于发展速度适中之内陆省份，其实习基地建设的典型特色是依托院校特色发展，实习基地与本校原有特色基本一致。由于省内各院校社会工作专业创办时间不同，发展速度也不一致。早期创办专业的院校基本均有较为成熟的实习基地建设模式，而新建专业院校尚在探索之中，甚至个别院校无专业实习基地。因此，对于S省社会工作专业实习基地建设进行研究，可以引导国内社会工作专业实习教育的发展。为此，太原科技大学人文社科学院社会工作专业教师与学生成立了调研组，于2018年8月到9月针对S省7所开设社会工作专业的高校进行了主题为“社会工作实习实训基地建设”的调研。调研的基本情况如下。

---

* 周玉萍，女，山西太原人，太原科技大学人文社科学院教授，研究方向为社区社会工作。杜贞仪，女，河北秦皇岛人，太原科技大学人文社科学院社会工作专业研究生。

一　调研样本的基本情况

（一）各高校开设社会工作专业的基本情况

1. 各高校社会工作专业开办时间

S省开设社工专业的高校共有7所。在7所高校中，开设社会工作专业在15年以上的有3所高校，其中2所是本科院校，占比42.85%。一所是具有成人培训背景的院校，所办专业是专科层次，专业名称叫社区工作。开设专业在5~10年的有1所，占比14.28%。开设社会工作专业少于5年的有3所，其中1所大学开设3年，另2所2018年开始招生，3所占比42.85%（见表1）。总体来看，开设年限长与开设年限短的学校平齐，将近一半是新办专业。

表1　各高校社会工作专业开办时间情况

单位：所，%

	1~5年	5~10年	10~15年	15年以上
数量	3	1	0	3
占比	42.85	14.28	0	42.85

2. 各高校社会工作专业的招生情况

由调研数据可知，调研的7所高校中本科生的人数在50人以下的有4所高校，占比57.14%；招生在51~100人的有2所院校，占比28.57%；招生在101~150人的有1所学院，占比14.28%。每年7所高校共计培养社会工作专业人才的规模为300~500人，近年来培养的人数在300人左右（因S省2所学院2018年才开始招生，无毕业生，现毕业生人数未计算入内），4年后，毕业生人数将增加到400~500人（见表2）。其中，多数是本科毕业生，专科学生仅有15人左右。对于这批毕业生，S省能够容纳的非常有限。所以，毕业生大量流失，毕业生到外地的实习比较多。

表2　各高校社会工作专业的招生情况

	50人以内	51~100人	101~150人	151~200人	200人以上
数量	4	2	1	0	0
占比（%）	57.14	28.57	14.28	0	0

根据研究组教师多年在业内的观察，开设社会工作专业年限长的与开设年限短的高校并无实质性的交流，仅有松散的、非正规的交流。这样，开设本专业年限较短的高校必然存在一个实习基地建设方面的探索过程，开设时间适中的高校存在一个逐渐规范的过程。由于经验不足，实习基地建设问题在不同程度上存在于新建或已建专业较短的高校中。而此类问题的解决，除需要增强合作交流以外，还需要高校师生、实习机构携手共进，在规范管理下逐步提高实习水平。

（二）S省各高校对实习基地的遴选情况

由于S省社会工作专业的办学时间并不一致，学校特色也不一样。以3所办学时间长的高校为例，一所以医科为特色，一所以企业为特点，一所以青年培训为特色；而3所办学时间较短的高校，均为法学背景，以培养法学社会工作人才为特色。由于背景不一样，各个高校遴选实习基地的情况也不一样。

1. 学校遴选实习基地的方式

学校遴选校外实习基地的优先次序排列如下：按照可以实习的项目遴选 > 按照实习基地教师责任心遴选 > 就近遴选 > 按照学生反馈来遴选 > 按照学生前往实习单位实习次数多少来遴选（见表3）。而遴选的实习基地也与学校的背景有很大关系。有的遴选医院，有的遴选企业，有的遴选法院，有的遴选社区。由于S省社会组织数量不多，遴选社会组织为实习基地的学校不多，因而真正能到社会工作机构实习的学生少之又少，仅少数学校比较固定的实习基地为福利院和精神卫生机构。在这些实习基地，学生可以做社会工作实务，而大量的遴选法院系统为实习基地的专业学生基本不做社会工作专业实习，甚至还有以企业为实习基地的专业，实习内容与社会工作无关。

表3 学校遴选校外实习基地方式（多选排序题）

选项	平均综合得分
按照可以实习的项目遴选	4.57
按照实习基地教师责任心遴选	2.71
就近遴选	2.57
按照学生反馈来遴选	2
按照学生前往实习单位实习次数多少来遴选	1

说明：平均得分计算方法标注：选项平均综合得分 =（Σ频数 × 权值）/本题填写人次权值由选项被排列的位置决定。例如，有3个选项参与排序，那排在第一个位置的权值为3，第二个位置权值为2，第三个位置权值为1。

2. 学校较为稳定的校外实习实训基地数量

调查结果显示，3所院校有较为稳定的实习实训基地1～3个，另外2所院校有15个以上，其余2所院校分别有4～6个、10～15个（见表4）。总体而言，开设社会工作专业年限较长的学校所拥有稳定实习基地的数量要多于新兴院校。同时，学校选择实习单位时在某种程度上与实习指导老师的社会关系直接相关，在社工领域从教时间较长的教师相对拥有更多、更稳定的实习资源，因而稳定的专业实习基地数量更多一些。

表4　较为稳定的实习实训基地数量

单位：所，%

	1～3个	4～6个	6～10个	10～15个	15个以上
数量	3	1	0	1	2
占比	42.85	14.28	0	14.28	28.57

（三）S省各校实习基地的建设情况

1. 学校社会工作实习基地建设的规章制度情况

实习基地建设规章制度有利于进一步加强和规范高校教学实习基地的建设和管理。调查可知，4所院校有针对社会工作实习基地的规章制度，占比57.14%。3所院校无此类制度，占比42.86%（见图1）。尚未建立此制度的院校均是新建社会工作专业，而开设专业10年以上的院校基本都实现了管理的规范化：学生有实习手册，有固定的实习时间，有实习基地，有实习指导教师和机构导师评估等制度，并按照制度有序管理。

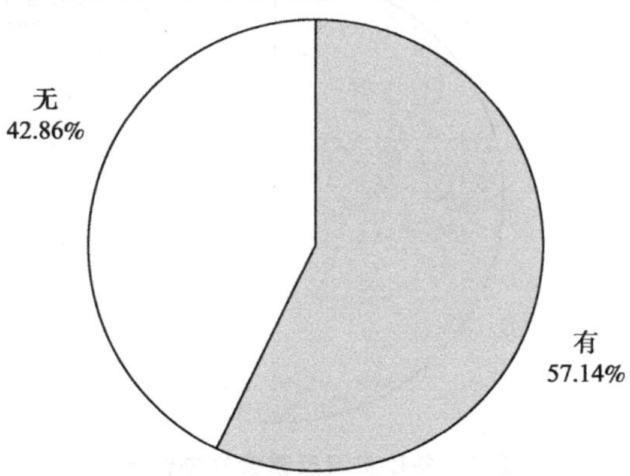

图1　有无实习基地建设规章制度占比

2. 各校举办实习基地合作共建的方式

学校举办实习基地合作共建的方式的优先排列次序如下：聘请教师为兼职实践导师 > 共同商定培养计划 > 定期表彰实习基地教师 > 定期开会讨论实习方式与实习效果问题 > 为实习基地教师发放工作补贴（见表5）。以上五项均为实习基地合作共建的方式，从中可以看出，发放补贴的比较少，平均综合得分仅为0.57，也就是多数学校无此资金为实习基地指导教师发放补贴，这导致实习基地导师的指导状况很难得到约束。

表5　各校举办实习基地合作共建的方式

选项	平均综合得分
聘请教师为兼职实践导师	4
共同商定培养计划	2.57
定期表彰实习基地教师	2
定期开会讨论实习方式与实习效果问题	2
为实习基地教师发放工作补贴	0.57

3. 各校举办实习反馈会情况

在问到是否会举办实习反馈会时，2所院校选择每次都有，占比28.57%；5所学校选择了偶尔有，占比71.43%（见图2）。实习反馈会能够帮助学校评估各实习基地建设的基本情况，了解学生实习表现的优点和不足并据此反思教学过程中的薄弱环节，及时举办非常必要性。但定期举办实习反馈会的仅仅占到不足三成，可见多数高校不重视实习反馈环节。

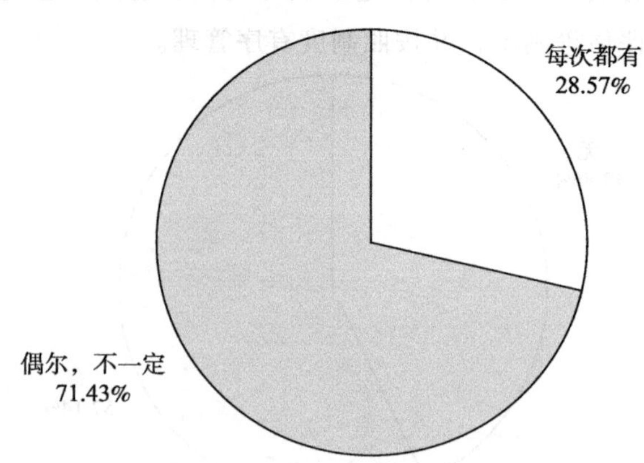

图2　各校实习反馈会举办情况

4. 各高校校外实习指导老师到校内交流或讲座情况

2 所学校定期有校外指导老师到校内交流或讲座，占比 28. 57%；4 所院校偶尔举办此类学术交流活动，1 所新建专业学校无此类活动（见图 3）。总体而言，开设社会工作专业时间较长的学校举办此类交流活动的频率较高，开设时间短的学校邀请校外老师定期交流或开讲座的相对较少。邀请校外指导老师定期到校园交流或讲座，是高校与实习基地之间形成良性沟通对话的契机，需要形成较为固定的交流合作方式，以使培养的人才适合社会需要。

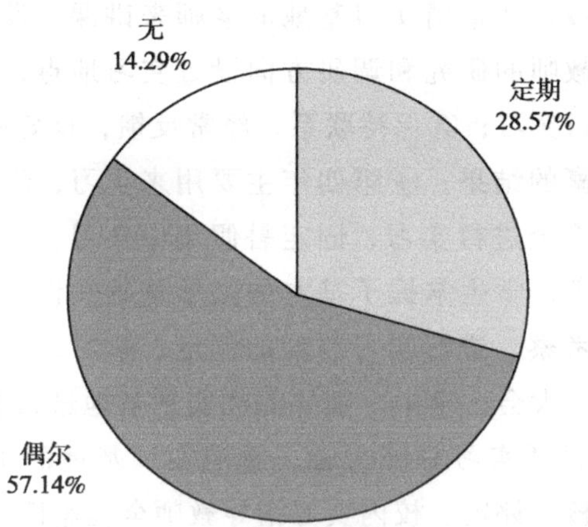

图 3　各高校校外实习指导老师到校内交流或讲座情况

二　调研结果分析

（一）问卷调研反映的情况

从以上问卷调研可以得知：70. 42% 的 S 省高校有较为稳定的实习基地 2 个以上，遴选实习基地的方法基本合理；多数 S 省高校采取了聘请教师为兼职实践导师、共同商定培养计划、定期开会讨论实习方式与实习效果等方式来促进实习基地建设；28. 57% 的 S 省高校有实习反馈会制度，71. 43% 的 S 省高校偶尔有；28. 57% 的 S 省高校定期请实习基地教师到校交流，57. 14% 的 S 省高校偶尔有。S 省内高校社会工作专业实习基地建设情况总体较好，但也存在一些问题。存在的问题是，有 42. 86% 的 S 省学校没有实习基地建设规章制度，较少学校能够做到为校外实习基地的老师发放补贴，有 71. 43% 的学校仅仅是偶尔有实习反馈会，有 14. 29% 的 S 省学校从来不请校外导师到校交流或者讲座。这些问题反映了实习基地建设的规范性不足，实习基地建设校与校之间的差距较大，甚至有的学校明显缺失部分内容。这些方面的问题影响较大，改进和优化实习基地建设非常必要。

（二）开放式问题反映的情况

问卷调研的最后一题为开放式问题，要求各高校反映本校在实习基地建设中存在的不足与办学经验。在开放式问题中，收集到的办学经验是：①比较重视实习基地建设，经常请实习基地的老师来讲课，发挥实习基地老师的作用；②根据专业教师的研究和调研方向设置实习地点，让学生自主选择自己感兴趣的方向进行实习；③保持联系，经常反馈，良好的实习会形成学校、学生、实习机构多赢的结果；④第四年主要用来实习，学生通过实习寻找工作；⑤要利用警察系统进行实习，固定暑假集中实习，顶岗实习；⑥依托法学专业，有专业特色，学生掌握了基本的法学基础知识；⑦事前对实训基地进行充分的调研、考察，进行实习制度的制定、学习，对实习带队教师进行选拔，召开实习动员大会；事中，领导前往实地基地进行检查、督导；事后，组织全体实习学生召开实习总结大会，邀请实训基地的工作人员参加讲座，对实习报告进行考核、评定，校内实习指导教师全程监控、指导。

在开放式问题中，收集到的问题是：①缺乏比较固定的实习基地建设规章制度，没有定期联系的实习督导老师，实习制度比较松散，实习时间较短而最终实习流于形式；②不够专业，专业的社会工作实习较少，缺乏相应的指导教师；实习的内容比较宽泛，不一定属于社会工作；③实习基地指导教师社会工作的专业性有限，持证人数较少；④实习基地比较单一，偏向法学专业或选择社区，欠缺对社会工作专业方向的实习；⑤实习经费紧张；⑥分散实习的监控较为薄弱。

总体来说，经验是有规章制度、定期实习、经常反馈交流；问题是缺乏固定实习基地，没有规章制度，没有定期联系老师，实习流于形式、不够专业，等等。可见S省社会工作专业的发展中急需形成相对固定的实习基地建设规程，指导和规范所有高校的实习基地建设，并形成校际交流合作机制，以使每年500人左右的社会工作人才培养逐渐走上正轨。

这些问题并非S省单独存在，其他地方也存在类似问题。如2007年朱静君等曾阐述过社会工作实习存在“实习过程学校、机构和学生三方相互作用共同促进的机制没有完善”，“开设社会工作专业的学校大部分尚未建设起完善的实习制度”，“中国社会工作实习相关的研究和资源较少”等问题①。时隔十年，仍旧有相当一部分学校反映社会工作的专业实习流于形式。如宗苏秋在《社会工作专业实习教育的困境与对策研究》② 一文中，祝青在《社会工作专业实习教育的实践与反思》③ 一文中，均谈到专业实习机构缺乏，实习督导不力，培养出来的学生不完全具备开展社会工作实务的能力等问题。这说明社会工作专业时间短，经验少，规范性不足的问题比较普遍存在。S省的探索是全国探索的一部分，其成果对于全国社会工作实习教育均有意义。

三　改进措施

早在20世纪末期，对实习基地建设的理论探讨和实践探索就已成为开办此类专业高校关注的重点。例如，马凤芝认为缺乏足够数量的、受过社会工作实习督导训练的老师和经费的缺乏限制教学工作的进行④。周丹红认为，“建设符合专业要求和适应地方高校面临处境的实习基地，才能保证专业实习目的的真正落实”⑤。经过近20年的实践发展，综合国内社会工作实习基地建设意见与本次调研结果的思考，笔者认为S省社会工作教育界在实习基地建设方面应该有一些共识。主要有以下几方面。

（一）制定社会工作实习基地建设规程以规范管理

社会工作专业实习基地建设需遵循以下规程。

第一，遴选、建设与实习学生数量相符的实习基地，并拟订签约的校外实习实践教学基地协议。

第二，制定实习基地建设的规章制度。包括：实习基地接收实习生、学校派驻实习生联合共建实习基地制度；指导教师与校内教师定期共同商定实

---

① 朱静君、阎安、刘勇：《工科大学社会工作专业实习基地建设探索》，《社会工作》（学术版）2007年第1期（下）。

② 宗苏秋：《社会工作专业实习教育的困境与对策研究》，《黑河教育》2016年第1期。

③ 祝青：《社会工作专业实习教育的实践与反思》，《长江丛刊》2018年第21期。

④ 马凤芝：《中国社会工作实习教学的模式与选择——北京大学社会工作实习教学的经验》，《发展探“本土化”——华人社区社会工作教育发展研讨会论文集》，中国和平出版社，1996，第10页。

⑤ 周丹红：《地方高校社会工作专业实习基地建设途径的探索》，《广西工学院学报》2005年第9期。

习计划，评判实习生表现的交流制度；实习评估与实习反馈会制度。按照制度规程，指导学生开展实习。

第三，实习基地考核表彰制度。依照学生和老师对校外指导教师的评估实施荣誉激励、开办讲座激励制度，以促进校外实践教学基地指导教师责任心和指导水平的提高。

（二）加强高校之间的交流以推进实习基地建设水平的提高

学校之间的交流可以缩短新建专业高校对实习基地建设的探索时间，使其尽快步入正轨。当前S省内高校新建社工专业几乎有一半，高校之间仅有非正式的、偶然的学术性交流的状况制约和影响着S省社会工作专业教学水平的提高。筹办S省社会工作教育协会，使各个高校间能够借此平台定期交流教学情况，取长补短，共同进步，是推动S省高校社会工作专业教学发展的必然途径。

S省内7所有社会工作专业的高校在本地的实习基地资源基本类似，完全可以共同建设，规范化培养。早在2008年，娄世桥、芮洋在《试析制约社会工作专业实习的四个因素——兼论较大规模共享型实习基地的建设》一文中就已经提到这个问题，他们认为，“当前实习中暴露的许多问题，已经充分彰显了建设较大规模共享型实习基地的必要性。如果有社会工作教育协会或者是片区会议的协调和支持，有了校际乃至省际合作，推进较大规模的共享型实习基地的建设是可以做到的①”。十年之后，共享型实习基地并未建立，仅有个别高校走出本省到南方开展实习，建设专业实习基地，实现学校之间学生的相互交流与共享。随着本地实习基地建设的规范化，实习需求的增大，也需要协调共商共建。

（三）强化社会工作督导以增加实习基地建设的实效性

国外发达国家以及香港地区社会工作督导投入比较大，督导老师只督导几个学生，跟随学生实习，查阅学生实习记录，听学生所做个案录音，指出学生的不足，促进学生改进。而省内高校均无此项经费投入，这导致无实质性的机构督导老师，仅有校内指导老师。校内指导教师同时带几十个学生，

① 娄世桥、芮洋：《试析制约社会工作专业实习的四个因素——兼论较大规模共享型实习基地的建设》，《社会工作》2008年第6期（下）。

既无法每天跟随学生，也无法准确评判学生实习情况，学生的实际工作能力很难得到提高。对此问题，向荣在《中国社会工作实习教育模式再探索——建立与完善社会工作专业实习基地和督导制度的途径探讨》一文中已经指出："在机构工作人员内物色培训社工学生实习督导员，并在专家的指导下，建立督导制，包括督导与学生的搭配；督导的方式（一对一的；小组的；机构督导和教师督导共同的等多种模式）；督导的时间分配；督导对实习学生的评估方式等。①" S 省内社会工作专业必须增加机构督导的经费投入，实现督导教师单个指导、面对面交流，才能确实起到作用。社会工作专业是国际化的专业，需要有国际视野，向国际上共同的培养方式靠拢，S 省社会工作专业的发展才会有更加广阔的前景。

Research on Construction about the Practice Base for S Province's Social Work of Universities

Zhou Yuping, Du Zhenyi

Abstract: Through investigation and study on practice bases of seven universities in province which have set up social work, we find that the practice bases in these schools are built well in general, but there are still some problems like lack of normalization and uneven levels. According to the existing problems, the paper puts forward some countermeasuresto improve the construction of social work practice bases, such as formulating rules for the construction of social work practice bases to standardize management, strengthening exchanges between universities to promote the improvement of the construction level of practice bases and enhancing social work supervision to increase the effectiveness about the construction of practice bases.

Keywords: Social Work; Construction of Practice Base

① 向荣：《中国社会工作实习教育模式再探索——建立与完善社会工作专业实习基地和督导制度的途径探讨》，《中国青年政治学院学报》1999 年第 2 期。

SIAL 理念指导下的社会工作实战平台建设

——基于广州大学社会工作人才培养的实践

谢俊贵*

摘　要　SIAL（学生即时可用的实验室）是指由大学或其院系设立或认定的旨在让学生在学习和实习的过程中，按照专业人才培养方案要求甚至学生本人的特殊兴趣和实践愿望，随时可以接受学生实习实践的实验性或实训性机构。作为一种新的实验平台建设理念，“学生即时可用的实验室”既不完全等同于传统的大学内部设置的实验室或实验平台，也不完全等同于产业和行业设置的实验室或实验平台。它是在产（行）学研结合思想基础上由大学自建的，或由大学与产业（行业）共建的专业实践平台。多年来，广州大学社会学系按照 SIAL 理念，建立了“学生即时可用”的体系化专业实战平台，为社会工作专业人才实务能力培养和训练打下了坚实基础。通过这种体系化的专业平台建设，广州大学社会工作人才实务能力培养形成了若干规律性内容，包括以时间谋划空间：正确处理空间与时间的关系；以实习谋划实验：正确处理实验与实习的关系；以自建谋划共建：正确处理自建与共建的关系。

关键词　SIAL 理念　实验室　社会工作专业　实习实战平台

一　引言

党的十六届六中全会通过的《中共中央关于构建社会主义和谐社会若干重大问题的决定》提出，建设一支宏大的社会工作人才队伍，为社会主义和谐社会建设做出贡献。在党中央、国务院及有关部委的大力推动下，中国社

---

* 谢俊贵，广州大学公共管理学院教授、博士生导师。

会工作人才队伍建设取得重要进展，社会工作专业教育日益兴盛。据中国社会工作教育协会统计，中国目前设置社会工作专业的高校有 339 所。同时，在社会学专业设置社会工作专业方向的高校也为数不少。社会工作人才培养已成高校新增文科类新专业或设置新的培养方向的热选。在广东等沿海城市，不仅社会工作人才队伍建设受到重视，而且社会工作服务也得到大力推进，社会工作机构对社会工作专业人才的需求强劲以至供不应求；社会工作专业教育由过去的发育不良、门庭冷落，走向了当今的常态发展和有序推进。在社会工作专业教育热度上升的过程中，如何保质保量地为社会培养合格的社会工作专业人才，已得到社会和专业教育界的普遍重视。

然而，在大学的文科体系中，社会工作专业人才的培养与一般文科专业人才的培养有所不同，专业性、实践性、应用性是社会工作专业的三大特色，也是对社会工作专业人才培养的三大要求。按照国际惯例，社会工作专业本科生在校期间，应在社会工作岗位完成 800 小时的实习实践，方能达到本科合格毕业生的要求。可是，在中国社会工作广泛推进之前，社会工作专业学生面临一个去哪里实习实践的问题；在中国社会工作广泛兴起之后，也面临一个长期实习受欢迎、短期实习受冷落的问题。针对这些问题，广州大学社会学系创建了一种 SIAL 理念，采取了自建社会工作实战平台，确保学生各类实习顺利进行的模式，不仅有效解决了社会工作专业实习中的岗位问题，还为教学科研做出重要贡献。现以广州大学的实践为基础，就 SIAL 理念指导下的社会工作实战平台建设做必要的总结讨论。

二　SIAL 实验实习平台及关键理念

SIAL（Students Instant Available Labs）是“学生即时可用的实验室”的英文缩略语。所谓“学生即时可用的实验室”，是学生随时可以去从事各种实验实习的实验场所。我们知道，在实验室发展史上，设在大学的实验室要早于其他类型的实验室。较早的有 1682 年在德国纽伦堡附近的阿尔特多夫大学设立的实验室。工业实验室较早的则是由法国化学家拉瓦锡任硝石火药厂总监后于 1775 年在炮兵工厂设立的。[①] 在 18 世纪到 19 世纪，工业实验室发展很

① 赵克：《工业实验室的演进及其管理的教训》，《自然辩证法通讯》2000 年第 3 期。

快，并出现了许多有名的工业实验室。为何大学实验室会早于工业实验室？而且工业实验室大量出现后大学仍然要设立自己的实验室？想必人们当时就深刻认识到，工业实验室关注的是企业产品的研发和利润，大学实验室关心的是人才的培养及成长。只有设立大学实验室，才可能是“学生即时可用的实验室”。

之后，“学生即时可用的实验室”成为大学应用型专业办学的一种默契和理念，大凡高校要开办应用型专业，尤其是理工科专业，作为教辅单位的实验室必不可少。国家、地方政府和行业组织的教学评估体系也都把是否有“学生即时可用的实验室”作为重要评估指标，甚至作为开办特定新专业的基本要求，达不到这个基本要求的学校，要么申请的专业不能获批，要么在专业评估或教学评估中就不能通过。中国教育部就有如此这般的规定，并发布了《高等学校实验室工作规程》和《高等学校专业实验室评估标准（试行)》。教育部社会学类教学指导委员会对设置社会工作专业也提出“建设设备齐全的社工实验室”的教学要求。这些规定，目的都是一个，即让学生在学习和实习过程中有“即时可用的”实践场所，有供实习实践的对象和实习实践的各种设施设备，并且能随时接纳学生实习和实践。

至此我们可知，所谓“学生即时可用的实验室”（SIAL)，就是由大学或其院系设立或认定的旨在让学生在学习和实习的过程中，按照专业人才培养方案要求甚至学生本人的特殊兴趣和实践愿望，随时可以接受学生实习实践的实验性或实训性机构。作为一种新的实验平台建设理念，“学生即时可用的实验室”是一种既不完全等同于传统的大学内部设置的实验室或实验平台，也不完全等同于产业和行业设置的实验室或实验平台，它是在产学研结合或行学研结合思想基础上由大学自建的，或由大学主导且与产业（行业）共建的专业实践平台。从大学及其专业人才培养的角度来讲，这种实验室或专业实践平台建设，最受关注的问题有三：第一，它是否确实能够承担特定专业的实验与实习任务；第二，它能否与大学特定专业培养方案无缝对接；第三，它能否满足特定专业学生即时产生的实验与实习需求。

这类实验实习平台的建设，是实验室建设史上的一种新的理念，我们将这种理念称为SIAL理念。SIAL理念的核心是“务实、创新”。依据这种理念建立的专业实验实习平台，特别强调的属性有：第一，实验实训性。这类实验实习平台本身具有能力承担特定专业学生实践训练的有关任务，能够提供学生实训操作的专业指导。第二，非营利性。这类实验实习平台在接受学生实验实习时，不以营利为目的，而以专业人才培养为导向；不是将学生当作“劳动力”使用，而是将学生当作未来的专业人才培养。第三，专业认同性。这类实验实习平台是通过学校自建或通过学校主导与相关单位共建，而非临时去找的实验实习单位。第四，即时可用性。当学生有实习实践需要之时，包括专业见习、学年实习、毕业实习，甚至学生因为特定课程作业、论文撰写或特殊兴趣需要时，能够获得即时支持。

三 以 SIAL 理念指导社工平台建设

社会工作专业作为培养应用型人才的专业，需要进行实验实习，这已成为一种专业教育通则。尤其是 800 小时的社会工作专业实习国际惯例，显然也已成为国内社工专业普遍认可的一种实习制度。不达到 800 小时的实习，学生就毕不了业。这种实习制度不仅在社会工作本科专业中推行，而且在社会工作硕士生培养过程中，同样实行 600 ~ 800 小时的实习规定。本科生 800 小时的实践实习是铁律，没有任何余地。800 小时的实习，包括课程实习、实务见习、学年实习和专业实习（或毕业实习），具有多阶段、多内容、多方式的特点，因而相对显得零散。如今国内社工机构的业务虽多了起来，但都有指标要求，因而对于时间较长的实习，机构相对重视，而对于时间较短的实习，机构并不很欢迎。这就有个矛盾，即大学“散装”实习安排与机构“整装”接纳希望之间的矛盾。这一矛盾如何解决，广州大学的办法是：以 SIAL 理念为指导，创建“学生即时可用的专业实战平台”。

围绕上述问题，广州大学分四个阶段进行了社会工作专业实战平台建设。

第一阶段为 2002 ~ 2008 年，即广州大学社会工作专业开设至当地社会工作初步推进时期。此时，广州市乃至广东省的社会工作仍处于零零星星的发展过程中，少有专门的社会工作服务机构，即使有，也由于政府购买社会工作服务没有推行，有关社会工作服务机构也没有很多服务项目和任务。在这种情况下，为了保证社会工作专业实习实践目标的达成，广州大学通过两条途径保障社会工作专业实习的顺利进行。一是通过学校与本市临近街道社区共建社会工作实习基地。最早主要是与越秀区广卫街道办事处等共建实习基地。二是通过学校与有关系统联合培养行业化社会工作人才机构等共建实习基地。2004 年，广州大学与广州市残疾人联合会联合开办社会工作专业（残疾人社会服务方向），由此在整个广州市残联系统服务机构建立了“学生即时可用的”实战平台，从而保证了专业实验实习的顺利进行。

第二阶段为2009~2011年，即广州大力推进社会工作发展时期。在这个时期，广州不仅推出了几十项社会工作试点项目，而且酝酿推出具有更多服务功能的街道家庭综合服务中心项目，同时鼓励设有社会工作专业的大学带头开办社会工作服务机构。在这种情况下，广州大学从“产（行）学研”结合的思路出发，积极向广州市民政局申请成立服务机构，尤其是申请成立“广州市广大社会工作服务中心”这一社会工作服务机构。当时申请成立这一机构的目的，一是广州大学作为拥有社会工作专业的市属大学，应为广州市推进社会工作服务做出贡献；二是广州大学必须通过“产（行）学研”结合，建设属于学校可管可控、学生即时可用，且有利于培养“双师型”教师的社会工作实战教学科研平台。2010年10月，广州市广大社会工作服务中心经广州市民政局批准登记，2011年2月承接第一项政府购买街道家庭综合服务中心项目，成为名副其实的“学生即时可用的实验室”。

第三阶段为2011~2013年，即本校社会工作机构整合发展时期。由于广州市在社会工作发展初期，为了探索社会工作专业化、国际化、本土化的路子，解决当时社会工作发展知识不足的问题，积极鼓励高校社会工作专业教师开办社会工作服务机构，目的是使高校教师开办的社会工作机构成为“理念上的专业，业务上的示范”。在这种情况下，广州大学社会工作专业教师自2009年起陆续开办了广州市同心社会工作服务中心、开心社会工作发展中心、彩虹社会工作服务中心、粤穗社工事务所等4家社会工作机构（后来还有尚善社会服务中心）。为了充分发挥这几家社会工作服务机构在社会工作专业实习实践中的作用，在学校服务经济社会工作处指导下，社会学系成立了以广州市广大社会工作服务中心为牵头机构，其他社会工作服务机构参与的“广大社工联盟”。“广大社工联盟”的成立，使校内5个机构均成为院级实验实习基地，形成了一个“学生即时可用的”庞大专业实战平台。

第四阶段为2014~2016年，即本校社会工作实战平台提升时期。“学生即时可用”的社会工作专业实战平台的建立，尤其是“广大社工联盟”的建立，满足了我校社会工作专业学生的实习实训需求，“广大社工联盟”内部的几个社工服务机构，均能按照社会工作专业培养方案的要求和安排，接受和组织好社会工作本科生以及社会工作硕士生的实习实训，在校内外均受到高度的重视。为了将这种成果进一步提升水平并在社会工作专业教育中发挥更大作用，2014 年后在广州大学教务处的大力支持下，“广大社工联盟”内各实验实习平台逐步得以升级。2014 年广大社会工作服务中心申报校级实习基地，2015 年粤穗社工事务所申报校级实习基地，2016 年尚善社会服务中心申报校级实习基地，均获学校立项和资助，从而使这些社工服务机构成为不仅接受本校社会工作专业实习实践，而且按照省教育厅和广州大学的要求，还接受其他学校社会工作专业实践实习的开放式实战平台。

以 SIAL 理念为指导，经过上述四个阶段的社工平台建设，广州大学不仅解决了社会工作专业本科生、社会工作硕士生实践实习的平台性问题，而且解决了学校社会工作专业本科生和硕士生实习实践的深层次问题。具体包括：第一，以共建实习基地和开展联合办学的方式，有效解决了社会工作发展初期学生专业实习单位难找的问题，尤其是通过联合办学的推行，使“学生即时可用的实验室”理念初步付诸实施，广州市残联系统所有服务机构对社会工作专业残疾人服务方向学生的实习实践，真正做到有求必应；第二，以自建社工服务机构和建立“广大社工联盟”的方式，有效解决了社会工作快速推进时期出现的“大学‘散装’实习安排与机构‘整装’接纳希望之间的矛盾”，不仅实现了一些时间较长的实习实践，如毕业实习或专业实习可在本校社工服务机构中顺利开展，而且实现了课程实习、业务见习、学年实习以及其他临时性短期实习实践也能在本校社工服务机构中随时安排。

四　SIAL 社工实战平台的延伸思考

SIAL 理念是广州大学社会学系在社会工作专业办学过程中，根据社会工作专业培养方案的要求与当时社会为社会工作专业办学可能提供的实习实践条件，在两者存在一定矛盾的情况下探索、构建并不断创新的一种实习实验平台建设理念。这一理念的核心在于“学生即时可用”，也即所建的社会工作 SIAL 平台能够为社会工作专业的学生随时提供实习机会、实习条件和实习指导，保证学生在这种 SIAL 平台上真正进行实训实战，从而达到培养社会工作专业的学生实战能力的目的。根据这一理念要求以及我校 SIAL 专业实战平台建设的实践，我们认为，在社会工作 SIAL 专业实战平台建设中，需要正确处理以下几重关系。

1. 以时间谋划空间：正确处理空间与时间的关系

作为大学的专业实验平台，从空间角度来讲，通常都会建在大学的校园之内。这样做的最大好处是便于学生即时利用，甚至一些试验性质的课程还可直接在实验平台上边讲课边实验，增强学生的直观感受。所以，大学实验平台天生就有一个适应大学教育特点而选择空间距离不大的场所的位置特征。但事实上，专业实验平台的设计也可以从时间上加以理解。从时间角度来看，选择空间距离不大的位置建设专业实验平台，所考虑的实际上也是一个时间问题，即能让学生即时利用实验平台开展专业的实验实训活动。然而，随着大学空间越来越大，在空间和时间两者关系的处理上，传统的做法显然是既考虑空间上的接近性和易达性，也考虑时间上的节省性和效益性，但这种做法已经不足以解决全部问题。

综合空间－时间两个因素考虑现实的问题，管理者往往看重空间的接近性和易达性，而忽视空间合理扩展产生的社会效应。事实上，随着现代城市交通工具的发达，在空间距离稍微增大的情况下，并不见得就会大大增加学生即时利用专业实验平台的时间。近年来大学合并或新建校区，很多大学专业实验平台并未能与专业在同一校园，而是分散于不同校区。专业实验平台建在大学校区或城市社区，学生花费的时间实际上都可控。所以，从时间角度考虑，实验平台无论是建在校内还是校外，都不是问题。只要牢牢把握住时间因素，确定实验实习平台不离大学太远，学生能够即时利用，建在校内、校外都行。这正是我们提出 SIAL 理念，在空间和时间关系上扩展社会工作专业实习实践平台建设思路的立足点和出发点。

2. 以实习谋划实验：正确处理实验与实习的关系

过去，在大学教育中，实验和实习往往分为两个不同的教学环节，一个是实验环节，另一个是实习环节。实验环节首先关注的是课程，也即对课程中的一些科学问题进行实验，让学生通过实验懂得某种科学理论或科学成果是怎么来的；其次关心的是创新，也就是让学生对其关注的科学问题进行实验研究，获得解决科学问题的实验数据，进而取得科学研究的成果。实习环节关注的是某种专业能力的实际锻炼或综合知识的实际应用，通常是将学生安排到社会工作服务机构和与社会工作相关的各种实际工作部门，在校内指导教师和实习单位指导教师的合作指导下参与社会工作实际服务，使实务能力得到充分的培养和锻炼。当然，从能力培养的角度来讲，实验与实习都是为了培养实操能力，二者并无本质区别。

在大学里，把实验和实习做出明确区分的是理工专业，人文社科各专业多数是不分实验和实习的。目前人文社科专业开设的专业实验课，多数并非真正的专业实验课，而是模拟实习课。如社会工作的教师指导学生在相应的模拟工作室（如个案工作室、小组工作室等）进行的模拟实习，往往被称为校内实验课。由此可知，社会工作专业的实验和实习之间基本不存在界限，要正确处理实验和实习的关系并不难，最简单的方法是将两者相结合。比如，广州大学自建的 SIAL 社工机构的服务平台，多建有个案工作室和小组工作室，学生既可以即时利用这些工作室开展实验性模拟实习，也可即时利用这些工作室开展实战性专业实习。实验和实习得以有机结合，这对提高学生的社会工作专业能力来说，应是一件很好的事情。

3. 以自建谋划共建：正确处理自建与共建的关系

对于大学 SIAL 专业实战平台的建设来说，通常有两种建设方式，一种是自建，另一种是共建。自建就是大学利用学校自身资源开展 SIAL 专业实战平台建设，所建设的专业实战平台称为自建平台。自建平台的特点是大学或及其院系专业对这种平台具有高度的自主性、自控性和自用性，不受其他外部社会因素的影响，对于“学生即时可用”有充分的保障。共建就是大学利用校外单位的资源或者再加入学校自身的资源开展 SIAL 专业实战平台建设，所建设的专业实战平台称为共建平台。共建平台的特点是大学对这种平台建设的投入具有间接性，因而使用、管理也具有间接性。在通常情况下，这种平台对大学专业实习实践具有较强的弥补作用。因此，自建与共建相结合往往是一条基本的通则。

但是，就大学社会工作专业而言，自建与共建也并非简单的结合。作为 SIAL 理念指导下的社会工作实战平台建设，首要要求是“学生即时可用”，这意味着无论采取何种建设方式，都不应因为外在的社会因素而影响学生根据专业培养方案和实验实习计划的要求即时利用社会工作专业实战平台进行各种实战训练。从自建平台与共建平台的特点来分析，要达到上述要求，自建社会工作专业实战平台始终是大学社会工作专业的优先选择。当然，大学自建的社会工作专业实战平台，也可能存在某些缺陷，比如受政策限制不能成为学校直属机构，受业务限制难以满足学生实训需求等。所以，共建也是不容忽视的方式。鉴于此，坚持在自建的基础上谋划共建，以共建弥补自建是最好的方式。

五 结语

回顾广州大学社会工作 SIAL 实战平台建设的 10 多年的历程，我们可以看到，广州大学社会工作 SIAL 专业实战平台建设已经实现了从无到有、从自建到共建再到以自建谋划更高层次的共建——自建与共建有机结合的转变。目前，广州大学社会工作 SIAL 实战平台已经成为一个体系，这个体系内的平台包括：设置在院系的模拟工作室（包括个案工作室和小组工作室）、学校支持自建的广大社会工作服务中心、以学校自建的广大社会工作服务中心为主导建立的“广大社工联盟”的 5 个社会工作服务机构，以及以“广大社工联盟”为基础而建立的“广州社会工作协同创新平台”的 10 多个社会工作服务机构。

这种以 SIAL 理念为指导一步一步建设而成的社会工作实战平台体系，不仅真正实现了“学生即时可用”的目标，而且借由“产（行）学研”的有机结合，有力地促进了社会工作专业的教学科研和人才培养。在科研方面，2012 年学校成立了“广州市社会工作研究中心”，且于当年被评为广州市人文社会科学重点研究基地；在人才培养方面，由于有了相对完善的社会工作 SIAL 专业实战平台，加上雄厚的师资力量，2014 年，广州大学获得了社会工作硕士（MSW）专业学位授予权；2015 年，广东省民政厅将广州大学确定为“广东省社会工作专业人才培育基地”。为了更好担负起社会工作人才队伍建设任务，学校于 2017 年在社会学本科专业设置社会工作方向，在社会学一级学科硕士点设置了社会工作二级学科专业。

值得一提的是，以 SIAL 理念为指导建设社会工作实战平台并非是轻而易举和一帆风顺的。尤其在以学校名义建立社会工作服务中心的过程中，有主导者和建设者的艰辛和付出，有旁观者和局外人的静观和不屑。然而，作为社会工作人才培养必不可少的社会工作实战平台，社会工作专业教师绝不能轻易放弃。如果因此而放弃，便意味着缺乏担当精神，便意味着对培养一支宏大社会工作人才队伍的缺职失责。不管回顾 10 多年前，还是近几年的建设历程，我们都可以从学生的成长中看到我们的付出所取得的成果。学生年考研升学率最高时达 35%，就业的学生中有不少当上主任或部长的，这显然也有 SIAL 建设的一份功劳。

Social Work Actual Combat Platform Construction Under the Guidance of SIAL Concept: Based on the Practice of Training Social Work Talents in Guangzhou University

Xie Jungui

Abstract: SIAL (Students Instant Available Laboratory) is an experimental or training institution established or recognized by the university or its department, which is to allow students to practice in the process of learning and practice, according to the requirements of the professional talent training program and even students' special interest and practical desire. As a new idea of experimental platform construction, students instant available laboratory is neither completely equivalent to the traditional laboratory or experimental platform that university set inside, nor entirely equal to the laboratory or experiment platform that industry set up. It is a kind of professional practice platform that builds by the university or collectivelyby university and industry based on the thought of combining industry-university-research cooperation. Over the years, according to the concept of SIAL, the department of sociology of Guangzhou University has established a systematic professional practical platform of "students instant availability", so as to laid a solid foundation for the cultivation and training of social work professionals' practical ability. Through this systematic professional platform construction, the practical ability training of social work talents in Guangzhou University has formed several regular contents, including planning space through time, correctly handling the relationship between space and time; planning experiment through practice, correctly dealing with the relationship between experiment and practice; planning co-construction through self-construction, correctly handling the relationship between self-construction and co-construction.

Keywords: SIAL Concept; Laboratory; Social Work; Professional Practice; Actual Combat Platform

社会工作拓展与社会治理创新研讨会会议综述

李佩琪　何嘉鸣*

党的十九大高举中国特色社会主义伟大旗帜，做出中国特色社会主义进入新时代等重大论断。报告为我们社会学、社会工作界的专家学者在新时代开启新征程、续写新篇章指明了研究方向。在该时代背景下，广州市在2017年政府工作报告中提出了“创新实施‘社工+’”的社会工作发展目标。因此，为了深化和推进新时代中国社会工作拓展与社会治理创新的学术研究，加强社会学与社会工作学术交流与学术合作，2018年11月18日，由广州市社会科学界联合会、广东省社会工作学会、广州市社会工作研究中心主办，广州大学公共管理学院承办的“社会工作拓展与社会治理创新研讨会”在广州大学成功举行。

本次研讨会有与会代表100余人，包括来自武汉大学、四川大学、中山大学等省内外高校的30余位专家、教授以及广州大学公共管理学院全体社会工作专业的硕士研究生。广东省社会工作学会会长左晓斯、广州市社会工作研究中心主任程潮、广州大学公共管理学院党委书记刘雪明出席开幕式并致辞。在本次会议中，与会代表围绕社会工作管理新模式、社会治理创新、广州“社工+”战略等多个议题进行研讨。探讨新时代社会工作发展新方向，探寻社会治理新路径，从更广阔的视野推进社会工作服务研究。

一　专家论坛第一单元：社会工作管理新模式的探讨

中山大学社会学与人类学学院蔡禾教授以《社会工作的专业化与职业化》为题，从“专业化与职业化内涵与关系”“社会工作发展在‘专业化’及‘职

* 李佩琪、何嘉鸣，广州大学公共管理学院社会工作专业硕士研究生。

业化’问题上面临的质疑”“如何加快社会工作的职业化建设”三方面进行主旨阐述。他开宗明义地道出社会工作专业化与职业化二者的内涵与关系，认为专业化是职业化的前提，而职业化是专业化发展的基础。在社会工作“专业化”问题上，他重点指出，社工在社会服务领域与其他服务者相比，专业区分度不突出，政府购买服务目标的不清晰，导致社工专业认同度不高以及社工在社会服务领域的功能被过度泛化。而在社会工作“职业化”问题上，他指出社会工作机构都是“民非”及社会领域的非国有企业，而且绝大多数是小微企业，职业发展空间极为有限。蔡禾教授谈到，就当下社会工作的发展状态而言，社会工作的职业化建设比专业化建设更为紧迫，甚至可以说职业化发展的滞后严重拖累了专业化发展。因此，他就加快社会工作的职业化建设提出了新颖的见解。首先，应该有一套合理科学的服务需求评估体系，然后针对服务需求分析什么服务需要专业社会工作介入，针对服务需求的层次匹配什么水平的社会工作者介入。其次，社会工作需要服务于基层社会治理，但不是基层政府将自己的各种行政工作外包出去的劳务大军。最后，要将居委会的精神文明建设和开展社区文化活动的职责，与社工机构作为一种针对服务对象开展的社区活动区分开。

武汉大学社会学系慈勤英教授的发言聚焦“社会工作评估实践的伦理和规范”。她着重介绍了政府购买社会组织服务的三种评估模式，分别是事前评估（目前中国各级民政部门针对社会组织等级和资质的评估）、事中评估（购买服务项目的中期检查或者阶段性评估）和事后评估（购买服务项目结束后所进行的绩效评估）。随着社会工作评估的发展，目前评估体系主要分两种类别：一类以深圳、上海为代表，对社会工作者服务绩效的评估；另一类以广州、厦门等城市为代表，对社会工作机构服务绩效的评估。此外，慈勤英教授对于社会工作评估所面临的挑战给出了个人的独特见解。她表示，面对当前评估目的、原则不够明确，评估机制存在评估主体错位，评估队伍参差不齐，评估程序有待规范等问题，我们需要尽快完善社会工作评估的规范建设、专业化建设以及制度化建设和保障。最后，慈教授称社会工作是一门艺术，评估不能限于文字档案材料的比拼。目前中国社会工作评估的走向，应该是完善既注重政府购买的成本与效率，又注重价值取向的公平与公正的绩效评估指标体系的创新路径。

广州大学公共管理学院方英副教授以《有边界的合作：项目制下社工机构与街道办、居委会的新型关系》为题，简明扼要地提出社工机构和街道办、居委会之间已经形成“有边界的合作”这种新型关系，而两者之间的关系更为平等、健康。在这种新型关系中，社工机构的自主性和专业性得到了尊重，同时体制内部门的服务重点也得到了社工机构的关注和接纳。此外，她对促成这种关系变化的因素和机制也做了探析，共涉及四方面内容：一是建立社工机构和街道办及居委会良好的沟通机制；二是通过服务和街道办、居委会等建立信任和合作；三是改进项目形式以加深二者合作；四是评估标准往不断解决问题的方向改进。最后，方英副教授总结说，社工机构和街道办、居委会这种有边界的合作是一种社会组织和体制内部门关系的新类型，对中国如何在当前的背景下培育和发展社会组织具有重要的探索意义，也对其他社会领域的后发国家如何发展社会组织具有重要的启示和借鉴作用。

二　专家论坛第二单元：新时代社会治理创新与社会工作发展

四川大学社会发展与西部开发研究院副院长、四川大学中国西部反贫困研究中心执行主任王卓教授以《长期贫困与代际研究》为题，从“贫困及其测量”“贫困的类型”以及“长期贫困的显著特征”三方面进行阐述。她指出贫困研究分四阶段：①20 世纪初，朗特里从生物学方法认识和界定绝对贫困；②20 世纪 30～40 年代，汤森从社会学视角用收入不平等方法提出相对贫困；③20 世纪 60～70 年代，对贫困问题的研究越加多元；④20 世纪 80～90 年代，阿马蒂亚·森从资源禀赋与交换映射角度对贫困内核（饥饿）开展深入研究。其中还强调了阿马蒂亚·森的“森指数”，他将贫困发生率和贫困程度的分析进行科学的结合，弥补了既有贫困测量指标的不足，显著提升了贫困测量的科学性。而谈及“贫困的类型”时，王卓教授把其分为两类：一是动态贫困，包括始终贫困、经常贫困、波动贫困、偶尔贫困、从不贫困；二是静态贫困，包括以家庭和个人为对象的绝对贫困、相对贫困、能力贫困和权利贫困，以地理空间加行政空间为对象的贫困地区，以社区为对象的农村贫困、城市贫困。长期贫困则具有持续时间长、代际传递、偶尔脱离贫困（脆弱性）的显著特征。最后，王卓教授表示贫困是社会“癌症”，治理难度大，期待“广州社工＋精准扶贫”工作的发展。

广东省社会工作学会副会长，广州市明镜社工服务中心、深圳市社联社工服务中心理事长严书翔的发言聚焦“共建共治共享”新社会治理格局下的社会工作拓展。他认为对新社会治理格局的理解，是在全社会共同参与的基础上做到“共同治理”“共同建设”以及“共享成果”。社会工作服务领域在此社会治理格局下拓展服务内容便会呈现多元化，譬如说社区领域（社区综合服务：社区文娱、社区组织、流动人员等）、家庭领域（家庭综合服务：长者、青少年、妇女儿童等）、政法领域（社区矫正、禁毒戒毒、法律援助等）、文教领域（文化传播、学校社工、社会教育等）、公共卫生领域（医务社工、社区康复等）、灾害应急（灾害救助、公共应急、灾后重建等）、扶贫济困（攻坚脱贫、社会救助等）、基层党建（基层党的组织建设、团队建设、作风建设、能力建设等）。他认为，其中需要重点拓展的领域包括人民调解、反邪教、精神卫生、信访维稳、社区康复以及基层党建六个方面。最后，严书翔理事长强调，社会工作者是新时代社会治理格局中的一支非常重要的新生力量，在新的社会治理格局中，社工服务领域还有广泛的拓展空间。

广东省社会工作学会副会长、广州大学公共管理学院教授谢建社紧扣本次研讨会主题，深入浅出地介绍了“共建共治共享中的广州社会工作”，他从“新时代共建共治共享的社工意义”以及“建构广州社会工作创新模式”两方面内容展开阐述。党的十九大准确地将中国特色社会主义判断为进入新时代，在该时代背景下中国社会工作发展有了新意义、新要求：一是社会工作推进社区平衡发展；二是社会工作的发展有助于应对社会主要矛盾的转化；三是社会工作者也为全面建成小康社会发挥重大的作用。此外，有关建构社会工作“广州模式”必须做到：政府主导、协同运作；专业引领、多措并举，培育发展社会工作人才机构；整合资源、多元发展，助力社会治理改革创新。最后，谢教授重点讲解了广州“1+1+3+X”服务格局①，提高家庭综合服务中心服务精准度。

广东省委党校教授段华明的发言以《新时代中国社会治理探微》为题。他认为，随着社会主要矛盾变化和新发展战略确定，中国进入新时代，改革开放进入重大社会转型期，社会治理迎来转型升级。他认为，目前中国进入三期叠加：改革深水区、攻坚期，发展关键期，社会风险期；面对三个社会：转型社会、信息社会、风险社会。在注意到社会本身已经明显变化时，段教授提出了鲜明的社会治理观点：一是尊重社会多样性、差异性；二是依法治

① 第一个“1”是社区服务需求最突出的1个核心项目，第二个“1”是社区服务需求最具体的1个重点项目，“3”是服务家庭、老人、青少年为主的3个兜底项目，“X”是符合实际、富有特色的X个拓展项目。

理，最终落实到良法善治；三是运用博弈论创新社会治理。最后，他强调社会治理需要高超艺术，如何在收放张弛之间拿捏得恰到好处，我们需要形成源头治理、动态管理、应急处置相结合的社会治理机制。

三 专家论坛第三单元：“社工+”战略的创新运用与发展路径

广州市在2017年政府工作报告中提出了“创新实施‘社工+’”的社会工作发展目标，广州的社会工作发展与拓展就此站在了新的起点上。“社工+”的提出，建立在广州市社会工作服务开展十年的基础之上，多年积累的实务经验结合战略的创新，无论是社会工作的发起者还是获益群体的扩展或工作方法的拓展延伸，这都是一个提升社会工作服务与管理的新契机。

广州市社会工作协会常务副会长朱静君以《“社工+”广州社工服务站模式创新的角度》为题，将广州社会工作发展分为三个周期，从推进“113+X”新模式服务方向的角度探讨广州社工站的创新之处，并谈及党建引领和社区重点项目该怎么做。朱静君会长将广州社工服务站（广州市家庭综合服务中心）的发展分为三个周期。第一周期（2010~2015年）从20个试点家庭综合服务中心（以下简称“家综”）发展到150个家综，在有效指引下实施“3+X”服务模式框架。第二周期（2015~2018年）已发展188个家综，服务框架调整为“社区专案+3+X”，政府购买服务，家综的服务与评估模式走向规范。第三周期（2018~2023年）项目名称、服务经费及服务模式取得新发展。在广州社工站创新方面，归纳出四点创新之处：党建引领社工站服务，发展社区重点项目，基础服务（长者、家庭、青少年）全人观与兜底性，社区特色服务（本土化与在地化）。朱会长重点指出，党建进入社区应当由党组织引领社会公益，社工梳理服务对象需求及做好分类资源对接，由党员引领服务开展，根据团队优势特点开展服务。在社区重点项目方面，社工应当定位于居民集体性、历史性、群体性的需求和问题，在公共问题上运用地区发展模式提升社区参与能力，链接社区资源解决问题，搭建社会支持网络改善社区关系，运用社区照顾和社会支持理论改善弱势群体问题。同时，做好民政重点服务对象的兜底性服务和有需要群体的服务，根据社区实际情况，链接政策资源，做好社区特色服务。

广州市社会工作协会秘书长段鹏飞从广州“社工+”战略的提出背景、概念界定、实践分析、面临的挑战以及实施“社工+”战略的对策和建议五个方面，阐述了新时代广州“社工+”战略的发展路径。他指出“社工+”战略的提出，建立在新时期社会治理兴起，广州社会工作发展十年及广州城市转型发展的背景之下，应从战略层面、社会生态视角、社会治理视角、广州社会转型发展背景及社会工作发展实践与现状五个层面界定“社工+”的概念。在广州“社工+”实施的基础（社会工作服务发展状况）方面，他从现状分析、发展历程和战略优势方面分析了广州实施“社工+”的可行性。关于“社工+”面临的挑战，他认为需要加强“社工+”参与主体间的跨界合作统筹、协调工作和完善实施“社工+”的基础资源保障。他还指出，目前针对实施“社工+”战略的研究不够深入和充分。针对以上问题，段鹏飞秘书从宏观、中观及微观三个层面提出对策。第一，宏观层面，发展路径选择应着力解决“社工+”实施推进过程中面临的重大问题和基础性短板。第二，中观层面，指出广州在专项服务领域尚有很大空间和潜力拓展，可在扶贫脱贫、医疗、教育及群团四大方面拓展服务路径；通过协同性治理、源头性治理、培育性治理，预防性治理四个方面构成社会参与治理路径；推动社会工作与公益慈善融合发展路径，如社区基金、公益创投等；以政策研究和实务研究牵引“社工+”战略持续健康发展。第三，微观层面，可优化人员素质，持续优化和提升项目运营管理的能力和水平，倡导由行业组织引领服务健康发展。

中山大学政治与公共事务管理学院副教授、中山大学新华学院公共治理学院副院长谭昆智以广州市政府三个服务热线平台为切入点，用大数据来解读“社工+”与社会治理。他指出在大数据时代，社会工作不能总是局限在帮助社会上的困难群体以及预防和解决部分因经济困难或不良生活方式而造成的社会问题，而应该更重视把大数据作为战略资源的管理。在“社工+”与社会治理创新上，需要社会治理所掌握的数据实现开放和共享，这有利于大数据产生更多的价值。大数据有效解决数据匮乏的问题，用有效的挖掘技术来解决数据质量问题，把潜在的社会矛盾尽快解决在萌芽之中，从而为政府决策带来机遇。通过对“12348”广东省公共法律服务平台、广州“12345”政府服务热线、“12351”广东职工热线三大平台的实地调研与数据分析，谭昆智院长总结说，大数据的优势是科学性与精确性，“社工+”与社会治理将是由量变到质变的过程。大数据解读“社工+”与社会治理是将“实”贯穿于治国理政的全过程，是总书记效能思想的显著特征。正是这种以“实”求“效”、以“实”促“效”、以“实”检“效”的思想，使我们在治国理政、定国安邦中从容应对各种风险和挑战，处变不惊、游刃有余，奋力夺取新时代中国特色社会主义伟大胜利。

广东财经大学社会学系教授郭景平从“社工＋社会资源”的角度，深入浅出地结合部分广州家庭综合服务中心资源运用的情况，从资源运用成功经验和存在的问题两大方面进行初步分析和反思。他指出，目前社会工作实务中存在的资源运用问题有如下六个方面：一是资源偏离社会工作兜底服务的基本目标的错位运用；二是链接的资源碎片化；三是链接的资源没有转换成社会工作的资源而导致的资源固定化问题；四是资源的浪费问题；五是资源运用的公平性；六是资源运用的人情关系问题。郭景平教授就如何做好资源运用提出建议：一是清晰具体化的资源清单，对资源进行深入的分析，详细列明资源的性质、类别和状态；二是对资源运用环境做出分析，了解资源运用所在地的社区状况、居民需求及存在的问题、服务领域环境等；三是要策划好资源运用方案，按照本年度社工站服务主题和目标制定资源运用方案，提前做好资源运用规划，明确任务分工，做出正确的策略选择。

广州大学公共管理学院教授、党委书记谢俊贵的发言以《“社工＋战略”的几个关键议题——基于广州规划的思考》为题。他认为“社工＋”战略是指社会工作在其传统实践领域获得较好发展的基础上，通过多元主体的协力推进，使社会工作可能应用的领域不断得到拓展，可能的服务对象不断得以扩大。这是既促进相关领域事业的发展，也促进社会工作本身的更大进步，更促进社会工作服务覆盖更多有需要的人群的一种战略性举措。他将广州社会工作发展进程概括为“两段三波”。第一阶段（2007～2016）：第一波为家综的推进和发展；第二波为专项服务的拓展和推进。第二阶段（2017至今）：广州创新社会工作发展思路与模式，通过“社工＋”来深化社会工作发展，实现社会工作的拓展、提质、增效。谢俊贵总结说，“社工＋”战略的实施是一个社会系统工程，影响因素很多，需要从多方面综合考虑。对“社工＋”进行研究，有很多议题值得重视，包括管理体制问题、行业建设问题等，都需要认真做研究。“社工＋”战略的实施会给很多的部门、单位带来利益，也有可能触动某些部门、单位的利益。这一问题也应被纳入研究者考虑的问题之列。

四 研究生论坛：基于社会治理创新背景的社会工作话题讨论

得益于广州社会工作发展的经验总结与国内学者学术成果的借鉴，来自广州大学公共管理学院的4名研究生紧跟当前学科发展趋势，基于当前社会热点从虚拟社区社会工作推进、司法社工督导人才培养、小组工作方法助理残疾人参与志愿服务、基层社会治理的“五化”浅析四个方面，分享了个人的见解。谭敏茵通过探索虚拟社区社会工作新模式、培养网络社工人才队伍和构建协同智慧资源平台，探讨如何提升互联网时代社会工作服务能力与水平。甘燕娴分析了社会工作督导人才培养政策背景及广州市司法社工督导培训人才现状，指出目前广州司法社工督导人才培养存在培养周期和跨度较短、经费少、缺少成熟的理论和经验模式指导、未联动行业组织共同培养及周期性无保障等问题。周秀银认为，小组工作有利于提升残疾人志愿者参与志愿服务的能力和参与志愿服务的积极性，为其志愿服务提供有利的群体基础，促进个人积极回报社会，真正感觉自己的存在价值。她建议提升社会对残疾人的接纳度并加强社会动员，鼓励残疾人积极参与志愿服务；社会工作者可提升自身助残水平，采用多种社会工作方法助力残疾人增能减压，拓展残疾人志愿服务领域。常海霞认为在基层社会治理的创新的背景下，社会创新应着重体现为社会治理的精细化、社会治理社会化等“五化”特征。

五 大会总结与展望

广东省社会工作学会副会长、广东省社会科学院研究员刘梦琴主持了本次研讨会闭幕式。广东省社会科学院副院长、广东省社会工作学会荣誉会长、研究员刘小敏总结本次大会。他说，来自各地的与会专家倾囊相授，慷慨分享了当前社会工作拓展与社会治理创新领域的前沿学术观点与研究成果。此外，他还指出本次研讨会不仅充分探讨了创新社会治理背景下的“社工+”战略新模式，同时也为专家学者们提供了一个学术交流的平台。

本次研讨会在广州市政府提出“创新实施‘社工+’”的社会工作发展目标的关键时期举行，牢牢把握推进社会治理创新，实施“社工+”的成熟时机。从专家论坛的社会工作管理新模式的探讨、新时代社会治理创新与社会工作发展、“社工+”战略的创新运用与发展路径三大方面的探讨，到研究生基于社会治理创新背景下社会工作话题讨论，本次大会为专家学者们搭建了社会工作拓展与社会治理创新的学术桥梁，真正实现多元、包容、对话、创新的学术交流与探讨。

“社会工作拓展与社会治理创新研讨会”对过去社会工作与社会治理发展

经验进行了总结，展望了未来“社工+”战略的实施与社会治理的创新路径。社会工作学界学者们精彩的发言与讨论，展现了社会工作发展更多的可能性。

Expand Social Work and Innovate Social Governance

Li Peiqi, He Jiaming

Abstract: As one of the important methods of social governance innovation, social work expansion expands the coverage of social work by enriching the multiple service subjects, service objects and working methods of social work, giving full play to the professional service role of social organizations, and promoting the formation of a pattern of joint construction, governance and sharing of grass-roots social governance. This paper summarizes the basic situation of "seminar on social work development and social governance innovation", discusses the specialization and professionalization of social work around the theme of new mode of social work management.

Keywords: Guangzhou Social Work; Social Work Development; Innovation in Social Governance; Jointly Building Governance and Sharing; "Social Work +"

广州大学社会学学科简介

广州大学2002年开始开展社会学类专业教育，2003年经教育部批准，设立社会工作本科专业；2016年经教育部备案，设立社会学本科专业。社会学学科建设始于成立社会学系的2004年。2007年，社会学学科被评为校级重点学科；2011年，社会学一级学科被评为校级重点学科，主要开展社会学、人口学与社会工作研究。通过多年来的精心规划和扎实建设，广州大学社会学学科整体上取得快速发展。2012年，广州大学社会学学科在中共广州市委宣传部和广州市社会科学规划办的大力支持下，建立"广州市社会工作研究中心"，并于当年经广州市社会科学规划办批准，成为广州市人文社会科学重点研究基地；2014年经国务院学位办批准，获得社会工作硕士专业学位授权点；2015年，经广东省民政厅评定，成为广东省社会工作专业人才培育基地；2017年经国务院学位办批准，获得社会学一级学科硕士学位授权点。总体来讲，该学科有以下几个明显特点。

一 团队结构合理，实力较为雄厚

目前，广州大学社会学学科团队共有系内专任教师19人，其中教授5人，副教授8人，讲师及暂未评定职称的博士6人。教师中有博士生导师3人，硕士生导师15人。所有教师均具博士或硕士学位，其中博士17人，占89.5%；硕士2人，占10.5%。教师中，有美国、英国、加拿大、日本、澳大利亚等国家和中国香港地区等海外著名大学学习或高访经历的教师8人，占42.1%。教师中46岁以上的7人，36~45岁的6人，35岁以下的6人。学科团队成员年龄结构合理，最年长者61岁，最年轻者28岁；专业结构合理，主要专业为社会学、社会工作、心理学和管理学专业。职称结构合理，以高级职称教师为学科团队主体，所有教师都具有从事社会学与社会工作教学科研的充沛精力和旺盛活力，并具有丰富的社会工作督导、管理和实务经验，发展潜力巨大。社会学学科还经由学校聘有国外教授 5 人，其中美国 4 人，加拿大 1 人，这无疑进一步提升了本学科教师团队的国际化水平。

二　科研项目众多，项目层次较高

2006 年以来，广州大学社会学系共申报获得国家社会科学基金项目 19 项。其中，有国家社科基金重点项目 4 项、一般项目 9 项、青年项目 6 项（其中国家社科基金教育科学单列项目 1 项）；另还主持国家社科基金重大招标项目子项目 1 项。值得一提的是，2012 年，全系共获得国家社科基金类项目 3 项；2014 年，全系一次性获得国家社科基金项目 4 项，被学界传为佳话。在部省级项目方面，2006 年以来，申报获得教育部人文社会科学项目 9 项，其他中央部委科研项目 4 项；申报获得广东省社会科学规划项目近 10 项；申报获得广东省高校人文社会科学重大攻关项目 1 项；申报获得广东省高等学校创新强校国家重大培育项目 2 项；申报获得广东省教育厅人文社会科学、教育科学研究项目，以及申报获得广州市社会科学规划项目、教育科学规划项目多项。总体上，不仅科研项目较多，而且层次较高。

三　科研成果丰收，科研获奖突出

广州大学社会学学科不仅高度重视科研工作，而且高度重视科研的投入产出，非常注重多出成果，出好成果，出有用成果，出有影响力的成果。2006 年以来，总共出版教材、专著近 30 部，发表论文 200 多篇。随着“广州市社会工作研究中心”这一市人文社会科学重点研究基地建设的三轮推进，本学科精品成果显著增加，多种论著获全国和省市级科研奖励。其中，获 2017 年全国社会学类专业优秀教学成果二等奖 1 项；获全国第六届高等学校科学研究优秀成果奖（人文社会科学）三等奖 1 项；获广东省哲学社会科学优秀成果奖一等奖 1 项、二等奖 4 项、三等奖 1 项；获广州市哲学社会科学优秀成果奖二、三等奖 4 项；获广州市优秀中青年社会科学工作者称号 1 项。同时，还获国家社科基金项目结项鉴定优秀等级 1 项、良好等级 2 项；获广东省社会科学规划项目结项鉴定优秀等级 1 项，良好等级多项。

四 长于应用研究，富于广州特色

社会学学科深入贯彻理论联系实际原则，在搞好理论研究的同时，切实加强针对社会现实问题、服务广州社会建设的应用研究。除努力完成国家社科基金项目研究外，主持承担了40多项体现广东广州特色的社会建设、社会管理、社会工作、社会服务等方面的研究课题，受到广州市党政部门的高度重视。2010年承担的广州市社科规划重点委托项目“网上虚拟社会建设管理工作机制研究”，其成果得到时任市委书记张广宁等4位常委的批示，并要求尽快付诸实施；2011年承担的广州市人民政府决策咨询专家研究课题“加强和创新社区服务管理研究”，其成果得到陈建华市长的批示；2013年提出“通过社会建设促进广州经济建设，科学经营大学城”的建议，得到陈建华市长批示，并由市政府办公厅发文全市六区及20多个局委办参照执行。同时，该学科还完成了广州市社会工作与社会建设的综合咨询研究项目“民生本位视阈中的社会建设——以广州为例的战略思考”，其成果已正式出版。

五 重视人才培养，取得优良效果

广州大学社会学系一直以来高度重视人才培养。一方面是重视对青年教师的培养。近几年，引进多位名牌大学毕业的优秀博士来系工作，并分别派出多位年轻教师到英国谢菲尔德大学，美国普渡大学、奥本大学，加拿大卡尔加里大学，澳大利亚西澳大利亚大学等进行高访。在学生培养方面，2013届本科毕业生考上研究生的比例接近38%，全年级90人考上研究生者32人，而且全都是“211”“985”大学，另还有2名学生考到国外读研。我校学生考研受到北京大学、中国人民大学、南京大学、复旦大学等的高度重视。2013年，我系在统计学一级学科下设社会统计与社会政策博士专业方向；2014年，经国家学位办批准，我系成为社会工作硕士（MSW）专业学位授权点，同年还在公共管理一级学科下设有社会工作与管理科学硕士专业；2015年，经广东省民政厅批准，我校社会工作专业成为“广东省社会工作专业人才培育基地”；2016年，我校设置社会学本科专业；2017年，我校获得社会学一级学科硕士学位授权点，使本学科在人才培养中更能发挥重大作用。

六 学术地位较高，社会影响颇大

广州大学社会学学科拥有第三届教育部社会学学科教学指导委员会委员 1 人；广东省人民政府决策咨询顾问委员会专家委员 1 人，广州市人民政府决策咨询专家 1 人；广州市重大行政决策论证专家 2 人，广州市社会创新咨询委员会执行主席 1 人；中国社会学会常务理事 1 人、理事 2 人，中国社会学会网络社会学专业委员会副会长 1 人；广东省社会学学会常务副会长 1 人，常务理事 3 人；广东省社会工作学会副会长 2 人，常务理事 3 人；广州市社会工作协会、社会工作学会、社会学与人类学学会副会长 4 人；广州市残疾人事业研究会副会长 1 人，常务理事 3 人。2011 年，在中国人民大学《复印报刊资料》转载高等学校二级院所学术论文排名中，广州大学社会学学科脱颖而出，在全国高等学校中获得转载量排名第 8 位、综合指数排名第 7 位的佳绩。2015 年以来广州市人文社会科学重点研究基地两轮建设评估，广州市社会工作研究中心均获得优秀等级，并在 20 多个重点研究基地中排名前五，直接进入下一轮重点研究基地建设。2018 年，广州大学社会学学科在软科“中国最好社会学学科”排名中进入前 50% 行列，在全国 92 个社会学学科中排第 39 位。

目前，广州大学社会学学科正按照党的十九大精神，在习近平新时代中国特色社会主义思想的指导下，不忘初心，牢记使命，根据广东省及广州市经济社会发展的实际情况和长远目标，切实加强社会学与社会工作研究，以期不断提高学术研究水平和社会服务能力，为我国的社会建设、社会治理、社会服务、社会工作做出应有贡献。

《社会创新研究》稿约

《社会创新研究》（原名《广州社会工作评论》）是广州市人文社会科学重点研究基地广州市社会工作研究中心、广州市社会工作信息中心、广州市广大社会工作服务中心、广州大学公共管理学院社会学系等联合编辑，由社会科学文献出版社出版发行的综合性学术集刊，每集约25万字。

《社会创新研究》秉持“倡导公益精神、创造健康社会”的理念，追求“本土化、个性化、国际化”的方针，崇尚“原创研究、科学研究、深化研究”的精神，设有“基础研究”“实践创新”“调查研究”“人才培养”“学术交流”“案例分析”“组织管理”“教育探索”“成果评述”“他山之石”等栏目。热忱欢迎社会学与社会工作领域的专家学者和广大社会创新实务工作者赐稿。

《社会创新研究》诚望赐稿坚持正确的政治站位，符合社会学学科学术共同体的学术规范，尊重他人知识产权，凡采用他人成说，力求精要，且务请详细注明文献出处。稿件文后参考文献以及脚注中的文献，均请按照社会科学文献出版社“文后参考文献著录”的格式著录。

限于编辑外文水平，本集刊只接受中文稿件和英文稿件。赐稿应包含以下信息：（1）文章标题；（2）作者及单位（姓名、单位、省市、邮编）；（3）中文稿件的英文标题、作者及单位、英文摘要和关键词；英文稿件的中文标题、作者及单位，中文摘要和关键词；（4）课题来源（基金项目）和作者简介的首页脚注；（5）文后参考文献。

赐稿请以Word文件形式发送到swrgz2016@163.com邮箱。赐稿一经正式录用出版，编辑部或出版者即向作者奉寄刊物2册，并致薄酬。

广州大学公共管理学院社会学系

图书在版编目(CIP)数据

社会创新研究. 第1辑 / 谢俊贵主编. -- 北京：社会科学文献出版社，2020.4

ISBN 978-7-5201-6082-7

Ⅰ.①社… Ⅱ.①谢… Ⅲ.①社会管理-创新管理-研究-中国 Ⅳ.①D63

中国版本图书馆CIP数据核字（2020）第026155号

社会创新研究（第1辑）

主　　编 / 谢俊贵
副 主 编 / 谢建社　程　潮

出 版 人 / 谢寿光
组稿编辑 / 宋月华
责任编辑 / 韩莹莹
文稿编辑 / 徐琳琳　单远举　朱子晔

出　　版 / 社会科学文献出版社·人文分社（010）59367215
地址：北京市北三环中路甲29号院华龙大厦　邮编：100029
网址：www.ssap.com.cn
发　　行 / 市场营销中心（010）59367081　59367083
印　　装 / 北京盛通印刷股份有限公司

规　　格 / 开 本：787mm×1092mm　1/16
印 张：15.25　字 数：265千字
版　　次 / 2020年4月第1版　2020年4月第1次印刷
书　　号 / ISBN 978-7-5201-6082-7
定　　价 / 128.00元